Hans von Bülow, Marie von Bülow

Briefe und Schriften

Hans von Bülow, Marie von Bülow

Briefe und Schriften

ISBN/EAN: 9783744719759

Hergestellt in Europa, USA, Kanada, Australien, Japan

Cover: Foto ©ninafisch / pixelio.de

Weitere Bücher finden Sie auf **www.hansebooks.com**

Hans von Bülow.

Briefe und Schriften.

Herausgegeben

von

Marie von Bülow.

II. Band.

Zweite Auflage.

Leipzig

Druck und Verlag von Breitkopf und Härtel

1899.

Hans von Bülow.

Briefe.

II. Band.
1853—1855.

Mit einem Bildniß.

Zweite Auflage.

Leipzig

Druck und Verlag von Breitkopf und Härtel

1899.

Inhalt.

Oesterreich. Winter—Sommer 1853.

	Seite
Facsimile des Concertprogramms vom 15. März 1853	3
143. An die Mutter, 12. März 1853	4
Franziska von Bülow an ihre Tochter, Mitte März 1853	9
Liszt an Franziska von Bülow, 26. März 1853	10
144. An die Mutter, 27. März 1853	11
145. An dieselbe, 14. April 1853	18
Facsimile des Concertprogramms vom 17. April 1853	19
146. An die Mutter, 18. April 1853	24
147. An den Vater, 20. April 1853	26
148. An die Mutter, 22. April 1853	30
149. An dieselbe, 5. Mai 1853	31
Facsimile des Concertprogramms vom 29. April 1853	35
150. An die Mutter, Mai 1853	36
151. An den Vater, 7. Mai 1853	37
152. An Franz Liszt, 7. Mai 1853	39
Liszt an Franziska von Bülow, 18. Mai 1853	46
153. An die Mutter, 21. Mai 1853	48
154. An den Vater, 21. Mai 1853	51
155. An die Mutter, 2. Juni 1853	53
Franziska von Bülow an ihre Tochter, 11. Juni 1853	58
156. An die Mutter, 15. Juni 1853	59
157. An dieselbe, Juli 1853	64
158. An dieselbe, 26. Juli 1853	68
159. An Franz Liszt, 12. August 1853	72
160. An denselben, 17. August 1853	76

Karlsruhe—Oetlishausen. Herbst 1853.

	Seite
161. An die Mutter, 19. September 1853	81
Bemerkungen	85
162. An Richard Pohl, 20. September 1853	87
163. An die Mutter, 25. September 1853	89
164. An die Schwester, 28. September 1853	91
165. An Joachim Raff, 29. September 1853	96
166. An die Mutter, 12. October 1853	98
Bemerkungen	102
167. An Peter Cornelius, 13. October 1853	103
168. An die Mutter, 25. October 1853	105
169. An Franz Liszt, 29. October 1853	107
170. An Franz Liszt, 5. November 1853	110
171. An denselben, 18. November 1853	115

Norddeutschland. Winter 1853—Frühjahr 1854.

172. An die Mutter, Ende November 1853	123
173. An dieselbe, 4. December 1853	127
Facsimile des Concertprogramms vom 3. December 1853	131
174. An die Schwester, Anfang December 1853	132
175. An die Mutter, 9. December 1853	133
176. An Franz Liszt, 12. December 1853	135
177. An Richard Pohl, 15. December 1853	142
178. An die Schwester, 20. December 1853	144
179. An die Mutter, 21. December 1853	146
180. An Franz Liszt, 23. December 1853	147
181. An die Mutter, 24. December 1853	151
182. An die Schwester, 31. December 1853	156
183. An Franz Liszt, 31. December 1853	158
184. An Joachim Raff, 1. Januar 1854	161
185. An die Mutter, 6. Januar 1854	164
186. An Franz Liszt, 9. Januar 1854	166
187. An die Mutter, 13. Januar 1854	168
188. An dieselbe, 23. Januar 1854	169
189. An Franz Liszt, 27. Januar 1854	170
190. An Frau von Milde in Weimar, 5. Februar 1854	173
191. An die Mutter, 13. Februar 1854	174
192. An dieselbe, 16. Februar 1854	177
Facsimile des Matinée-Programms, Hamburg 1854	179

— VII —

	Seite
193. An die Mutter, 24. Februar 1854	180
194. An dieselbe, 28. Februar 1854	182
195. An dieselbe, 7. März 1854	184
Facsimile des Concertprogramms vom 1. März 1854	185
196. An die Mutter, 14. März 1854	188
197. An dieselbe, zwischen 14. und 17. März 1854	191
198. An die Schwester, 17. März 1854	193

Dresden—Chocieszewice—Berlin. Frühjahr 1854 bis Winter 1855.

199. An Franz Liszt, 30. April 1854	199
200. An denselben, 6. Mai 1854	206
201. An denselben, 29. Juni 1854	209
Bemerkung	216
202. An Alexander Ritter, erste Hälfte August 1854	218
203. An Richard Pohl, 9. September 1854	221
Hector Berlioz an Hans von Bülow, 28. Juli 1854	225
Hector Berlioz an Hans von Bülow, 1. September 1854	226
204. An Franz Liszt, 19. September 1854	228
205. An denselben, 26. September 1854	233
206. An die Schwester, 2. October 1854	235
207. An Franz Liszt, 6. October 1854	239
208. An die Mutter, 10. October 1854	241
209. An dieselbe, 19. October 1854	248
210. An die Schwester, 19. October 1854	254
211. An Richard Pohl, 11. October (neuen Styls) 1854	256
212. An die Mutter, 29. October 1854	259
213. An dieselbe, 5. November 1854	267
214. An die Schwester, 6. November 1854	274
215. An die Mutter, Mitte November 1854	277
216. An die Schwester, 16. November 1854	283
217. An dieselbe, 19. November 1854	284
218. An Franz Liszt, 20. November 1854	288
219. An die Mutter, 25. November 1854	292
220. An dieselbe, 30. November 1854	295
221. An die Mutter, 8. December 1854	300
222. An dieselbe, 14. December 1854	304
223. An dieselbe, 17. December 1854	311
224. An Alexander Ritter, 25. December 1854	314

		Seite
225.	An Frau Laussot, 29. December 1854	316
226.	An die Schwester, 31. December 1854	322
227.	An die Mutter, 2. Januar 1855	326

Breslau — Posen — Berlin. Winter — Frühjahr 1855.

		Seite
	Franziska v. Bülow an ihre Tochter	331
228.	An die Mutter, 17. Februar 1855	332
229.	An Robert Radecke, 26. Februar 1855	334
230.	An die Mutter, 28. Februar 1855	336
231.	An die Mutter, 6. März 1855	339
232.	An die Mutter, 10. März 1855	342
233.	An dieselbe, 14. März 1855	343
234.	An Franz Liszt, 14. März 1855	346
235.	An denselben, 27. März 1855	353
236.	An Louis Köhler, 3. Mai 1855	356
	Franz Liszt an Louis Köhler	357
237.	An Franz Liszt, 11. April 1855	359
238.	An Richard Pohl, 16. April 1855	361
239.	An die Schwester, 16. Mai 1855	366
	Franziska v. Bülow an ihre Tochter Fragmente	369
240.	An die Schwester, 30. Mai 1855	371
	Franziska v. Bülow an ihre Tochter	374

Oesterreich.

Winter — Sommer 1853.

Erstes Concert

des

H. Guido v. Bülow,

Pianist aus Weimar,

Dinstag, den 15. März 1853,
Mittags halb 1 Uhr,

im Saale der Gesellschaft der
Musikfreunde.

PROGRAMM:

1. Sonate (A-dur), Op. 101, von Beethoven, vorgetragen vom Concertgeber.
2. Ungeduld, an die Musik, von Schubert, gesungen von Herrn Hardtmuth.
3. a) Lied ohne Worte, (C-dur) von Mendelssohn,
   b) Berceuse, von F. Chopin,
   c) Soirées de Vienne: Valses d'après Schubert par F. Liszt, Nr. 6 } vorgetragen vom Concertgeber.
4. Romanze aus dem "ewigen Juden," gesungen von Fräulein Josefine Schmidt.
5. Les Patineurs: Illustration du Prophète, par F. Liszt, vorgetragen vom Concertgeber.

Fräulein Schmidt und Herr Hardtmuth haben aus Gefälligkeit für den Concertgeber ihre Mitwirkung bereitwilligst zugesagt.

Cercle-Sitze zu 3 fl., Sperrsitze im Parterre und auf den Gallerien zu 2 fl., und Eintritts-Karten zu 1 fl. C. M., sind in den k. k. Hof-, Kunst- und Musikalienhandlungen der Herren C. Haslinger und J. P. Spina, in der Kunst- und Musikalienhandlung von P. Mechetti sel. Witwe, und am Tage des Concertes an der Casse zu bekommen.

Gedruckt bei J. B. Wallishausser.

Wien! — Mit welch' beklommen-frohem Gefühl mag der
Schüler, den sein Meister in die Welt gesandt, auf daß auch
er ein Meister werde, die Mauern der alten Kaiserstadt be-
grüßt haben! Und wie bald sollte ihm dieser Name Alles
verkörpern, was ein junges Künstlerherz an herber Ent-
täuschung zu fassen vermag, ohne völlig zu erliegen! —
Nach dem ersten Auftreten vermag er nicht einmal den Seinen
zu berichten. Und als er endlich Worte findet inmitten alles
Ungemachs — ist es zu verwundern, daß seine schmerz-
getränkte Schilderung die lebhafte Sympathie nicht ahnen
läßt, die ihn später, nicht nur für Wien, sondern für alles
österreichische Wesen überhaupt, in so hohem Maße erfüllen
sollte? — Mit welchen Empfindungen seine Mutter dies
lange Schweigen und die endlich anlangenden ersten Nachrichten getragen und aufgenommen hat, zeigen die wenigen
Zeilen an ihre Tochter, die dem nachstehenden Briefe folgen.

143.

An die Mutter.

Wien, Palmsonntag 1853, 12. März.

Geliebteste Mutter!

Du wirst Dich geängstet haben, so lange nichts von
mir zu vernehmen. Es thut mir herzlich leid, aber ich
wollte Dich nicht unnützer Weise positiv ängsten, darum
schrieb ich Dir nicht. Ich wollte mein zweites Concert abwarten, wo eine Veränderung zum Besseren in meinem

Schicksal möglich war — dieses zweite Concert fand gestern, Sonnabend Abends ½10 Uhr statt. Jetzt bin ich vollständig zu Ende mit der Geduld, mein unglückliches Geschick zu ertragen. Ich schreibe Dir diese Zeilen heute im Bett; die Kraft fehlt mir aufzustehen, und ich wundere mich nur, daß mein tiefer und vollkommener Lebensüberdruß mir erlaubt, die Feder zu bewegen.

Mein erstes Concert — ich habe überall die Quittungen in Händen, weiß, daß ich nirgends betrogen worden bin — brachte neben der Ausgabe von 133 fl. 16 Kr. die Einnahme von 28 fl. Ich hatte also 105 fl. darauf zu zahlen! Mit dieser Unsumme hatte ich das Recht erkauft, meinen Namen in mehr als einem Dutzend Blätter auf das Unsinnigste heruntergerissen zu sehen. Schmachvolles Dasein! Ich habe mich verhältnißmäßig wenig darüber geärgert, aber es hat mich doch niedergeschlagen, unlustig gemacht, trotz des Erfolges, dessen ich mich bei einem Freibilletpublikum zu erfreuen hatte. Meine Empfehlungen haben mir sämmtlich nicht das Leiseste genützt. Stockhausen, Dietrichstein, Thun, Könneritz, kein Mensch von diesen hat eins meiner Concerte besucht. Liszt's Briefe haben mir gerade so wenig genützt. Außer Haslinger, der sich »ex officio« um mich bekümmert, mir meine Geschäfte besorgt hat (hätte ich es allein, es wäre ökonomischer gewesen) und dem Dr. Liszt[1] und Löwy[2], hat sich Niemand meiner hier irgendwie angenommen. Du hast keinen Begriff, wie einsam und fürchterlich verlassen ich mich fühle!

[1] Der jüngere Stiefbruder von Franz Liszt's Vater; Liszt pflegte ihn seinen Vetter zu nennen.
[2] Ein Liszt befreundeter Banquier.

Das Leben ist unmäßig theuer. Im Gasthof blieb ich keine 48 Stunden; man rechnete mir aber 3 Tage, weil Daten; ich hatte von großem Glück zu sagen, ein Logis in der inneren Stadt im zweiten Stock zu finden, für 15 fl. monatlich ohne Bedienung. Das ist enorm billig für hier. Meine Adresse ist vorläufig noch: Spenglergasse, Zum Auge Gottes, bei Herrn Landrath von Bujan. In der Vorstadt hätte ich unmöglich wohnen können; die Entfernungen zu weit, der Koth in den 37 Vorstädten so stark, daß man zu zwei von einander entfernten Gängen recht gut einen ganzen Tag brauchen kann. Ich bin von dem vielen Herumlaufen und -fahren ebenso ermattet wie meine Börse. Trotz aller nur möglichen Sparsamkeit verbraucht man hier in einer einzigen Woche mehr als anderwärts in dreien. Hätte mir Liszt statt 100 nicht 200 fl. vorschießen lassen, ich hätte, mein erstes Concert bezahlt, nichts weiter zu leben. — Von meiner Enthaltsamkeit vermag ich Dir Beweise zu geben, wenn Dich's interessirt, da ich Tag für Tag genaue Rechnung über meine Ausgaben geführt habe.

Wenn Du wüßtest, wie schwer mir das Weiterschreiben wird, welche Anstrengung mir die Überwindung des tiefen Ekels vor meinen bisherigen Erlebnissen in Wien kostet, um Dir zu erzählen, wie mir's ergangen ist, in welch' beklagenswerther Lebens- und Gemüthsverfassung ich mich im Augenblick befinde! Als ob ich bis jetzt nicht genug Unglück gehabt! Was weiter mit mir geschehen wird — ich habe keine Ahnung davon. Vorläufig soviel: ich kann mein zweites Concert, dessen Kosten sich ziemlich eben so hoch belaufen, als die des ersten, nicht bezahlen, selbst wenn ich keinen

Heller mehr in der Tasche behalten will. Vielleicht borgt mir einer, vielleicht Löwy; vielleicht auch nicht. Vielleicht hilft mir Seine Majestät der Zufall, wenn mir das Unglück einen Empfehlungsbrief an ihn giebt. Ich bin auf dem besten Wege ein großer Mann zu werden nach Napoleon's Ausspruche. Vergnüglich ist die Weihe des Proletarierthums übrigens nicht. Heute ist meine Kraft zwar ganz erlahmt, vielleicht erstarkt sie morgen neu. Ich werde einmal die pikante Situation genießen, nicht blos von Tag zu Tag, sondern von Stunde zu Stunde zu leben. Vielleicht spreche ich morgen ganz fidel: „ich hab' mein' Sach' auf nichts gestellt". Doch leider ist das nicht möglich, da bereits meine Sache auf weniger als nichts steht. Doch ich habe Dir noch nichts von gestern erzählt. Ich übte den ganzen Tag wie ein Wahnsinniger — als ich Nachmittags spät erfuhr, daß nicht der fünfte Theil meiner Unkosten gedeckt sei, als ich sah, wie ein schauderhaftes Unwetter etwaige Besucher meines Concertes (halte die späte Abendstunde für keine Dummheit — ist nicht anders hier — während der Theaterzeit darf kein Concert sein, und aus der italienischen Oper fahren die Leute noch am liebsten, oder ehesten in ein Concert) noch möglichst abhalten würde, bemächtigte sich meiner eine solche Stumpfsinnigkeit, eine so erstickende Muthlosigkeit, daß ich, unempfänglich für jede Beifallsbezeugung, die letzte Pièce (Sommernachtstraum) fast schlecht gespielt habe. Ich wurde auch nur einmal schwach darnach hervorgerufen, was hier so viel ist als Fiasko. Wie mir da zu Muthe war, du hast keinen Begriff; ich hätte am liebsten während des Spiels abbrechen, einige Stühle dem Publikum ins Gesicht schleudern, unsinniges Zeug auf dem Klavier improvisiren mögen — die Kritik schimpft in jedem Fall, dachte ich; in jedem Fall vermag ich nicht die Kosten zu bezahlen! Ich habe furchtbar gelitten! Die letzte Nacht war mir fieberhaft, schlaflos; vielleicht bekomme ich eine ordentliche Krankheit.

Von Wien selbst habe ich noch wenig kennen gelernt. Vor dem Resultate meiner Concerte habe ich kein Theater besuchen, kein Vergnügen irgend welcher Art mitmachen wollen und es auch nicht gethan. Wenn ich nur wüßte, was jetzt aus mir werden, was ich anfangen soll, oder vielmehr kann. Heute kann ich schon im Bett liegen bleiben und mich um nichts kümmern, aber morgen. Verwünschter Einfall mit Wien! Hätt' ich doch lieber die Dir für mich durch Frau v. Lüttichau in Dresden in Aussicht gestellte Accompagnateur- oder Chordirektorstelle bekommen können, als mit dem Verlust aller Lebensfreudigkeit die Jagd nach dem Schatten-Gegenstand derselben zu zahlen.

Den 3. April sollte ich in einem Concert spirituel mit dem Pianisten Dachs und Prof. Fischhoff, der, obwohl ich ihm nicht empfohlen, mich noch am freundlichsten aufgenommen, das Tripleconcert von Bach spielen. Die Aufforderung ist ganz ehrenvoll; ich weiß natürlich nicht, wie lange ich noch hier bleiben werde. Wahrscheinlich wird nichts daraus werden. Ich begreife jetzt, was der Ausdruck besagen will: Von Gott und aller Welt verlassen sein.

Dir, liebe Mutter, möchte ich um keinen Preis, hörst Du, um keinen Preis mehr zur Last fallen! Wenn es jedoch mit der Accompagnateurstelle in Dresden noch etwas sein kann — ich möchte nicht gern hier schmählich zu Grunde gehen. Nirgends sehe ich einen Ausweg, nirgends zeigt mir eine rettende Hand einen solchen. Und mein Aberglaube, daß ich nicht vor dem September 1855 sterben werde, verläßt mich, wie mich der an Liszt's Ring[1] und einige andere bereits verlassen haben.

Ich Thor, ich glaubte hier in Wien Rosen zu finden, die Hände wund von den früheren Dornen! Spine senza rose! Das paßt auch darum, weil die beiden Spina, an die mich Liszt empfohlen, gar nichts für mich gethan.

Seh' ich nur irgend eine Besserung meiner Lage in Perspektive, so schreib' ich Dir's sogleich, Dich nicht länger in Angst zu lassen. Ich versichere Dich dessen bei aller Liebe und Dankbarkeit, die ich Dir herzlich trage. —

Und quälend genug mag diese Angst gewesen sein. Franziska sucht, in ihrer Unruhe um den Sohn, Trost und Erleichterung durch künstlerische Eindrücke. „Sonnabend war ich in der Konzertprobe im Theater, die 9te Symphonie" — schreibt sie an ihre Tochter, Mitte März, aus Dresden —. „Es that mir so wohl, ich war auf einige Zeit so befreit, so über Alles, was mich drückt, erhoben durch diese himmlische Musik." Und später, noch immer ohne Nachricht: „— — — Hier, mein liebes Kind, eine kleine Ostergabe — ich hätte Dir gern Sachen geschickt, aber die Zeit war zu kurz — — — auch muß ich in der nächsten Zeit Hans schicken; ich fürchte, es geht dem armen Jungen sehr schlecht! Gott wende es zu seinem Heile — Du wirst mit mir für ihn beten, wie jeder Gedanke von mir ein Gebet für Euch Beide ist."

Endlich, nach Empfang des ersten Wiener Briefes:

„Von Hans habe ich nur einmal und schlechte Nachrichten, ich erwarte stündlich bessere. Liszt, mit dem ich correspondire, verliert zwar den Muth nicht, aber so sehr ich ihn

[1] Bülow von Liszt als Talisman geliehen.

liebe, tröstet mich das nicht. Alles, was ich bei dem unglückseligen Schritt im Herbst 1850 voraussah, ist buchstäblich eingetroffen. Gott verzeihe denen, die ihn dazu verleiteten.

Indeß soll er vor der Hand in Wien bleiben; was weiter wird, muß sich später finden. Am Sonnabend besuchte ich noch die Bayer [Bürck], die Sonntag früh nach Wien gereist ist; ich gab ihr Briefe u. s. w. für Hans mit; sie versprach ihn gleich aufzusuchen, mir Nachricht zu geben; grüßt Dich; sie bleibt 6 Wochen in Wien zum Gastspiel."

Liszt an Franziska v. Bülow.

Weymar, 26. Mars [1853].

Madame,

Avant votre lettre, pour laquelle je m'empresse de vous faire mes remerciments très-sentis, j'avais reçu de diverses parts des nouvelles de votre fils, qui jusqu'ici ne m'a pas encore écrit. En somme, je suis loin de juger sa position actuelle à Vienne aussi mauvaise qu'il semble vous la dépeindre. Les pertes que lui ont occasionné ses deux premiers Concerts sont aisément réparables, et je vais lui écrire aussitôt pour lui recommander amicalement de ne point se laisser aller à un abattement ou une mauvaise humeur qui ne seraient nullement de saison. L'expérience que j'ai acquis en ces matières me permet de vous tranquilliser sur le résultat final de son voyage à Vienne, lequel, j'en ai la persuasion, se montrera plus favorable aux intérêts de son talent, de sa carrière, et même de sa bourse, que vous ne le présumez en ce moment. Il importe seulement qu'il ne se laisse point décontenancer, et qu'il conserve un peu de sangfroid, afin de mettre à profit les moyens qui ne laisseront pas de s'offrir, de conquérir pied à pied le terrain auquel il a droit. Le ton aigre et partial de la critique des journaux ne doit point l'inquiéter; il faut qu'il en prenne tranquillement son parti, en homme de sens et de talent; ces sortes d'accidents ne peuvent guère être compté parmi les sinistres et n'ont jamais empêché personne de prendre sa véritable place, comme notre ami Hans saura le faire, un peu plus tôt ou plus tard. Durant les mois d'Avril et Mai, je lui conseille de rester à Vienne, sauf à faire un voyage à Pesth à un moment opportun, sur lequel on pourra le renseigner à Vienne. Il est probable qu'il gagnera quelque argent à Pesth et peut-être Pressbourg — mais pour mieux atteindre ce but je tiens pour indispensable qu'il prenne plus de consistance à Vienne qu'il n'a pu le faire en quinze jours. Comme il est parfaitement intelligent et qu'il a tout ce qu'il faut pour faire un bon et beau chemin, il convient de le laisser entièrement libre de ses faits et gestes pendant ces deux mois, et de l'aider simplement à supporter avec calme les mauvaises chances inévitables dans cette carrière.

Mon cousin, le Dr. Edouard Liszt, lui remettra les 100 florins c. m. dont il a besoin de suite, et plus tard il tiendra encore 100 autres florins à sa disposition.

Veuillez me croire madame: il n'y a vraiment pas lieu de se troubler, moins encore de se lamenter sur Hans au sujet de ses deux Concerts de Vienne, et j'espère que vous recevrez prochainement des nouvelles qui contribueront à vous faire partager la sécurité et la confiance que je ne cesse de garder. — Veuillez aussi je vous prie, madame, agréer l'expression de ma respectueuse amitié et de mon sincère dévouement.

F. Liszt.

144.

An die Mutter.

Wien, 27. März 1853.

Geliebte Mutter!

Viel tausend Dank für Deinen lieben Brief, der mir unendlich wohl gethan hat! Freilich, wenn irgend je zu einer Zeit, so that mir in der gegenwärtigen ein solch' überzeugender Beweis, daß ich mich nicht als ganz verlassen und vergessen zu fühlen habe, noth! — Ich habe hier in Wien bis jetzt viel ausstehen müssen — Ärger, qualitativ für ein ganzes Jahr hinreichend, und auf kaum drei Wochen vertheilt. Die Charwoche, an deren Anfang ich Dir schrieb, hat mir noch so manche widerwärtige Erfahrungen gebracht. Die heftige Grippe, an der ich gelitten habe und die jetzt beinahe vorüber ist — hat mich, zu meinem nicht geringen Vortheil, ein wenig ausruhen lassen von der Nervenaufreizung, in die mich das jetzt der Vergangenheit Angehörige versetzt hatte. So sehr ich eine Pflege vermißte, die mich meine heftige Erkältung in weit kürzerer Zeit hätte überstehen lassen, so gab mir für diesen Mangel doch die Beruhigung ein annehmbares Surrogat, daß Du das abscheuliche Husten-Concert nicht hören konntest, welches an die glücklicheren Tage meiner Kindheit lebhaft erinnerte. Ich hoffe jedoch in wenig Tagen gesünder als bei meiner Ankunft in Wien zu sein, fähig, mit frischer und neuer Energie, mit dem Humor des Sichselbstwiederhabens und -Fühlens meine Carrière fortzusetzen, da Du mir selbst dazu räthst und mich nicht verlassen wirst.

Über die unglücklichen Resultate meiner ersten beiden Concerte — über den Nichterfolg seiner Empfehlungsbriefe u. s. w. ist Liszt übrigens bereits genau unterrichtet, und zwar nicht durch mich (das wäre unpassend gewesen), sondern durch Löwy und Haslinger.

Erlaube, daß ich meinen Zorn hier durch Mittheilung einer jener mir widerfahrenen Erbärmlichkeiten Luft mache, wie ich deren mehrere und schlimmere erlebt: ich bin sicher, daß meine Empfindungen darüber von Dir nicht mißverstanden werden.

Der reiche Rath X. (Componist), für den Liszt so viel gethan (er hat zwei seiner Opern in Weimar aufgeführt, ihm seine letzte Partitur gewaschen wie ein Voltaire) und dem er mich sehr angelegentlich empfohlen, hatte mein erstes Concert nicht besucht, ob ich gleich einen Abend in seinem Salon gespielt. Eines Morgens ist er bei Haslinger, diesem Compositionsverlagsanerbieten zu machen, ich komme zufällig dazu, lobe mit jenem nicht fingirten Wohlwollen unpartheiischer Ironie seine Lieder und seine Oper, manifestire ihm den Wunsch, Motive aus seiner letzten Oper zu einem Klavierstück auszubeuten — ich hatte am Morgen gerade eine Combination in unwillkürlichen Rückerinnerungen am Klavier erfunden — bin jetzt wirklich in der Ausführung begriffen, da er mir andern Tags natürlich sofort seine Oper gebracht — u. s. w. Er ist sichtlich gerührt — und als ihm später Haslinger Vorwürfe gemacht, daß er, nachdem ich bei ihm gespielt, nicht einmal mein Concert besucht, nimmt er zum zweiten 3 Cerclesperrsitze, bezahlt sie jedoch noch nicht. Ich sehe ihn auch mit Frau und Kind in meinem zweiten Concert — der Concertdiener geht zu verschiedenen Malen zu ihm, sich die 9 fl. abzuholen und wird das letzte Mal mit den Worten entlassen: er werde mir selbst das Geld einhändigen. Da X. Verstand hat und mich also ein wenig kennt, so vermagst Du Dir wohl zu denken, daß er sicher darauf rechnete, eine solche Insolenz nicht zu begehen. Doch beging er die, mich andern Tags auf Dreyschock einzuladen, der bei ihm spielte. Obwohl krank, ging ich natürlich hin, um durch meine Abwesenheit keine

Gelegenheit zu Mißdeutungen zu geben. X. ist übrigens gescheut, liebenswürdig, noch einer der Anständigsten!

Einer, der nicht blos für sich, sondern auch für mich ganz exceptionell dasteht, ist Eduard Liszt, Vetter oder jüngerer Onkel des Eigentlichen. Ein ganz vortrefflicher Mann, dem man die Schlüssel des Vertrauens entgegenbringen möchte, auch ohne allen Belagerungszustand. Er hatte mir neulich auch Geld vorgeschossen, auf eigne Faust, als ich ihm meine Noth klagte.

Vor einigen Tagen schrieb mir Liszt und bat mich um einen Freundschaftsdienst. Es ist eine diplomatisch-musikalische Mission, bei einem ungarischen Grafen, auf einem Gute nahe bei Ödenburg. Zur Reise giebt er mir die nöthigen 30 fl. — In einigen Tagen, wenn das Wetter sich ein wenig verbessert (wir hatten hier so harten Winter, wie sich dessen Wien im März seit Jahren nicht entsinnen kann — der Schnee liegt so hoch wie in Weimar bei unserer Abreise und der Eisenbahnverkehr ist mit wenig Unterbrechungen gehemmt —) will ich reisen, bei der Gelegenheit im Ödenburger Theater spielen, wo ich wenigstens keine Unkosten habe, um einen Schritt weiter in der Abgewöhnung des Lampenfiebers zu thun und mich im Spiel der ungarischen Stücke einzuüben, auf die ich hauptsächlich für Pesth rechne, wo ich weit erfreulichere Aussichten habe. Freilich — Dreyschock, der noch hier weilt, und mir dennoch nach Preßburg und Pesth vorauseilen wird, muß ich auch da erst vorüberlassen. Dreyschock ist ein homme-machine, die personificirte Geistlosigkeit, noch dazu im äußern Gewande der Ungeschliffenheit. Wir kennen einander persönlich übrigens nicht.

Ein gutes Bewußtsein habe ich, das, nicht in schlechte Gesellschaft gekommen zu sein. Dafür habe ich gar keine zuweilen, und ich gebe dann gern im Kaffeehause, wo ich soupire, dem Kellner ein Trinkgeld, um nur einen freundlichen „Guten Abend" zu hören.

Fräulein Paoli[1] hat mir sehr gefallen; ich war ein paar Mal bei ihr; sie hat zu wenig Verbindungen, um mir nützlich sein zu können; ich möchte auch nicht ihr derartige für „Etwas" ausgegebene „Nichtse" danken müssen. Sie hat trotz ihres Antimusikalism mein Concert besucht (ich hatte ihr Karten gesendet) und mir das gesagt, was Fischhoff ihr später über mich gesagt: wenn etwas an meinem Spiel auszusetzen, so sei es, daß zu viel Geist dabei sei. Das ist wahr, und wahr ist, daß es ein Fehler wegen des daraus entstehenden Fragmentarischen, Unfaßlichen. Fischhoff, an den ich nicht empfohlen war, hat sich mir noch am indifferent-freundlichsten bewiesen.

Laube's, denen ich Billets zu meinen Concerten geschickt (sie haben selbige auch benutzt), luden mich neulich zum Souper ein. Sie waren äußerst freundlich gegen mich. Bauernfeld, Dawison, Baron Stolzenberg (der eigentliche Herzog von Dessau) waren da. Wenn Frau v. Lüttichau mir noch eine Zeile an Laube schicken will, bin ich ihr dankbar; vielleicht giebt er mir dann das Burgtheater frei.

Ich würde Dir mehr schreiben, aber es strengt mich an; ich habe wirklich viel gelitten; mein Dank, den ich Dir diesmal lebhafter als je demonstriren zu können wünschte, bleibt stumm, aber tief und nachhaltig. Dein Brief hat

---

[1] Elisabeth Glück, Pseudonym Betty Paoli, österreichische Dichterin und Schriftstellerin, 1815—94.

mich wahrhaft erwärmt und — wenn ich mich wieder ermanne, so ist es hauptsächlich Dein Verdienst. Meinem Vater schreibe ich nächstens (nach Ödenburg). Wie geht es Isidoren? wie vor Allem Dir? Jetzt ist die Milanollo[1] hier und absorbirt jedes Interesse. Mein drittes Concert werde ich nicht früher als den 24. April geben, das ist ein Sonntag, der einzige Tag, an dem ein Concert voll wird. Wer so einen Sonntag trifft, ist wirklich ein Sonntagskind, denn diese Tage sind selten und werden meist schon ein Jahr vorher in Anspruch genommen, d. h., bestellt.

Ich kam eben viel zu spät, auch zu spät angekündigt und concertirte unter den exquisit ungünstigsten Umständen. Alles genau und wohl überlegt: ich muß suchen, hier durchzubringen, trotz aller Hindernisse oder sogar wegen dieser. Wenn ich mein Concert am 24. April mit Orchester gebe, sind die Unkosten bedeutend, aber ich glaube gerade durch mein Spiel mit Orchester — die abgedroschenen Concertstücke von Weber und Mendelssohn haben Dreyschock so accreditirt — Erfolg haben zu können. So getreten wie ich bin, kann ich nicht von dem Schauplatze meines ersten Debüts abtreten. Wie traurig und entmuthigend war Alles hier für mich! Für die untergeordnetsten Talente findet sich doch hier und da Einer, der ihnen auf den Sattel hilft oder eine wahrhafte, wohlwollende kritische Stimme; ich habe hier nichts von dem Allen gefunden. Kein Mensch hat etwas con amore für mich gethan! Und wie höflich, vorsichtig bemühte ich mich überall zu sein! — Meine Empfehlungen! Ich wollte,

---

[1] Teresa M., 1827, Violinvirtuosin.

ich dürfte alle Lettern dieses Wortes aus dem Alphabet für ewige Zeiten verbannen!

Als ich von Abends 7 Uhr bis den andern Mittag 2 Uhr mehrere Tage zu Bett lag, habe ich mich mit der Lektüre Balzac's außerordentlich getröstet! Nie paßte sie besser als in meine jetzige Stimmung und nichts paßte besser hinein! Zugleich habe ich meinen Marsch zum Cäsar neu aus dem Kopf instrumentirt, um ihn Johann Strauß' Sohn — der seinem Vater wirklich nachgefolgt ist — seine Kapelle ist trefflich und seine Walzer sehr pikant — spielen zu lassen. Auch habe ich ein paar Salonkleinigkeiten begonnen! Jetzt habe ich ungeheuren Durst nach irgend einem Vergnügen!

Wegen meines Concerts frage ich Dich noch einmal um Rath. Es ist noch Zeit bis dahin.

Am Sonntag, heute über 8 Tage Mittags, spiele ich mit Fischhoff und einem hiesigen (guten) Pianisten Dachs das Tripleconcert von Bach mit Orchester. Das ist eine sprechende Antikritik; in dem Concerte wird eine Beethoven'sche Ouvertüre und eine Mendelssohn'sche Symphonie gespielt — es ist das künstlerisch (auch faktisch) accreditirteste Institut, das es giebt.

Die einzige Wiener offizielle Zeitung spricht anständig über mich, läßt aber dagegen (revers de la médaille) Grimm gegen Liszt los. — Ich kann also diese Kritik nicht einmal versenden! Mein Universitätsfreund Herzfeld hat sich auch anständig gegen mich benommen, mir eine recht hübsche Gesellschaft bei seinen Eltern gegeben, und trotzdem ich ihn hinreichend mit Billetten versorgt, einige auch nehmen lassen, wie ich später erfahren. — Es ist

11 Uhr; da habe ich alle die Tage schon geschlafen. Ich bin müde und schwach; ich habe Dir so viel geschrieben, damit Du Dich nicht mehr ängsten solltest.

Hab Tausend Dank für alle Deine Liebe und Güte! Gute Nacht.

145.
An die Mutter.

Wien, 14. April 1853.

Geliebte Mutter!

Soeben von Ödenburg nach 6 tägigem Aufenthalte zurückgekehrt, empfing ich hier Deinen Brief, den dritten von dem an, welchen mir Frau Bayer zugestellt. Ich antworte Dir sofort, um Dir gute Nachrichten zu geben, die Dich freuen dürfen — nicht als ob sich äußerlich meine Stellung etwa sehr verbessert hätte, oder etwas Anderes als eben bloße Hoffnungen zuließe, sondern weil ich mich moralisch und physisch ziemlich wohl und frisch fühle. Die kleine Excursion hat mir sehr gut angeschlagen. Ich habe wieder einmal aufgeathmet. Meine mir von Liszt aufgetragene Mission glaube ich zu dessen Zufriedenheit ausgerichtet zu haben — und die Tage sind mir angenehm vergangen. Dies kam so. Ich fand ein paar liebenswürdige, herzliche Menschen, bei denen ich ziemlich den ganzen Tag mich im Hause herumbewegte, wie Litolff z. B. bei uns. Ganz zufällig erhielt ich einen mir angebotenen Empfehlungs=brief an eine wohlhabende ungarische Familie v. Lenhard, die mir eine bis jetzt noch nicht widerfahrene Freundlichkeit und Theilnahme erwies. Die ganzen Unkosten, in welche

Programm

zum

dritten und vierten
CONCERT SPIRITUEL

unter der Leitung des artistischen Direktors
Herrn Professor J. Hellmesberger,
Mitglied der k. k. Hofkapelle,

im

Saale der Gesellschaft der Musikfreunde,

an Sonntagen, und zwar
das dritte am 3., das vierte am 17. April 1853,
Mittags halb 1 Uhr.

(3. Concert, Sonntag den 3. April)

1. **Ouverture** (C-dur) **op. 124**, von L. v. Beethoven.
2. **Concert** für drei Pianoforte, von J. Seb. Bach, vorgetragen von Herrn H. G. v. Bülow, Herrn J. Dachs und Herrn Professor J. Fischhof.
3. **Sopran-Arie** (mit Begleitung einer obligaten Violine, Oboe und einem Violoncell, dann Baß und Pianoforte), von J. Seb. Bach, gesungen von Fräulein Fischer v. Tiefensee.
4. **Symphonie** (A-moll), von F. Mendelssohn-Bartholdy.

(4. Concert, Sonntag den 17. April)

1. **Ouverture** „die Fingals-Höhle," von F. Mendelssohn-Bartholdy.
2. **„Der Traum,"** Fantasie für Violoncell, von B. Romberg, vorgetragen von Herrn Professor C. Schlesinger, Mitglied der k. k. Hofkapelle.
3. **„Misericordias."** Chor von W. A. Mozart.
4. **Symphonie** (B-dur), von L. v. Beethoven.

Gedruckt bei J. B. Wallishausser.

dieselbe mich meinerseits versetzte, waren die, daß ich der 13jährigen, musikalisch sehr begabten und intelligenten, aber furchtbar verzogenen Tochter einige freiwillige musikalische Lectionen gab. Da ich mich einmal ein paar Tage fern von dem mir durch und durch widerwärtigen Wien erholen wollte, so improvisirte ich zeittobtschlagenshalber im Theater ein Concert, bei dem ich auf die Unkosten und den Aufenthalt kam. Ich war trefflich disponirt, trotzdem der Flügel nicht viel taugte, und habe ein beispielloses Furore gemacht. Ich hatte ein kleines, aber sehr gewähltes Publikum, fast Alles Logen, die gesammte dortige ungarische haute volée, als die Erdödy, Pallavicini, Festetics, Graf Montenuovo (Sohn der Marie Louise) u. s. w., die sonst nie das Theater besuchen. Die Damen applaudirten fanatisch und fanden in meiner Physiognomie sehr viel Ähnlichkeit mit Liszt. — Ich begann mit der Volkshymne, eine captatio benevolentiae der Garnison, und wurde im Ganzen zehnmal hervorgerufen. Die ungarischen Melodien mußte ich dacapiren und das letzte Stück hätte auch wiederholt werden müssen, wenn nicht eine Cabale des musikmüden Theaterdieners das drittmalige Heben des Vorhangs am Schlusse vereitelt hätte. — Ich bin sehr zufrieden, diese kleine Generalprobe von ungarischen Stücken gehalten zu haben, weil ich meiner Sache für Preßburg und Pesth nun ganz sicher bin. Ich erwarte vorläufig von Hunyabi, den Du bei Arnims im Elephanten kennen gelernt hast, Antwort, wann ich dort einzutreffen habe.

Im Augenblick concertirt Dreyschock oben. Graf Leo Festetics, der Intendant des Ungarischen Nationaltheaters, Freund Liszt's, hat mir bereits sein Haus und ein Drittel der Nettoeinnahme zur Verfügung gestellt — während er Dreyschock's Gesuch darum zurückgewiesen hat. Bei meiner etwaigen Rückkehr von Pesth denke ich wiederum in Ödenburg ein Concert zu geben, wo ich dann ein ganz volles Haus haben werde — für diesmal war das Concert zu improvisirt. Besagte Familie hat einen solchen Narren an mir „gefressen", daß sie zu meinen hiesigen Concerten extra herreisen wird, mir ferner das Versprechen abgenommen, einem Maler dort für sie zu sitzen.

Nun das Wichtigste. Ein Concert habe ich noch nicht angekündigt; aber ich muß es mit Nächstem thun. So wie ich jetzt hier stehe, schleiche ich vom Schauplatz meiner ersten Thaten ab wie ein Dieb — und neben Allem ist auch die Ehre verloren. Vorzüglich hat mich in dieser Ansicht Liszt bestärkt, der entschieden verlangt, ich müsse hier vor allem Weiteren Fuß fassen. Das muß vor Ende der Saison geschehen, oder ich recitire meine ganze Carrière wieder um ein Jahr. Ich muß also jetzt ein Concert geben, das Aufsehen macht, also mit Orchester; ich hoffe, bin überzeugt, dann durchzubringen. Aber wie gesagt — das Geld! Die Kosten eines solchen Concertes betragen 300 fl. C.-M., d. i. 180 Thlr.! Obgleich ich jedenfalls die Hälfte dieser Summe einnehmen werde, so muß ich sie doch erst besitzen — um keine Sorgen so grober Natur zu haben, wenn ich meiner und Liszt's würdig aufzutreten habe. Frhr. v. Münch-Bell[inghausen][1], der mich besucht hat, sagte mir: „Orchestercompositionen von Liszt, das hätte gar Viele, z. B. mich unmusikalischen,

---

[1] Der Dichter Halm.

d. h. concertfaulen Menschen, tentirt." — Gebe ich ein Concert mit Orchester, d. h. ein Concert, wo ich so immense Unkosten habe, so kann ich auch die Bayer zur Mitwirkung auffordern; dagegen zu einem einfachen Concert, da sieht das aus wie ein Almosen und — mit diesem Worte habe ich wohl genug gesagt. — In diesem Moment beherrscht die Milanollo, die Mode ist und das zu sein verdient, denn es ist sehr wenig an ihr, das Terrain; sie giebt Montag ihr 6tes Concert und dann, glaube ich, noch ein halb Dutzend. — Die muß ich natürlich erst vorüberlassen. Und dann ist hoffentlich der Frühling noch nicht da, um so hoffentlicher, als wir heute früh unter dem Gefrierpunkt Kälte gehabt haben.

Noch heute werde ich wegen der Concertangelegenheit an Liszt schreiben und ihn bitten, Dir sein Urtheil darüber vorzulegen, da er es noch nicht gethan zu haben scheint. — Am besten wäre es gewesen, hätte ich mein erstes Concert mit Orchester zu geben gewagt; ich kann Dir nicht sagen, wie viel Blut und Lebenszeit ich darum geben würde, die Gelegenheit zu einem Siege zu finden und nie mehr als in diesem entscheidenden Jahre bedarf ich eines solchen. Vielleicht kann ich vorher nach Pesth gehen und dort so viel erübrigen, als mir hier erforderlich ist, um ein Concert zu geben. Dieses müßte schon am 28. April oder 1. Mai stattfinden und ich mich eine Woche vorher schon entscheiden. Kennst Du denn gar Niemanden, der mir einen Theil dieser Summe leiht? Das Handwerk, das ich jetzt treibe, hat wirklich nicht Schatten-, sondern geradezu nur Nachtseiten. Es ist horribel! Nur die Mittel kaufen, seine Künstlerexistenz zu dokumentiren!

Doch — ich schreibe Dir eben wirr und vag — vielleicht erhalte ich langersehnte Antwort aus Pesth und kann dann sofort mich dorthin begeben, wo ich Alles dransetzen werde, um mit der Devise »Liszt et mon talent« den böhmischen Musikanten aus dem Felde zu jagen!

Thun hat sich öfters nach meinem Befinden erkundigt; ich will ihm heute dafür danken. Wie gesagt — fi des lettres de recommandation; oder soll mich dieses Theilnahmezeichen zu Thränen rühren oder mir den weiten Weg bezahlen? Muth und Energie habe ich jetzt, das ist wahr, und en train zu spielen bin ich auch — (ich beantworte nämlich Deinen vorletzten Brief, den ich eben wieder durchlese), gebt mir nur einen Saal zum Spielen und ein paar anständige, kunstsinnige Menschen hinein!

Was mein sociales Benehmen anlangt, so darf die strengste Kritik nichts daran zu mäkeln haben. Ich habe das Bewußtsein, überall vorsichtig, würdig, als Kavalier und als honetter Mensch (was mehr ist) gesprochen und gehandelt zu haben. Ich habe mir nie etwas vergeben, und war in dem Grade Aristokrat, daß ich es nie übermäßig und vorlaut gewesen bin. Lache nicht — mit Etwas muß ich denn doch zufrieden sein und, da nicht mit den Andern, bin ich es mit mir selbst, faute de mieux.

Von Balzac habe ich Histoire des Treize gelesen, l'Interdiction (vortrefflich), Honorine (desgl.) und ich weiß nicht was noch, aber ich kenne gar nichts Anregenderes, die Ironie Entbitternderes und bis zu einem nicht-übermüthigen Humor Abklärenderes.

Betty Paoli habe ich neulich in meinem Tagebuch sehr gelobt. Beim nächsten Besuch mißfiel sie mir. Ich habe

Recht, abergläubisch zu sein — es bekömmt mir entschieden schlecht, aber regelmäßig und ohne Ausnahme, den Tag vor dem Abend, die Woche vor Sonntag, den Monat vor dem Ersten des nächsten zu loben.

Auch meine heutige Stimmung — unberufen! Sei ruhig über mich; denn ich fühle stets wieder, daß ich nicht so bald meine Energie verlieren, noch die Lust zum Kampfe mit der oder gegen die Welt versiegen lassen werde.

Neulich sah ich die Bayer in Grillparzer's „Hero". (Sie hatte mir ein Billet zugeschickt.) Etwas Schöneres läßt sich gar nicht denken. Sie ist eine wahre Künstlerin und mehr als genial — sie braucht es nicht zu erscheinen. — Saphir reißt sie herunter. Sie hat ihn weder mit Geld noch mit Complimenten bezahlt.

Vor Allem schreibe mir nun auch etwas über Dich selbst, Dein Dresdner Leben, Deine Gesundheit. Wenn Dich diese „liederlichen Bogen" unterhalten, so will ich Dir öfter schreiben.

146.

An die Mutter.

Wien, 18. April 1853.

Geliebte Mutter!

Nur wenige Worte heute, damit Du immer au courant meiner Verhältnisse bleibst. Die Concertkosten belaufen sich (mit Orchester) auf nur 240 fl., im Ganzen und auf 100 fl. Einnahme darf ich diesmal doch wenigstens rechnen. Einige Freunde arbeiten mir jetzt ein wenig vor.

Geht es nicht, kann ich die Summe nicht geliehen erhalten, nun, dann hat es auch nichts zu sagen. Aber es wäre mir unendlich lieb — nach diesem Straßburg vom 15ten März, diesem Boulogne vom 19ten, mich in einem dritten gelungenen Concertstaatsstreiche als Neffe meines Onkels zu zeigen.

Aus Pesth habe ich noch nicht die erwarteten Nachrichten erhalten. Wahrscheinlich will man Dreyschock's erste Erfolge abwarten, um mir etwas Bestimmtes zu schreiben. Ich lerne ungarisch und spiele mich in die nationale Musik ein.

Gestern Abend hörte ich Verdi's Rigoletto (nach Hugo »le roi s'amuse«), ein theures aber wirkliches Vergnügen; ich war entzückt, so weit man es sein kann, wenn man sich stets bewußt bleibt, sich gut zu unterhalten. Heute habe ich mir den Klavierauszug kommen lassen, um eine Fantasie darüber zu schreiben, die Haslinger drucken will. Schöne Grundsätze! — Aber unter Anderm: was kann ich dafür, wenn mir Verdi jetzt mehr Vergnügen macht als der von mir auswendig gekannte Mendelssohn?

Vielleicht bist Du unterdeß so gütig gewesen, mir etwas Geld zu schicken, damit ich meinem Hausherrn seinen April pränumerando zahlen kann.

Fräulein Paoli hat mir schon seit endlos langer Zeit aufgetragen, sie durch Dich, der sie sich bestens empfehlen läßt, bei der Noël wegen ihrer Schreibfaulheit zu entschuldigen. Sie muß fast täglich Theater und Kunstausstellungen besuchen und sich dann die Hand darüber lahm schreiben. Ihre Feuilletons über die Bayer sind sehr distinguirt.

147.

An den Vater.

Wien, 20. April 1853.

Theuerster Vater!

Bis jetzt hätte ich Dir von meiner ersten Fahrt und ihren Erlebnissen und Resultaten nur die traurigsten Nachrichten geben können; ich habe es deßhalb ganz unterlassen. Erst nachdem mir mein Humor und meine Lebensfrische und angeborne Energie von Gottes Gnaden ermöglichen, mich aus dem trostlosen und bemitleidenswerthen Zustande, in welchen mich mein Sporenritt versetzt, hinaus zu heben, zu einer muthigeren und hoffnungsvolleren Stimmung, wende ich mich wieder zu Dir, der Du leider so weit von mir entfernt bist, und dessen väterliche Theilnahme ich — aus politischer Vorsicht — nicht einmal durch ein direktes Schreiben in Anspruch nehmen kann.

Das Unglück hat mich hier in Wien mit einer Hartnäckigkeit und Ausdauer verfolgt, die dem Glück niemals eigen zu sein pflegt. Ich kam mit durchaus keinen sanguinischen Illusionen hierher, doch das Schicksal hat meine Befürchtungen noch übertroffen. Meine ersten beiden Concerte vom 15. und 19. März haben mich „arm am Beutel, krank am Herzen", nur an bitteren Lebenserfahrungen reicher gemacht. Zu spät erfuhr ich, daß es in unserer Zeit nicht genügt, ein Talent zu haben, daß es unmöglich ist, sein Talent anders zu verwerthen, um Ruhm und Geld zu gewinnen, als indem man zuerst mit der Aussaat von Geld beginnt. Ich kam auch in einem unglücklichen Moment hierher; Dreyschock, der seit 15 Jahren concertirt und dadurch eine große Assurance, Routine und eine Art europäischen Ruf erlangt hatte, machte gerade ein — gemachtes — Furore[1]. — — — — — — — — — — —

Auf diese gänzliche Niedergeschlagenheit im buchstäblichen Wortsinne mußte naturgemäß — wenigstens meiner Natur gemäß — eine Reaktion folgen. Ich bin mit Freude und Stolz jetzt reaktionär und habe wieder Hoffnung und Muth. Ich erzähle Dir weiter meine Haupterlebnisse. — — — — Ich erwarte nun täglich Nachricht aus Pesth, ob der Moment gelegen ist, dort zu concertiren — schreibe dann an Liszt, der mir Empfehlungsschreiben dahin versprochen hat, die mir wohl mehr nützen werden, als die nach Wien, da Liszt's Name in Ungarn noch fanatisch verehrt wird, während man hier in Wien durch Indifferentismus sich rächen zu wollen scheint, daß man einst so sehr von ihm fascinirt gewesen.

Was nun meine nächste, wie überhaupt meine ganze künstlerische Zukunft betrifft, so handelt es sich jetzt namentlich darum — soll mir nicht wieder ein Jahr meines Lebens und meiner Laufbahn verloren gehen — daß ich noch in dieser Saison in Wien festen Fuß fasse, mit einem oder noch zwei Concerten den Erfolg zu erringen strebe, der mir am Ende nicht fehlen wird, sobald ich vollkommen Herr meiner Fähigkeiten bin. Dies ist vorzüglich auch Liszt's Meinung. Namentlich ihm bin ich es schuldig, nochmals aufzutreten und sein günstiges, allgemein bekanntes Urtheil über mich zu rechtfertigen. Vor Allem müssen jedoch zu diesem Concerte die nöthigen Unkosten beschafft sein, denn

---

[1] Folgt ausführliche Schilderung seiner Erlebnisse und seiner gedrückten Stimmung, wie im Brief an die Mutter.

ich darf auf gar kein Publikum zählen und muß vollkommen sorgenfrei in dieser Hinsicht sein, wie ich es bei den ersten Concerten, zum Unglück für mich, nicht war.

Meine Mutter, der mein sonstiger, sehr theurer Aufenthalt in Wien (obgleich ich sehr sparsam lebe, fast alle Abende bringe ich allein zu Hause zu) hoch zu stehen kommt, kann diese Summe im Augenblicke nicht erschwingen; Liszt kann ich und will ich nicht um ein Darlehn bitten, von dem ich nicht weiß, ob und wann ich's zurückerstatten kann. Du mußt mir also gestatten, Dich mit der Rücksichtslosigkeit und Offenheit des Vertrauens auf einen letzten Rettungsanker, wie sie eben ein Mensch, der nicht verzweifeln mag, sondern hoffen muß, zu fragen: kannst Du mir helfen, mir gegen 120—150 Thlr. geben, um einen Versuch zu machen, der für mich so wichtig und entscheidend sein kann? Ich schäme mich, daß ich so indelikat, so kraß egoistisch geworden bin, aber wenn man so am Äußersten war, wie ich es vor Kurzem gewesen, ist es begreiflich — entschuldbar. Kannst Du mir helfen, so thue es, cito — bis. Ich werde das Pfund nicht vergraben, sondern wuchern lassen, glaub' es!!

23. April.

Bei Gelegenheit sende ich Dir einmal, wenn Du die sehr einträgliche Rolle eines Virtuosenvaters — schade, daß Du nicht mit mir reisest — in der Absicht, Geschäfte zu machen, fortfahren willst zu spielen, meine Concertzettel und die günstigen Recensionen über mich. Ich vertröble diese Dinge, und es wäre mir doch lieb, sie gesammelt zu sehen.

Die Bayer gastirt jetzt hier schon seit drei Wochen und gefällt ungemein. Ich habe sie öfters besucht und ihr vorgeklagt. Sie erinnerte sich dabei mit lebhaftem Dank Deiner, der Du sie bei Beginn ihrer Carrière in Dresden so oft aufgemuntert, als sie Dir entmuthigt vorgeklagt — und Du seist der Einzige gewesen, der das gethan. Sie ist recht kränklich und elend jetzt, auch immer ebenso sehr physisch ermattet von den Proben als geistig aufgeregt und lebhaft. Sie sandte mir neulich ein Billet in Grillparzer's „Des Meeres und der Liebe Wellen", wo sie die Hero meisterhaft spielte. Wenn der ärgste Misanthrop menschliche Leidenschaft so göttlich schön dargestellt sähe, er müßte sich bekehren.

Dein literarischer Name ist hier viel genannt. Castelli, Zedlitz u. A. haben mich öfters nach Dir gefragt. Otto Prechtler hat einmal ein Lustspiel geschrieben, wozu er den Stoff aus „Zufallsverstand"[1] genommen, hat dies auch, trotz Birch-Pfeiffer's Exempel, auf dem Theaterzettel, wie dem gedruckten Werke selbst, bemerkt, wie er mir ausdrücklich im schönen Bewußtsein seines Mangels an Unehrlichkeit versicherte. — Der „Simplicissimus" wird im Augenblick sehr viel gelesen, wenigstens von den jungen, gebildeten Leuten eines juridisch-politischen Lesevereins, die ich kennen gelernt, und die sich freuten, den Sohn des Herausgebers zu sehen.

Von Wiener Eindrücken kann ich Dir nichts schreiben. Ich bleibe Allem fern; die Leute, die ich kennen gelernt,

---

[1] „Der Verstand des Zufalls." Originalnovelle von Eduard von Bülow.

sind meist der Art, daß sich das Vergnügen ihrer Bekanntschaft mit dem Grade der Distanz steigert.

Ich schreibe ein paar Klavierstücke, instrumentire die Cäsar-Ouvertüre um (den Marsch zum Cäsar spielt Joh. Strauß in seinen Soiréen mit viel Beifall) und kümmere mich um wenig. Schreib mir bald etwas von Dir.

148.
An die Mutter.

Wien, 22. April 1853.

Geliebte Mutter!

Mit viel Freude und Dank habe ich Deinen Brief und die Geldsendung empfangen. Ich sende Dir hier einen langen Brief an meinen Vater, und brauche Dich wohl nicht zu bitten, ihn sofort zu siegeln und abzuschicken. Eben wegen dieses sofort schreibe ich Dir heute nur eilig; Du hast wohl neulich wieder durch ein paar Zeilen Kunde von mir erhalten. Also heute nur das Wichtigste; ich erhielt einen sehr confusen Brief von Hunyadi aus Pesth, den ich um Aufklärung gebeten hatte. Ich werde mir's noch überlegen mit Haslinger, und wenn Dreyschock unterdeß sein Wort gehalten, d. h. in etwa 6 Tagen abgereist ist, nächste Woche in Preßburg concertiren und möglichst Anfang Mai in Pesth spielen, um der Milanollo zuvorzukommen, die morgen hier ihr 8tes volles Concert giebt und so sehr Mode ist, daß im Augenblick ein anderes Concert die unsinnigste Tollheit wäre. Zudem muß ich auch meine Unkosten erst baar in Händen haben, bevor ich zu meinem dritten Concert, das mit Orchester gegeben werden muß, schreite. Ich bin Liszt schuldig, seine Manuscripte zu spielen, auf deren Propaganda durch mich er gerechnet.

Ist er denn, wie die Zeitungen canarbiren, wirklich in diesen Tagen nach Paris gereist?

Was weiter? Ich denke unmaßgeblich, weiter concertiren, vielleicht im Norden mit mehr Glück, dem ich doch am Ende sympathischer sein würde, ebenso wie er es mir ist. Kann ich denn z. B. nicht in Dresden im Theater concertiren, oder die Kapelle zur Mitwirkung erlangen, wenn ich von Wien zurückkehre? Wie ich lebe? Schlecht, schlafe schlecht, frühstücke schlecht, dinire gut, soupire Gefrornes. Heute lasse ich mir die italienische Oper zum zweiten Mal zu Theil werden. Die Salons suchen mich nicht auf, kann ich sie aufsuchen? Meine Existenz ist, selbst von materiellen Sorgen frei, noch ziemlich scheußlich.

Vor meiner Abreise noch ein Wort. Adieu.

Dein Dich liebender Sohn
Hans.

Am meisten ärgere ich mich doch darüber, daß ich glaubte, Wien werde für mich die Residenz des pays de Cocagne sein! O Wei—mar!

149.
An die Mutter.

Wien, 5. Mai 1853.

Geliebte Mutter,

Gestern Abend von meinem Ausfluge nach Preßburg zurückgekehrt, wo ich gegen eine Woche geblieben bin, zwei Concerte gegeben habe und keinen Heller eingenommen, fand ich Deinen Brief vor. — — — — — — —

C. E., einen Intimus von Liszt, begegnete ich zwar im Hotel und erneuerte die Bekanntschaft; der steckt aber im Moment, wie manche seiner Collegen, tief in Schulden und ist wegen seiner politischen Gesinnung so allgemein, so grundverhaßt, daß er mich bei Niemand hätte einführen können — oder mir dadurch nichts genützt hätte. Ich war ganz allein auf mich selbst angewiesen.

Mein erstes Concert gab ich am 29. April nach früherer Verabredung im Theater. Nach Abzug der Unkosten ²/₃ Einnahme — bestand aus 5 fl. 16 kr.! Übrigens gefiel ich außerordentlich, wurde nach jeder Pièce gerufen, sogar mehrmals, mußte ein Stück noch zugeben. Mit einem zweiten Concert hoffte ich den Schaden des ersten zu repariren, noch dazu, da mir nur geringe Unkosten betreffs des Saals und der Druckerei erwuchsen. Das schöne Wetter verhinderte größeren Besuch; die meisten Aristokraten fuhren nach Wien, oder begaben sich schon auf ihre Güter, und so betrug meine Einnahme netto ungefähr nichts. — Ich gab eben eigentlich eine musikalische Soirée in einem hübsch beleuchteten Saal vor 70 Personen, von denen 40 Freibilletinhaber, und ließ mich bewundern und applaudiren. Das Rondo von Mendelssohn, hier ungekannt, erregte Sturm; ich mußte es bacapiren und am Schlusse ein ungarisches Stück zugeben. Die Zwischennummern waren anständig.

———

Im Allgemeinen kann ich die Reise nicht bedauern. In Pesther Blättern steht bereits von meinem Concertiren in Preßburg. Ich habe zwei Concerte, also eben so viel wie Dreyschock, gegeben — in einer schlechten Concertjahreszeit, und sehr gefallen. So ist immerhin von mir die Rede, und ich gelange wenigstens zu Ruf, von dem man auch beim Debütiren doch eine Portion mitzubringen gehalten ist. Nächstes Jahr, wo ich nach der Generalprobe in Wien eine Aufführung zu halten denke, habe ich nun doch schon Antecedentien, und es ist dann überall Aussicht auch auf Geschäfte. Freilich, im December müßte ich schon in Wien anlangen. Für Pesth macht man mir in Preßburg angenehme Hoffnungen.

Ich schreibe nun an Liszt, von dem ich heute einige Zeilen erhalten, und reise nach Empfang eines Briefes von Dir, dem Du vielleicht eine kleine Summe, etwa 40 Gld. beilegst, damit ich im Anfang nicht in Verlegenheit komme, sofort nach Pesth ab, wohin ich heute ebenfalls schreibe, meine baldigste Ankunft zu melden. Mein Vater antwortet mir hoffentlich bald und läßt mich nicht ununterstützt in einer Carrière, die bis jetzt sich ebenso dornenvoll als rosenleer für mich gestaltet. Durch den Besitzer der Wiener Staatszeitung — (eine Gönnerschaft, die ich den durchaus ungesuchten Bemühungen von Fräulein Ehrenbaum, weimarischen Andenkens, verdanke) erhalte ich Briefe an den Erzherzog Statthalter. Westmoreland habe ich eine göttliche Scene zu danken. Er beschenkte mich wieder mit Compositionen, indem er sagte: »je vous en fais cadeau«. Es gehörte viel Selbstbeherrschung dazu, um nicht heraus zu platzen. Es thut mir sehr leid, daß Du wieder krank warst. Migräne? Auch ich leide zuweilen wieder daran. Aber gegen die Ärgernisse fange ich an, mich allmählich abzuhärten. Es ist auch nöthig. Es gehört Courage dazu, sich der fausse honte vor jeder Berechnung, die kaufmännisch geartet zu nennen sein dürfte, zu entschlagen. Glaube mir, es kostet mich das Klugsein meist mehr Herz- als Kopfzerbrechen! — — —

Lenz[1] ist Schüler von Liszt, Dilettant. Das Buch ist zum Theil sehr seicht, sehr oberflächlich, bornirt — aber andrerseits voll trefflicher Pointen, scharfrichtiger Urtheile, glücklicher Enthusiasmuslaunen.

Ich habe mir in Preßburg Concertbillets drucken lassen ohne Ortsangabe, um nicht stets die neue Ausgabe zu haben. Hier eine Probe davon. Gelbe und blaue — chinesische heilige Farben.

Den Polizeidirektor von Preßburg, einen Herrn v. Vetsera, habe ich mir sehr zum Freunde erworben; er hat mir Empfehlungsbriefe nach —. Constantinopel (!) angeboten, namentlich an seinen Sohn, der, selbst ein bedeutender Musiker, bei der österreichischen Gesandtschaft ist. Weshalb ich vornehmlich den Preßburger Aufenthalt nicht bereue, das ist wegen der Bekanntschaft mit einer ungarischen Zigeunerbande, die mir in jeder Hinsicht interessant war. Ich habe nun den echten ungarischen Typus ihrer Musik studiert, ihnen ihre nationale charakteristische Auffassung etwas abgelauscht, und verstehe jetzt die Stücke zu spielen, mit denen ich in Pesth Furore zu machen ziemlich sicher bin. Die Bande des Vörös Jozsi besteht aus acht Mann.

---

[1] Wilhelm v. L. (1806—63), Verfasser von »Beethoven et ses trois styles« (1852—55, 2 Bde.), russischer Staatsrath.

Stadt-Theater zu Pressburg.

Abonnement suspendu.

Freitag, den 29. April 1853, unter der Leitung des Directors J. Glöggl:

CONCERT

des ausgezeichneten Pianisten Herrn

Guido v. Bülow,

in 2 Abtheilungen.

Programm.

Erste Abtheilung:

Ouverture, vorgetragen vom Theater-Orchester-Personale.

1. Lieder a) „O bleibe hier", b) „Trockene Blumen", von Franz Schubert, gesungen von Frl. Hagn, accompagnirt am Pianoforte vom Herrn Kapellmeister Fischer.
2. Les Patineurs. Illustration de Prophète de Meyerbeer, pour le Piano par Franz Liszt, vorgetragen v. Concertgeber.
3. „Abschied." Gedicht von Ludwig Bechstein, Musik von Hackel, gesungen von Herrn Hurst, accompagnirt am Pianoforte vom Herrn Kapellmeister Fischer.
4. a) Etude. (F-moll) von F. Chopin, b) Lied ohne Worte von Mendelsohn, c) Magyar dalok. Ungarische Melodien, von Franz Liszt, vorgetragen vom Concertgeber.

Zweite Abtheilung:

5. „Was ich Alles gern sein möcht'," von Baron von Klesheim, in Musik gesetzt von Hölzl, gesungen von Frl. Berger, accompagnirt am Pianoforte vom Herrn Kapellmeister Fischer.
6. a) Romanze und Staccato-Etude, von Carl Haslinger, b) Ungarische Rhapsodie von Franz Liszt (neu), vorgetragen vom Concertgeber.

Das Concert-Instrument ist aus dem Atelier des Herrn Schmidt.

Preise der Plätze und der Hausbillets wie gewöhnlich.

Cassa-Eröffnung um halb 7, Anfang um halb 8 Uhr.

Contrabaß, Violoncell, zwei Bratschen, drei Geigen und Clarinette. Die Leute, höchst anziehend durch ihre interessante, mannigfaltige Persönlichkeit, ihre angeborne Racennoblesse, spielen mit einer Reinheit, Präcision, Phantasie, Energie und Grazie, daß es eine Freude ist zuzuhören. Ihre Musik hat Eigenheiten, an die Du z. B. Dich erst gewöhnen müßtest, aber sie hat mich unendlich gerührt und exaltirt. Gestern früh kamen sie zu mir auf's Hotelzimmer und spielten mir vor; ich habe einige Motive aufgezeichnet, um sie Liszt zu schicken. Ich habe sie mit Champagner und Tokayer traktirt und erhielt von ihnen eine Partie seltener, alter, ungarischer Stücke zum Andenken. Ich habe Dir wohl schon geschrieben, daß ich mich mit ungarischen Sprachstudien abgebe.

Einstweilen lebe wohl, und sei bedankt für Alles, was Du für mich gethan hast und thust.

150.
An die Mutter.

[Wien, Mai 1853.]

Geliebte Mutter!

Ich habe Dir vor wenigen Tagen sofort nach meiner Zurückkunft von Preßburg geschrieben. Unterdeß ist der an Haslinger adressirte Brief mir zugekommen mit der Einlage, die zwar, wie Du nun erfahren hast, moutarde après diner ist, welche ich jedoch, bei meiner nach der Ankunft von Liszt's Briefen sofort erfolgenden Abreise nach Pesth unterwegs abgeben werde. Ich werde nämlich früh Morgens von hier abreisen, und die Strecke von

Preßburg bis Pesth in der sehr bequemen Nachtfahrt zurücklegen.

Ich schreibe Dir heute an heftigem Katarrh und Migräne im Bette liegend; ich bringe meiner hoffentlichen morgenden Wiederherstellung dieses Opfer. — Woran ich aber am fürchterlichsten leide, das ist an den ewigen Leierkasten vom Hofe her, und einer schauderösen Pianistin unter mir. Rosellen'sche Etüde!!! Und ich bin froh, wenn sie die spielt und nicht den Klavierauszug der Norma stottert, schnelle Tempi langsam und umgekehrt.

Das ist um den Verstand zu verlieren! Hoffentlich verhüten diese Zeilen ein anderes Zuspät! Ich hatte Dich letzthin um etwas Geld gebeten. Papa hat mir unterdeß 150 Thlr. gesendet und einen Brief, von Isidorens Hand geschrieben, ihr diktirt. Er ist sehr gut gegen mich gestimmt, schimpft meinetwegen fürchterlich auf Wien, sogar in Hexametern; ich bin im Augenblick zu sehr selbst dabei (gegen Wien) interessirt, um unempfindlich dafür zu bleiben.

151.

An den Vater.

Wien, 7. Mai 1853.

Geliebter Vater!

Ich weiß gar nicht, wie ich Dir meinen tiefen und innigen Dank aussprechen soll für das herzliche Mitgefühl, das Du mir in einem leider nicht von Deiner Hand geschriebenen Briefe so väterlich tröstend aussprichst, und für das Opfer, das Du mir mit der bedeutenden Unterstützung, die ich richtig empfangen habe, darbringst. Es wird nicht der Versicherung bedürfen, daß ich von meiner Seite mit allen Kräften mich bestreben werde, Dich dieses Opfer nicht reuen zu lassen. Diese Zeilen werden Dir wohl erst nach Deiner Rückkehr von Stuttgart zukommen, da ich dieselben vorsichtshalber nicht direkt sende; es ist möglich, daß ich mich schon auf dem Wege nach Pesth befinde, wenn Du sie empfängst. Jedenfalls melde ich Dir noch vorher meine Abreise durch ein Wort an Dich oder meine Schwester. — Die Nachricht von Deiner Lähmung, die ich etwas früher schon durch meine Mutter erfuhr, jagte mir einen wahrhaften Schreck ein; doch da ich zugleich damit erfuhr, daß Du Dich in vollem Fortschreiten zur Besserung befändest, und sogar gedächtest, die projektirte Begleitung Isidorens nach Stuttgart in Bälde vorzunehmen, beruhigte ich mich einigermaßen.

Ohne Vergleich mit Deinem Unfall — ich selbst bin ziemlich indisponirt in diesen Tagen. Am Donnerstag Abend voriger Woche erst von einem achttägigen Ausfluge nach Preßburg hierher zurückgekehrt, leide ich an den Folgen einer Erkältung, die mich veranlaßt, zwei Tage zu Bett zu bleiben. (NB. mein Zimmer ist so klein, daß mein Flügel an die Lagerstätte stößt.) Hoffentlich bin ich morgen oder übermorgen wieder ganz hergestellt und kann ruhig meiner Abreise nach Pesth — wahrscheinlich Ende dieser Woche — entgegensehen. Übrigens bin ich bei meinen Hausleuten ganz gut aufgehoben. Die Frau meines Wirthes, eines Landraths von Bujan, ist eine intime Freundin von Frau v. Noël's Mutter, ich bin ihr also besonders empfohlen und sie läßt mir Abends guten Thee kochen.

In Preßburg habe ich zwei Concerte gegeben. — —

An ein drittes Concert in Wien läßt sich erst nach der Rückkehr von Pesth denken. Vielleicht, wenn es nicht die Umstände dann zu riskirt erscheinen lassen.

Mein erstes Liederheft ist im Druck erschienen. Das zweite folgt in 14 Tagen spätestens nach. Ich will sie gelegentlich Louisen zusenden, wenn deren liebenswürdiger Wille sich nicht abschrecken lassen wird durch die Mühe, die kuriosen Schönheiten herauszufinden. In diesem Augenblicke schreibe ich eine Phantasie über eine Verdi'sche Oper „Rigoletto", seine beste, die wirklich sehr große Spuren von Talent aufzuweisen hat. Haslinger druckt selbige nach Beendigung sofort. Wenn das Orchester einmal bezahlt wird, so muß es sich schon in den Willen des Salarianten fügen. Verzeih mir diesen Migränestyl und Mischmasch.

152.

An Franz Liszt.

Vienne, ce 7 Mai [1853].

Mon très-cher et illustre maître!

Depuis mon départ de Weimar vous n'avez cessé de me prodiguer les preuves les plus éclatantes de votre précieuse affection, et je n'ai pas même su vous en témoigner la plus légère reconnaissance, en répondant un peu aux espérances que vous avez fondées vous-même par la protection si étendue que vous avez bien voulu accorder à mon faible talent.

Croyez-le moi: parmi les mille chagrins et ennuis qui ont accompagné mon premier début dans la carrière d'artiste et qui m'avaient plongé dans un si profond découragement que le temps seul a pu m'en guérir un peu, je ne ressentais pas de peine plus vive que celle de n'avoir pas su par quelque succès mériter le bonheur de pouvoir me nommer votre élève. Les personnes dignes de foi qui vous ont donné de mes nouvelles, vous auront dit peut-être que je ne porte pas seul la faute de mon insuccès à Vienne, et qu'un concours de circonstances malheureuses y a contribué pour une large part. C'est la vérité: je ne reviens pas sur ces circonstances, de peur de les exagérer par mon vif désir de me justifier à vos yeux et de pousser ce désir jusqu'à l'injustice envers d'autres personnes.

Mais enfin, une des causes de mes premiers échecs, que maintenant d'un œil moins avide de désespérer, je me plais à regarder comme mes Strassbourg et Boulogne, a été un guignon incontestable, qui, jusqu'ici m'a poursuivi avec un acharnement incroyable. Malheureusement le guignon, même arrivé aux proportions les plus gigantesques, ne s'élève point encore jusqu'à l'infortune; et je ne puis par conséquent m'abuser de la consolation flatteuse que j'aie été visité par »la sage-femme du génie«.

Malgré mon courage et mon énergie ranimés, malgré la bonne volonté de réussir et de me montrer par là quelque peu digne de porter le nom de votre élève, je ne me serais point permis encore de me rappeler à votre souvenir, avant de ne m'être relevé de ma première chute; mais j'oubliais, en prenant cette résolution, que pour y parvenir, j'aurais précisément encore besoin de l'appui que votre généreuse main m'a promis. Etant sur le point de partir pour Pesth, où, malgré ma probable rencontre avec la Sontag du violon [1], je crois avoir quelque chance de réparer un peu ma défaite de Vienne, je me rappelle qu'il m'est indispensable d'y être introduit par les deux lettres de recommandation, que vous avez eu la bonté de me promettre, pour Mr. d'Augusz [2] et le comte Festetics. Oserais-je vous les demander maintenant? Je partirai instantanément après les avoir reçues.

Je ne saurais vous écrire aujourd'hui rien qui puisse vous intéresser d'aucune façon, d'autant plus que souffrant de mon inséparable migraine, accompagnée d'un catarrhe rapporté avant-hier d'une excursion à Pressbourg, je sens mes idées légèrement embrouillées. Cependant, si vous permettez, j'ajouterai quelques mots sur mes voyages à Oedenbourg et Pressbourg. Relativement à la commission dont vous m'avez fait l'honneur de me charger pour le comte Stephan Fay, ce n'est pas ma faute si j'ai tant tardé à l'exécuter. D'abord un temps affreux, une incessante tombée de neige m'a empêché de partir. Ensuite ayant annoncé au comte ma visite, je reçus de lui par Haslinger une réponse peu engageante, dans laquelle il se défendait

---

[1] Teresa Milanollo.
[2] »Un de mes anciens amis, le Baron Augusz. qui sous le ministère Bach a joué un rôle important en Hongrie, comme Président de la »Vice-Statthalterei«.« — „Liszt's Briefe an eine Freundin", La Mara, Seite 184.

presque de me voir, prétendant que l'horrible gêne et l'embarras de ses affaires lui rendaient impossible de recevoir qui que ce soit, et insistant à ce qu'on lui envoyât par la poste la somme de 120 fl. (ci-inclus la quittance) dont il avait besoin, disait-il, pour se remettre en possession de sa collection de musique hongroise, engagée comme le reste de ses propriétés. — À quoi je lui répondis très-poliment que, comme mandataire, je suivrais strictement la forme prescrite pour l'accomplissement de ma commission, et que j'aurais l'honneur de partir sur le champ pour me rendre chez lui. Le lendemain de mon arrivée à Oedenbourg le comte Fay m'y rejoignit. Ce ne fut pas sans difficulté que j'obtins de lui le premier tiers de sa collection, qui vous sera parvenu il y a quelques semaines. Quant à sa promesse, de m'envoyer dans une quinzaine de jours les deux tiers restants dont il ne pouvait disposer en ce moment, sous prétexte qu'il lui fallait faire des copies, etc. etc. — j'en attends en vain l'accomplissement depuis plusieurs semaines.

Muni d'une lettre de recommandation pour une aimable famille hongroise, qui me fit l'accueil le plus gracieux, je me suis accordé quelques jours à Oedenbourg pour me guérir un peu de la misanthropie ridicule contractée dans la capitale; et j'eus enfin l'idée d'improviser à peu près un concert au théâtre.

Quant à Pressbourg, je viens d'y donner deux concerts, l'un au théâtre (le 29 Avril) où j'ai la presque certitude que le directeur a triché, et le second (le 3 Mai) dans le salon d'un Mr. Schmidt, fabricant de pianos très recommandables. Je n'ai point eu à me plaindre, ni de mon public, composé en grande partie d'entrées libres, ni de la critique. Du moins je n'ai pas eu de frais, (excepté le voyage et l'hôtel), et après l'énorme déficit de Vienne, je savoure avec délices le bonheur d'avoir »donné« un concert et d'avoir joué du piano pour le roi de Prusse. Cependant, si cela continue ainsi, je me demande quand je pourrai enfin, avec le sentiment d'une âme plus tranquille, continuer à vous devoir les fortes avances de votre générosité.

Parmi mes connaissances de Vienne, celle que je préfère à toutes les autres, c'est Mr. Fischhoff. Excepté peut-être Haslinger, personne n'a été aussi aimable pour moi. Fischhoff a assez d'intelligence pour être un de vos sincères et enthousiastes admirateurs, et pas assez de mauvaise foi pour en disconvenir. Il s'imagine que vous doutez un peu de son admiration pour vous, et il paraît tenir infiniment à se voir mieux jugé. Il 'est bon musicien, spirituel et amusant dans la conversation; somme toute, malgré son judaïsme qui ne laisse pas de percer assez souvent (sa rancune contre Richard Wagner), sa société m'est de beaucoup plus sympathique que celle des Hoven et Dessauer, grands génies (aussi de l'avenir) plongés tout à fait dans une adoration d'eux-mêmes, un peu temperée par une habile pratique d'égoïsme; le dernier ne vous pardonnera jamais de n'avoir pas fait représenter »Paquita«.

Les plus agréables soirées, dont j'ai joui à Vienne, se trouvent être celles que l'opéra italien a remplies. »Il marito e l'amante« de Ricci vaut peu de chose, mais il se trouve dans le »Rigoletto« de Verdi des morceaux admirables dans leur genre. L'exécution des deux ouvrages était au delà de toute admiration.

Je suis allé voir Mr. de Villers aussitôt après avoir reçu vos lignes — mais mon avidité d'apprendre de vos nouvelles n'a point été satisfaite. Par l'intermédiaire de Haslinger je ferai remettre à Strauss la marche de Mr. de Villers, pour qu'il la joue.

L'épisode le plus intéressant de mon excursion à Pr[essbourg] a été pour moi l'occasion d'entendre souvent la bande bohémienne de Vörös Joszi (de Raab) — — —

— — — — — — — — — — — — — — —

Mlle Ehrenbaum, que je vois à de longs intervalles, m'a depuis longtemps chargé de vous présenter ses respects. Elle espère encore réussir à être engagée ici. Je lui dois, sans y être pour quelque chose, la protection du propriétaire de la gazette officielle, un Mr. de Rambach, qui m'a offert une lettre pour l'archiduchesse Hildegard à Pesth.

Je n'aurai point l'indiscrétion de vous demander des nouvelles de chez vous; mais je vous serais infiniment reconnaissant pour une ligne de vous qui me dise si la notice de quelques journaux, rapportant que vos chagrins domestiques touchent de fort près à leur fin, est fondée. De même je serais assez curieux de savoir si vous avez réellement passé une semaine à Paris, etc.

Sous peu mon passeport sera périmé. Me conseillez-vous de le faire prolonger encore?

Haslinger n'imprime pas les morceaux de Violon de Raff. C'est leur tutoiement qui en est cause. C'est tout à fait comme chez un certain intendant de théâtre qui, sous prétexte d'une amitié inaltérable, fait passer un refus en affaires.

L'envoi des nouvelles Rhapsodies hongroises par Paez m'a fait un immense plaisir. Je suis vraiment fou de l'Héroïde élégiaque et de celle en ré mineur dont j'avais déjà étudié le »quondam più difficile«.

N.B. Il y a encore plusieurs fautes d'impression à corriger.

Teresa [Milanollo] m'ennuie beaucoup. Je ne lui ai entendu jouer qu'un seul morceau, mais mes nerfs horriblement agacés par ce genre larmoyant m'ont fait prendre la fuite encore avant la fin. Toutefois elle vaut mieux encore que Dreyschock. Et son père est un si grand coquin. Voilà ce qui me retient surtout, de lui faire la cour comme à la Sontag.

Oserais-je vous demander de dire mille amitiés de ma part à mes heureux collègues, Klindworth, (qui m'a éliminé dans mes »Lieder« une dissonance en remplaçant un mi ♯ par un fa ♯) et Pruckner, de même qu'à Cossmann, Laub, et peut-être à Mme Milde?

En vous remerciant de tout mon cœur pour vos innombrables bontés, je vous prie instamment de vouloir bien m'employer à n'importe quoi, où vous me trouverez bon à quelque chose.

Liszt an Franziska von Bülow.

Weymar, 18 Mai 1853.

Madame,

Mr. Hans a enfin rompu son silence obstiné et m'a écrit il y a huit jours une longue et excellente lettre. Avant de l'avoir reçue, je lui écrivis pour le recommander particulièrement à un de mes meilleurs anciens amis, Mr. A. de Villers, qui se trouve maintenant à Vienne en qualité de 1er Secrétaire de la Légation de Saxe. Le sérieux intérêt que je prends à la carrière de Hans, et l'estime que je fais de ses qualités et de ses talents, me font désirer qu'il passe encore un mois ou deux en Hongrie, où il est à présumer qu'il rencontrera d'assez bonnes chances. En conséquence je l'ai engagé à s'adresser à Mr. de Villers pour obtenir la prolongation de son passeport, et à suivre les avis qu'il lui donnera à ce sujet en pleine confiance. Probablement il n'y aura pas grande difficulté à cette prolongation, et si par mésaventure les affaires de Hans ne prenaient pas une tournure favorable en Hongrie, il me semble que ce qu'il y aurait de mieux pour lui serait de revenir ici à Weymar attendre que les chaleurs de l'été passent.

Pour ma part je compte accompagner ma mère jusqu'à Paris à la fin de ce mois — et de là me rendre à Zürich pour revoir Wagner. Ce voyage me prendra environ 5 semaines et je ne serai pas de retour à Weymar avant les premiers jours d'Août. Si Hans m'écrit qu'il revient ici, je lui ferai arranger un petit appartement à l'Altenburg et le prierai de diner avec nous régulièrement. Pour l'hiver prochain on avisera à ce qu'il y aura lieu d'entreprendre. Mais de grâce, permettez-moi de vous prier, Madame, de ne point vous décourager pour lui et d'avoir confiance en son avenir. Je crois être assez complètement dépourvu d'illusions au sujet des carrières artistiques en général, pour que vous ne vous mépreniez pas sur le sens des espérances que je fonde sur son talent et sa capacité. Ne refusez point de les partager et de vous y associer afin qu'elles se réalisent plus promptement et que vous ayez toute la part de joie et de satisfaction qui vous reviennent des bons résultats que Hans ne manquera pas d'atteindre. Croyez-moi, Madame, ces deux mois de Vienne ne sont pas perdus, malgré l'empressement qu'on a mis à les tourner au désavantage de Hans — et c'est très justement que Villers m'écrit hier:

»L'essentiel pour Bülow c'est, qu'avec ou sans succès, il marche toujours. En fait d'art comme ailleurs, rien ne s'improvise, et lorsqu'on voit quelquefois surgir de grandes réputations presque spontanément c'est que, la part faite au génie, qui du reste ne serait pas le génie si tout le monde en avait, il y a toujours un travail de taupe qui échappe au regard.« —

Jusqu'ici l'intérêt que j'ai pris à quelques personnes ne leur a point porté malheur, car elles ont quasi toutes atteint leur but principal. Hans ne fera point exception, j'en ai la certitude, et après vous être beaucoup inquiétée et affligée pour lui, le jour viendra où vous serez rassérénée et joyeuse. —

L'indication que vous me donnez dans votre dernière lettre au sujet d'une place à trouver qui fixerait la position matérielle de Hans, rencontrera, je le crains, quelque difficulté de son côté. En tout cas il faut maintenant attendre les nouvelles qu'il nous donnera de Hongrie et à son retour ici convenir de ce qu'il y aura de plus avantageux pour lui d'essayer l'hiver prochain — car l'été est une saison morte pour les virtuoses, à moins qu'il ne se décide à visiter quelques bains, ce que je lui conseillerais peut-être dans le cas assez probable que j'aille à Baden-Baden ou Carlsruhe à la mi-Août — ainsi qu'il en est question.

La princesse, sa fille et ma mère me chargent de leurs meilleures amitiés pour vous Madame, auxquelles je joins l'expression du sincère attachement

de votre très affectionné

F. Liszt.

153.

Un die Mutter.

Wien, 21. Mai 1853.

Geliebte Mutter,

Seit ein paar Tagen bin ich im Besitze eines langen Briefes von Liszt, und seit gestern eines trefflichen, charmanten Gesandtschaftspasses von Baron v. Zedlitz (Weimar'scher Geschäftsträger) ausgestellt, den mir die Polizei mit Bücklingen visirt hat. Ich reise also morgen früh (Sonntag) nach Pesth ab, wo ich so lange als nur möglich bleiben werde. Liszt frägt mich, ob ich nicht Ende Juli wieder nach Weimar kommen wolle, — dann wird er von seiner Schweizer Reise zurück sein — und mit ihm über das Weitere sprechen.

Ich bin ziemlich wohl auf und ziemlich guten Muths. Deinen letzten, abermals mit dem meinen sich kreuzenden Brief habe ich erhalten nebst den 40 fl. Besten Dank!

Betreff Deines Auftrags habe ich Dir noch vergessen zu antworten. Der Anello di sette gemme von Correr ist nirgends vorräthig; ich habe in allen möglichen Buchhandlungen nachgefragt; vier Wochen würde es dauern, ließe man es von Venedig kommen. Den Preis weiß man nicht, da kein Katalog italienischer Bibliographie vorhanden ist, welche in dieser Hinsicht an großer Unordnung leidet. Übersetzt ist das Buch — ins Deutsche wenigstens — gewiß nicht, überhaupt nicht sehr bekannt.

Mit Dessauer habe ich mich in letzter Zeit etwas liirt, trotz unserer sehr divergirenden Ansichten über Liszt, Berlioz u. s. f., gefällt mir wegen seines verhältnißmäßig

geringeren Wiener Cynismus und gewisser anständiger
Manieren. Neulich hat er mir Compositionen von sich
gegeben und darunter geschrieben „dem genialen (!) Kunst=
collegen" u. s. f. Ein probates Mittel sich die Eitelkeit
des Gaulbeschenkten zu verbünden, um seine Compositionen
möglichst zu propagiren.

Auch habe ich einige junge talentvolle Leute kennen
gelernt, die sehr umgänglich sind. Namentlich ein Jurist
Gänsbacher (Sohn des früheren Domkapellmeisters), der
trefflich meine Lieder singt und der beste Violoncellbilet=
tant ist, den ich kenne. Wir haben das Schumann'sche
Quintett, ein Trio von Franck, die Stücke von Joachim
gespielt. Schade, daß das Alles so spät kömmt nach so
vielen einsam verlebten, düster verbrüteten Tagen! Es war
mir erfrischend dieses bessere Element zu sehen unter dem
jämmerlichen, horriblen Materialismus, der hier im Großen
herrscht.

Die italienische Oper habe ich oft besucht. Es ist der
Mühe und auch selbst des theuren Geldes werth — und mir
von angenehmem Einfluß, der sich nicht so bestimmt de=
tailliren läßt.

Mit Dessauer war ich gestern bei Thalberg. Er spielte
sehr schön — ich bin vollkommen befriedigt und habe ihn
kennen gelernt. Es ist selbst Poesie in diesem verhältniß=
mäßig (C. Mayer, Dreyschock) so geistvollen, verhältniß=
mäßig (Liszt, Mendelssohn) so geistlosen Spiel. Brillante
Technik, wunderbarer Anschlag. — Er spielte meistens
Dummheiten — Strauß'sche Walzer, für die er schwärmt,
ein Lied, dessen Melodie er sehr gefühlvoll mit der rechten
Faust singt — ferner allerlei nicht sehr interessante, aber

vorzüglich ausgeführte Passagen. Ich habe schon Respekt vor ihm gewonnen, indem ich sah, daß sein Spiel von Stimmungen abhängig und er kein Automat ist.

Trotz eines angenehmen Aristokratismus in seinen Formen ist er sehr wienerisch d. h. cynisch. Über Musik spricht er, seinen eignen Worten gemäß, als »amateur«, nicht als Musiker. Das scheint mir ein sehr verkehrter und verdammlicher Aristokratismus.

Wie geht es mit Deiner Gesundheit?

Ich habe heute noch viel zu laufen. Hast Du die Bayer gesprochen? Von hiesigen Revüen, Paraden, Praterfahrten ꝛc. sehe ich gar nichts mit an.

Den König von Belgien habe ich endlich im Theater gesehen; der Herzog von Brabant hat sich mit der Erzherzogin Marie verlobt. Gestern kam der König von Preußen. — Die „Weltgeschichte" interessirt mich wenig, ich denke jetzt nur an Festetics und Pesth. À propos — Liszt widmet mir eine ungarische Rhapsodie.

Meinen letzten Brief wirst Du erhalten haben. In Familien bin ich nicht bekannt — ich habe es auch nicht gesucht; bürgerliche sind meinem guten Ton zuwider und die aristokratischen würden sich an meinem Aristokratismus stoßen.

„Bornirt" — ich meine limitirt, nicht borné, sondern qui se borne — begrenzt. Im Sinne von Alexander Band schreibe ich so ein Wort nicht.

Die Briefe in der Augsburger sind meinetwegen lehrreich, aber unangenehm demokratisch — unästhetisch geschrieben.

Laube hat mir einmal einen Platz in seiner Loge zu

seinem „Struensee" gegeben. Voilà tout — er hätte mir wohl ein permanentes Freibillet geben können. Übrigens ist das Burgtheater, so weit ich's kenne, bis auf [eine] gewisse Ensemblerundung, nicht besser als das Dresdner, vielleicht im Gegentheil.

Im Hofconcert spielten Milanollo und Thalberg. Erstere gibt morgen ihr 15tes Concert; elle fait un argent fou!

154.

An den Vater.

Wien, 21. Mai 1853.

Geliebter Vater!

Ich hatte Dir versprochen, vor meiner Abreise nach Pesth noch einmal zu schreiben — denn meinen neulichen Brief, in welchem ich Dir meinen Dank für Deine schleunige Unterstützung und die Bitte um baldige Nachricht wegen Deiner Gesundheit aussprach, hast Du vermuthlich noch vor der Abreise nach Stuttgart erhalten? — Nun, ich bin ziemlich wohl — unberufen — an Gemüth und Leichnam und denke morgen früh (Sonntag, 22 Mai) nach Pesth zu reisen, das ich seit lange, vielleicht zu sanguinisch, als ein Canaan nach der Wüste Wien betrachte. Liszt hat mir vor wenigen Tagen geschrieben, ein Bündel Empfehlungsbriefe geschickt, und räth mir, dort so lange als möglich zu bleiben, so viel Concerte als gänglich zu geben. Hier in Wien wär's Wahnsinn gewesen jetzt noch eines zu riskiren. Die Charlatanin Therese Milanollo ist Mode geworden; die allerdings unkenntliche Verkleidung, unter welcher Dame Kunst heute herumreist. Der Alte wurde

neulich auf die Wache geführt wegen unbefugter Billetten-
licitation. —

Herr v. Zedlitz hat mir freundlichst einen weimarischen
Gesandtschaftspaß auf drei Monate ausgestellt — er erkundigte sich nach Dir angelegentlich, was ich hiermit
ebenfalls im Superlativ thue, indem ich Dich bitte mich
baldigst zu benachrichtigen, wie es mit Deiner Rekonvales-
cenz geht, ob Dein schlimmer Unfall keine Folgen gehabt
u. s. w., ob das nun anbrechende Frühjahr wohlthuend auf
Dich wirkt?

Ich kann Dir heute wenig schreiben, ich bin mit Packen,
Briefschreiben, Ordnen meiner Effekten, deren einen Theil
ich zurücklasse, da ich von Pesth aus noch einmal nach Wien
gehe, bevor ich etwa Liszt wieder in Weimar aufsuchen
würde, beschäftigt. Wenn einer der ungarischen Edelleute
mich auffordert ein paar Wochen auf dem Lande zuzubringen, so hat mir Liszt gesagt, ich solle acceptiren. Ich
spiele in Pesth im ungarischen Nationaltheater das erste
Mal im Entreakt von Lustspielen; sodann wird Graf Leo
Festetics einen Contrakt wegen des Weiteren mit mir
machen. Da ich sehr viel ungarische Stücke von Liszt auf
dem Repertoir habe, so ist es das beste, mich auch an das
nationale Publikum zu wenden.

Gestern war ich bei Thalberg und hörte ihn spielen.
Liszt hatte mir besonders dringend zugeredet ihn zu besuchen, und ich war sehr belohnt durch den wirklichen Ge-
nuß, den mir sein wohlklingend poetischer, technisch durch
und durch vollendeter Vortrag machte, obgleich er nur
eigentlich musikalische Späße machte. Er ist ein ganz
aristokratischer, blasirter, sich vortrefflich befindender Lebe-

mann, der von seinen Renten lebt. Er wohnt hier natürlich im Palais des Fürsten Dietrichstein.

Isidore soll mir doch auch wieder schreiben; ich bitte sie herzlich darum. Mir soll sie den wirklichen Zeitmangel verzeihen, so wie die nicht mit Gleichgültigkeit synonyme Stimmungslosigkeit dazu.

155.
An die Mutter.

Le lendemain de la première victoire.

Budapest, 2. Juni 1853.
Erzherzog Stephan-Hotel. 78.

Geliebte Mutter!

Es hätte Dir Spaß gemacht, gestern Abend im ungarischen Nationaltheater meinem Triumphe beizuwohnen. Noch jetzt klingt mir das »eljen«-Gebrüll in den Ohren, das ein wenig besser lautet, als das deutsch-italienische bravo! Man sagt mir, seit lange sei kein solcher Lärm um einen Virtuosen gewesen. Dreyschock, mein letzter Vorgänger, ist hier in Pesth vollständig von mir besiegt worden, und Wien hat von Pesth ein glänzendes Dementi erhalten. Wir wollen nun die Kritik abwarten; die deutsche schimpft vielleicht, weil ich im ungarischen Theater gespielt (als ob Pesth eine deutsche Stadt sei!) und hier ein so kleinlicher (das einzige Kleinliche) Nationalitätsrivalisirungsschwindel herrscht. Ich fahre heute (3. Juni) weiter fort, da ich gestern gestört wurde durch die Väter meiner Freunde Joachim und Singer, welche nebst einer Menge anderer Leute kamen, mir zu meinem „Triumphe" Glück zu wünschen. Es war ein Triumph sondergleichen, sagt man hier überall.

Ich habe nicht die Einbildung, zu glauben, dieser Triumph sei mein Werk. Liszt's Name, seine göttlichen Compositionen, das ungarische Stück mit Orchesterbegleitung und das Rondo alla Turca über Motive aus Beethoven's „Ruinen von Athen" (desgl.) tragen den größten Antheil daran. Aber ich habe auch nicht übel gespielt, mit Feuer, sicher wie nie, natürlich auswendig, denn Erkel brauchte die Partitur zum Dirigiren, und vollkommen frei und selbständig; jede Nüance, jedes accelerando oder ritardando wurde von dem süperben Dirigenten und der prächtigen Kapelle so genau verstanden und befolgt, daß es eine Freude war der Begleitung zuzuhören. Wie schnell das Publikum auffaßte, davon hat man keinen Begriff! Logen und Gallerie waren überfüllt; Parterre leer — keine Bourgeoisie. Immer wurde ich von Beifall unterbrochen, nicht von Beifall, von rasendem Jubelgeschrei. Von der ungarischen Rhapsodie mußte ich par force die Friska wiederholen. — Alle Leute, die ich heute sah, Damen und Herren, schwammen noch in Enthusiasmus über Liszt und mich. Daß ein solches Publikum noch existirt, hat mich für Virtuosen- und Componistenthum enorm ermuthigt.

4. Juni.

Ich muß heute so manchen Brief schreiben.

Die beiden Brüder Doppler, Kapellmeister, Componisten und süperbe Flötisten, machen eine kurze Vergnügungsreise nach Deutschland. Ich adressire sie auch an Lipinski — sie sind geborne Polen. Kann Frau v. Lüttichau bewirken, daß sie bei Hof spielen, so soll sie's um ihretwillen thun.

Die magyarische Presse ist voll Begeisterung; man nennt mich groß, genial. Keine Kritik, Enthusiasmus. Die offizielle Zeitung lobt mich sehr, spricht weitläufig über Liszt und mich und hofft, ich werde öfter und bald wieder spielen. Doch hat — trotz Liszt's Empfehlungsschreiben — Graf Festetics mich nicht wieder besucht, hat, ohne mir ein Wort zu melden, den Tag meines Debüts willkürlich verschoben, ließ mich wegen des Arrangements viele Male den weiten Weg nach der Theaterkanzlei machen u. s. w. Pekuniär erwarte ich, daß er ebenso verfahren wird — ich hatte das Anstandsgefühl, diesen Punkt gar nicht mit ihm zu behandeln, weil Liszt mich ihm empfohlen. Mit Liszt's Empfehlungen habe ich wenig Glück. Herr v. Augusz hat mit dem Erzherzog eine Rundreise durchs Land angetreten, kehrt erst nächste Woche zurück. Er war sehr artig beim ersten Besuch und sprach mir von Liszt's Brief, der ihn sehr freute, und worin dieser mich als héritier et successeur vorstellt.

Der Erzbischof von Pesth, an den Liszt mich ferner adressirt, ist indeß Kardinal geworden und lebt in Gran. Herr Guido v. Karátsonyi, großer Pferdeliebhaber, schöner, etwas sehr beleibter, großer junger Mann, vor kurzem Millionär durch seine Frau geworden, ist artig gegen mich gewesen. Gestern war ich mit Kapellmeister Erkel zu Tisch dort. Recht angenehm. Ich kann im Némzeti sziuház (National Theater) nicht vor Montag über 8 Tage spielen.

Also muß unterdeß ein Privatconcert arrangirt werden. Im Hotel d'Europe, wo Dreyschock concertirte, produciren sich die Chinesen Chungakai u. s. w. Ich muß also den Lloydsaal zu bekommen suchen. Advokat Dr. Ungar (intimer Freund der Familie Stirnbrand und daher mich bereits von Stuttgart sagengehörthabend kennend, Correspondent der „Augsburger") wird mir dies vermitteln helfen; ich werde einen Theil des Reinertrags (das Drittel) einem von aristokratischen Damen gestifteten Frauenverein bestimmen.

Auf Mittwoch Mittag 12 Uhr oder ½5 Uhr soll das Concert vorläufig annoncirt werden. — Das vierte Concert denke ich dann wieder mit Bestimmung einer Tantième für ein nationales Institut, das hiesige Conservatorium, zu geben. Nun, ich will nicht zu weit vorgreifen.

Heute speise ich bei Dr. Hunyadi, morgen bei Concertmstr. Ridley-Kohne. Abends hören wir (einige junge Leute) gewöhnlich die Zigeuner an, und ergötze ich mich da ebenso als ich mich belehre. Zuweilen besuche ich den Circus oder ein Sommertheater, und zwar nicht blos Oper sondern auch Schauspiel, ich nehme dann eine Übersetzung mit und erfreue mich an der angeborenen Noblesse der Leute und ihrem antikomödiantischen Aussehen; oder ich besuche hiesige Pianistinnen, oder den Dr. Ungar, oder Hunyadi u. s. w.

Morgens 6 Uhr, wenn nicht um 5, stehe ich auf, spiele Klavier, schreibe; Abends gehe ich nicht nach 11 oder 12 Uhr zu Bett. Das Klima ist ebenso gesund als das Wiener ruinirend. Seit dem ersten Moment hier befand ich mich wohl. Die Stadt selbst ist nicht nur schön, sondern über alle Maaßen entzückend; das hügelige Ofen durch eine großartige Kettenbrücke mit Pesth über den majestätischen Strom verbunden, gewährt von der Festung aus Abends bei Sonnenuntergang einen hinreißenden Anblick auf die Paläste von Pesth, die immensen Plätze, die breiten Straßen. Hier ist der Comfort der Jugend, wie in Wien die Commodité des Alters ist. Hier möchte ich bleiben. Und ich könnte es. Pesth ist ein eroberter Punkt für mich. Wollte ich mich hier, wenn andere Stricke reißen, etabliren als Pianist, oder daran denken, Intendant des Nationaltheaters zu werden, so dürftest Du glauben, eine Tochter glücklich an den Mann gebracht zu haben.

Gestern begegnete ich den Redacteur des „Pesti Naplo", Törös János; er kam auf mich zu, drückte mir mit größter Expansion beide Hände und versicherte mich, ich sei ein zweiter Liszt.

So viel steht fest, nächsten Winter muß ich zur günstigsten Zeit, wenn die gesammte Aristokratie noch hier ist, wieder herkommen. Dann kann ich Geld machen; jetzt ists dazu zu spät. Hoffentlich bekomme ich einen Theil der Aufenthaltskosten. Denn ich brauche rasendes Geld.

Ich zahle täglich 1 Glb. 24 kr. für Zimmer, was verhältnißmäßig nicht zu theuer; das Zimmer ist groß, Klavier habe ich umsonst, einen guten Flügel von Tomaschek. Im Concert spielte ich auf Streicher.

Nun erwarte keinen langen Briefe mehr von mir, wenn mir's gut geht; dagegen aber öfters kleine Zettel. Ich habe gleich nach meiner Ankunft Deinen Brief aus Wien nachgesendet erhalten; ich kann ihn nicht beantworten, weil ich jetzt keine Zeit habe ihn wieder durchzulesen.

Wenn das Leben nur nicht so theuer wäre und man mich nicht so rasend prellte!

Ich hoffe, Du bist wohl und freust Dich mit mir und über mich.

Enfin!

Leb wohl für heute, es küßt Dir die Hand Dein
dankbar ergebener Sohn
Bülow János Guidó.

Vor dem Empfang dieses Briefes schreibt

Franziska von Bülow an ihre Tochter.

"Dresden, 11. Juni. Hansens letzter Brief war vom 21. Mai aus Wien an mich; ich wüßte gar nichts von ihm, wenn mir nicht vor einigen Tagen die Fürstin geschrieben hätte: »Il m'est doux de vous faire part, que le coeur de Liszt, si tendrement attaché à votre fils, a été réjoui par une lettre qui lui annonce, que Hans a eu un succès complet, énorme à Pesth, que le théatre a retenti d'applaudissements etc.« . . . . Hans schrieb mir zuletzt, wohin er Dir etwas zum 15. schicken könne; ich antwortete ihm: nur hierher zu mir, aber ich habe noch nichts von ihm gehört und gesehen. Hoffentlich hat er Dir direkt von Pesth geschrieben, er ist wirklich ein recht leichtsinniger Patron!"

13. Juni. Hans gefällt außerordentlich in Pest, wird länger dort bleiben; seinen Brief an Lipinski habe ich gelesen, er lobt Pesth sehr, von seinen Erfolgen kann er gegen Freunde nicht sprechen.

156.

An die Mutter.

Le revers de la médaille.

Pesth, 15. Juni [1853].

Geliebte Mutter!

Ich wollte meinen vor Ankunft Deines letzten Briefes längst fertigen — etwas sehr blé en herbe-artigen acht Seiten langen Jubelruf noch immer nicht expediren, bevor ich Dir ein tröstliches Wort über das Weitere der Pesther Episode meiner ersten, möglicherweise auch letzten Virtuosenirrfahrt hinzufügen konnte.

20. Juni.

Meine damals gefaßten Hoffnungen haben sich nicht verwirklicht. Ich bin wieder mehr als je muthlos, nicht in Betreff meines Talents und seiner Geltendmachung bei den Verständigen (Musiker wie auch die Journale sprechen immer von mir im Tone der größten Achtung), wohl aber in Betreff meines äußerlichen Erfolges, der Möglichkeit, mir durch Hülfe meines Virtuosenthums je eine unabhängige Stellung erwerben, ja nur mein Leben fristen zu können. Diese Perspektive macht mich denn wirklich ganz lebensüberdrüssig. Es verfolgt mich ein so eigenes, so constantes Mißgeschick, das wie ein Fluch auf mir lastet — so daß ich annehmen muß, alle die Anstrengung meiner Kräfte werde es nie auch nur zu jenem Resultate bringen, welches ein hundertmal talentloserer blagueur und charlatan spielend erreicht.

An Liszt habe ich bis jetzt vergeblich gesucht in einem ruhigen Tone zu schreiben, da ich am Ende von dieser ganzen unglückseligen Reise nichts geerntet habe, als die bitterste, als Medicin verspätete, Erfahrung, die Erkenntniß: zum Virtuosen, wie die weimarische Postsekretärsfrau ja auch meinte, zu gut, zu honett zu sein.

Es ist mir sehr obios, auf das Vergangene zurückzukommen — aber ich will und muß Dir's doch erzählen, damit Du mich nicht mißverstehst, oder unbestimmten Vermuthungen nachgehst.

Ein wahres Unglück habe ich wieder mit Liszt's Empfehlungen gehabt. Der Intendant des ungarischen Theaters hat nicht einmal die gewöhnlichsten Artigkeiten gegen mich angewendet. — —

Er hatte mir ferner schreiben lassen, sofort bei meiner Ankunft könne ich im Theater spielen — anstatt sein Wort zu halten, läßt er mich 12 Tage warten, mich unnöthige Ausgaben aller Art machen in einem theuren Hotel, in dem ich festsitze.

Nach meinem ersten außerordentlichen Erfolge, der nun hätte ausgebeutet werden müssen — hätte er es können, ich wäre „gemacht" gewesen — schlägt er mir das Theater ab, sagt, ich könne nicht vor dem 13. Juni wieder spielen wegen Repertoir und anderer unstichhaltiger Ausflüchte. Die Presse spricht enthusiastisch von mir, aber das Publikum glaubt nicht an meinen Succeß, weil ich kein zweites Concert gebe — ich muß mich nun entschließen ein Privatconcert anzukündigen. — Kein Saal dazu vorhanden. In der Revolution sind die großen Lokalitäten abgebrannt; es blieb mir nur der Saal einer Kaufleutegesellschaft des

Pester Lloyd übrig, die denselben oftmals zu ähnlichen
Zwecken hergeliehen. Obgleich ich mich erbot, zum Besten
des Pensionsfonds der Gesellschaft zu spielen, so schlug
man mir das Lokal doch ab — vielleicht und wahrscheinlich, weil ich im Nationaltheater und nicht im deutschen
gespielt. Ich mußte aber ein Privatconcert geben, Piècen
hören lassen, die ich im Theater nicht vortragen konnte,
— ich gab also resp. ich kaufte ein Concert in einem un-
günstigen theuren Lokale, das bis dahin noch nicht zu
Concerten benutzt worden war, Saal des Hotels zum
Tiger. — Die magyarische Presse heulte ohne Ausnahme
über die Ungastlichkeit des Lloyd und nahm sich meiner
mit lebhafter Wärme an. Was mich dieses Arrangement
an Zeit, Mühe, Aufwand guter Laune, Energie bei diesen
erbärmlichen Kleinigkeiten gekostet, ist nicht zu sagen. —
Unmöglich, alle diese einzelnen Gänge selbst zu besorgen,
und enorm theuer jeder Schritt, den man thun läßt. Ohne
Kammerdiener oder Sekretär gebe ich kein Concert mehr,
vielleicht auch sonst nicht, oder vielmehr gewiß nicht. Wie
viel Stunden habe ich verlaufen, wieviel Unannehmlich-
keiten ertragen, damit am Schluß zwei Sänger, die mir
zugesagt, mich noch im Stiche ließen! Genug — ich spielte,
und zwar Liszt's Lucrecia und Patineurs (ich spielte eben
ganz allein) mit mich selbst erstaunender Energie und Bra-
vour. Die Kritik war wiederum sehr freundlich. Dennoch
war am 13. Juni das Nationaltheater nicht gefüllt, und
Festetics setzt auf den Zettel utolso — zum letzten Male —
ohne mich zu fragen. Ich ließ den umgearbeiteten Marsch
zum Cäsar spielen, der gefiel — spielte das Beethoven'sche
Es dur-Concert — zum ersten Male, aber als ob ich es

schon, ich weiß nicht wie oft gespielt und fand ein sehr dankbares und aufmerksames Publikum (im Theater bei einem klassischen Musikstück bemerkenswerth!) — wurde sogar im Adagio (was wohl selten irgendwo vorgekommen ist) mit stürmischem Beifall unterbrochen. Dagegen mißfiel fast Liszt's Prophetenfantasie (1.) wegen der großen Ähnlichkeit des Motives der Hymne mit einem in Pesth nicht populären Liede. Auch langweilte Chopin's Polonaise, wohingegen eine ungarische Rhapsodie von Liszt anfeuerte. —

Man räth mir, noch ein Concert im Hotel Europe zu geben, wenn die Chinesen sich entfernt. Die Kosten werden zu bedeutend sein. Die „Freunde" Liszt's bekümmern sich nicht um mich. Wie viel Menschen (und Geschwätz) mußte ich toleriren, die sich meine Bekannten nennen und mich mit ihren Rathschlägen, ihren Erzählungen, ihren Eitelkeitswiegenliedern und Prätensionen anderer Art bis zur letzten Grenze verhaltener — Ungeduld treiben! Und wieder vor mir die Aussicht auf nackte Misère, das Gefühl der ärgsten Hülfsbedürftigkeit, die Gewißheit, daß ich über kurz oder lang zu Grunde gehen muß, ich mit meinem Talente, mit meiner Intelligenz, mit meinem Wissen! — Ich habe die Hölle, die wahre Hölle um mich und in mir. Und käme nur nicht wieder hie und da ein Hoffnungsschimmer, dessen Flackern mir neue Convulsionen macht — hielte ich mich endlich für todt und begraben und ließe mich langsam, ich weiß nicht wie, ausgehen — passiven Widerstand allem Schicksal entgegensetzend! — Aber ich sage zu, wenn eine Einladung kommt, die mir die Pflicht auferlegt, Anderen durch mein Spiel „Vergnügen zu machen". Dr. Hunyabi forderte mich neulich auf, das

(Liszt gewidmete) Trio eines Deutschen, Volkmann, zu spielen. Ich that es, entzückte die Leute. Niemand hatte den letzten Satz mit der Passion und Energie gespielt wie ich ihn — Liszt's Vortrag im Sinne — packte; der Componist war überrascht von der Wirkung seines eigenen Werkes; man bewunderte mich, die Zeitungen brachten Notizen darüber — ja, das bringt mir aber Alles nicht den leisesten Nutzen, neue Neider, womöglich Verläumder, — Feinde. Was gäbe ich drum, in einem Dorfe zu sitzen, etwas Grünes vor dem Fenster, ein Klavier im Zimmer, leeres rastrirtes Notenpapier, ein paar unbösartige Menschen und einen freundlichen Hund um mich und Ruhe, Erholung von diesem aufreibenden Treiben!

Carus' „Symbolik der menschlichen Gestalt" habe ich theilweise gelesen. Es ist vortrefflich geschrieben, er scheint sich sehr geläutert zu haben. Der Inhalt ist famos und sehr praktisch.

Pesth ist wunderschön. Eine himmlische Gegend, die ich jedenfalls noch etwas genießen will, wenn es möglich ist.

Leb wohl, ich rabotire — und habe mich müde geseufzt.

Franziska's Mittheilungen an ihre Tochter sagen nichts über den Eindruck, den der tieftraurige Inhalt dieses Briefes in ihr hinterlassen haben mag. Aber alle ihre Briefe aus jenen Monaten tragen die Spuren großer Besorgniß. Außer den Klagen über des Sohnes Laufbahn als solche — zu der sie nun einmal kein Vertrauen fassen kann — drängt sich ihr wiederholt der Gedanke in die Feder, daß er „eines äußeren Anhaltes, des Gebundenseins bedürfe, gerade weil er so leicht exaltirt sei". Auch fürchtet sie „Hans werde von dieser Reise, von der er sich goldene Berge versprochen, sehr niedergeschlagen zurückkehren". „Endlich gestern ein Brief von Hans;" — schreibt sie am 13. Juli — „er hat wieder etwas mehr Muth, doch geht es dem Ärmsten noch immer schlecht. Ich hatte mir wenig Besseres von dieser unglücklichen Carrière erwartet; indessen thue ich jetzt Alles, ihn zu ermuthigen und zu unterstützen, was er denn auch sehr dankbar anerkennt. Jetzt ist keine Zeit ihn zu schelten, sondern ihm beizustehen, wenigstens mit guten Worten." —

157.

An die Mutter.

[Pesth, Juli 1853.]
Große Brückgasse 12.

Geliebte Mutter,

Es war mir nicht möglich, Dir früher zu danken für den Edelmuth und die rührende Güte, die Du mir jetzt neuerdings wieder durch Deine trostvollen Briefe und die mir so bringend nothwendige Unterstützung an Geldmitteln bewiesen hast. Der Auszug aus dem Gasthof, die vielen kleinen Verlegenheiten, in welche ich dabei gerieth; die Umschau nach einer chambre introuvable, die Beschäftigung mit einem erneuerten Debüt im National-Theater, das nun gestern, Montag, mit noch glänzenderem Erfolge als mir das letzte Mal beschieden war, doch mit einem pecuniär ebenso nihilistischen Resultate, stattgefunden, die fürchterlich tropische Hitze, der heftiger und häufiger wiederkehrende Anfall von Migräne — das Alles zusammen verwirrte mir meinen armen schon so hart mitgenommenen Kopf dergestalt, daß ich im wahrsten Sinne denk- und schreibunfähig wurde. Ich erhielt Deinen letzten Brief gerade zur Concertzeit, als ich meine Toilette machte!

Mittwoch.

So eben wollte ich mich wieder zum Schreibtisch setzen, als Dr. Hunyadi kam und mir die von Dir an ihn gerichteten Zeilen brachte, in welchen Du ihn um Nachricht betreffs meiner bittest. Ich bitte Dich tausendmal um Vergebung, Dir zum Grunde so ängstlicher Sorge geworden zu sein. Es thut mir schon so herzensweh, daß Du an mir so wenig Satisfaktion erlebst! Und ich mache mir einerseits Vorwürfe und Gewissensbisse, daß ich Dir so viel wirklich theures (denn schwer ist's, dessen zu erwerben) Geld koste, ohne vorläufige Aussicht, bald zu einer Selbständigkeit gelangen zu können — während andrerseits das Bewußtsein meines — ich darf es nach den bitteren Erfahrungen, nach den tiefen Entmuthigungen wohl sagen — außergewöhnlichen Talentes mich wieder Muth fassen läßt und mir die Hoffnung giebt, doch einmal zur Geltung und zu Geld zu gelangen.

Nimm es mir nicht übel, wenn ich von dem Einen sogleich in's Andre springe und so schreibe, wie es mir mein sehr verdummter und verstumpfter Kopf gerade nur erlaubt.

Meine Wohnung ist also jetzt: Pesth, Große Brück-Gasse Nr. 12 (3ter Stock) bei Herrn Marastoni. Herr M. ist der Stifter und Leiter einer Maleracademie, ein Italiener, bei dessen Frau, Dienerschaft u. s. w. ich ganz gut aufgehoben bin, und wo ich im Fall einer Krankheit auch möglichst Pflege würde erhalten können. Mein Zimmer ist einfenstrig, doch nicht klein, hat mäßiges Licht, gute Möbel, ein zwar auf den Hof situirtes, aber lichtes Fenster; das Haus ist eines der schönsten in der inneren Stadt. Die Schattenseiten sind Insekten des Nachts, klavierspielende im Hause den ganzen Tag — da ich am Ende doch viel Lebenstrieb besitze, die Sonne schön scheint, und ich wieder denken lernen, comfortabel leben lernen will, so habe ich bereits Schritte gethan, mir beides, „Tag- und Nachtplagen" einigermaßen vom Halse zu schaffen.

Durch Deine Güte, welche mir erlaubt, nach Hinterlassung keinerlei Schulden noch ein 14 Tage von jetzt an sorgenfrei zu existiren, in den Stand gesetzt, wieder in eine vernünftige Geistes- und Körperverfassung zu gelangen, werde ich dahin kommen, Liszt in diesen Tagen wieder schreiben zu können. Sein letzter Brief rieth mir ja, alle Chancen hier genau zu examiniren und zu recognosciren, ob das hiesige Terrain für mich zu bleibendem Aufenthalte geeignet sein würde, ob ich mich mit nächstem Winter, nachdem ich noch einmal und das zu günstigerer Zeit in Wien concertirt, hier nicht als Klavierlehrer etabliren, daneben eine Anstellung am ungarischen oder deutschen Theater zu erhalten suchen sollte. Es hat dies viel für sich, und ich glaube, daß, wenn ich bis dahin am Leben bleiben sollte, und sich sonst keine günstige Veränderung in meinen Lebensschicksalen begäbe, es wirklich das Rathsamste sein würde, mir ein Paar Jahre hier mit Herumreisen im Lande, angestrengter Thätigkeit im Lectioniren, oder sonstwie die Existenz zu verdienen und einige Ersparnisse zu machen.

Der Statthalter Baron Augusz hat mich aufgefordert, jetzt doch im deutschen Theater zu spielen, was von der Regierung gern gesehen würde, weil sie namentlich das Theater als ein hauptsächliches Mittel zur Germanisirung der Hauptstadt des Landes betrachte.

Die Deutschen, repräsentirt durch den Lloyd — haben sich zuerst schlecht gegen mich benommen. Diesen Punkt betreffend werde ich übrigens auch meine Revanche haben. Augusz, d. h. die Autorität (die höchste civile) braucht der Gesellschaft nur einen Wink zu geben, und sie muß mir ihren Saal herleihen, in welchem ich dann ein Concert für Eingeladene veranstalten werde und das Liszt gewidmete Trio von dem hier lebenden Sachsen Volkmann, einem höchst bedeutenden jungen Componisten, so wie Beethoven und Bach spielen will, kurz einen großartigen Musiker-succès zu ernten beabsichtige.

Ich springe jetzt von Extrem zu Extrem, von der trostlos ruhigsten Apathie bis zur beweglichsten Plänemacherei — weil ich wieder im Besitz einiger Gulden bin, also der Möglichkeit ohne Nahrungssorge weiter zu leben.

Wie soll ich Dir danken für Deine Liebe und Güte und für Deinen Glauben an mich und meine künstlerische Zukunft da, wo ich selbst zu verzweifeln mehr als nahe war! Haben Papa und meine Schwester keine Briefe von mir bekommen Mitte vorigen Monats? Ihr Stillschweigen ist mir unerklärlich. Nach der von Dir mir geschriebenen Adresse will ich ihnen morgen Nachricht von mir geben. So wie ich etwas Näheres über mich bestimmt, schreibe ich Dir sogleich. Erhalte ich mit Hülfe Augusz' einen pecuniär anständigen Antrag vom deutschen Theaterdirektor, etwa 100 Gld. garantirt, so spiele ich jedenfalls.

Unterdeß überlege ich den mir gegebenen Rath, in einigen von den ungarischen Bädern oder anderen ungarischen Städten zu concertiren. Wenn ich es ausführe, so soll mein Klavierspiel keinesfalls ein Hazardspiel werden.

Für Armgart [v. Arnim] schreibe ich 6 Lieder unter dem Gesammttitel „Die Entsagende" von Karl Beck. Wenn ich nur einen Verleger hätte! Vielleicht habe ich auch Gelegenheit, einige Klavierstücke (ohne Opuszahl) gegen Honorar hier drucken zu lassen.

Bei Deiner Liebe für mich thut Dir's vielleicht wohl, mich wieder so rege und thätigkeitslustig zu sehen. Was das Klavier anlangt, so versichere ich, Du brauchst Dich nicht zu schämen

Deines Dich liebenden dankbaren Sohnes.

158.

An die Mutter.

Pesth, 26. Juli 1853.

Geliebte Mutter!

Meinen besten Dank für Deinen Brief; es ist mir jetzt wieder so einsam und verlassen zu Muthe, daß ich den Werth eines solchen theilnahmvollen Briefes doppelt zu schätzen weiß. Mein momentanes Provisorium ist unerträglich; ich weiß vorläufig nicht, was ich in nächster Zukunft nur irgend anfangen könnte; kein Mittel, keinen Weg, mir etwas zu verdienen. Es würde sich am Ende vielleicht doch rentirt haben, wenn ich verschiedene Städte und jetzt Badeörter in Ungarn mit Concerten heimgesucht hätte, aber — dazu gehören eben Fonds, die ich glaubte, mir hier in Pesth erwerben zu können, ein Glaube, der sich als Aberglaube herausgestellt hat. So auf's Gerathewohl, oder vielmehr -übel zu experimentiren, ohne nur die pecuniären Nachtheile veranschlagen und bemessen zu können, allein herum zu reisen, ohne an Jemanden adressirt zu sein — mich schaudert, denke ich daran, und doch würde ich's gethan haben, schon wegen der immer vorhandenen Probabilität eines Nicht-Verlustes dabei — aber ich bin complètement à sec, und wundere mich, daß es mir gelungen mich bis heute in diesem theuersten aller Handelsorte (Pesth verdient seinen Beinamen „Klein-London") — freilich mit strikter Ökonomie und Resignation auf alle Landpartieen, oder städtische Zerstreuungen — zu erhalten. Morgen bin ich bereits genöthigt, bei meinen eventuellen Freunden Anleihen zu eröffnen. Unter diesen Umständen hätte sich mein heutiger Tischnachbar nicht wundern sollen, daß ein Passus in der letzten Leipziger „Illustrirten Zeitung" mich zu einem ihn erschreckenden Gelächter des Hohnes montirte. Ich las nämlich geschrieben und gedruckt unter der Rubrik „Musik": Herr Hans v. Bülow, Pianist, Schüler Franz Liszt's, erntet in Ungarn Ruhm und Gold!! Diesem Eingange folgten einige schmeichelhafte Specialitäten über Oedenburg, Preßburg, Pesth. Dieser Artikel würde mir vielleicht in Leipzig Kredit verschaffen; hier aber nicht. Ich sehe mich genöthigt, wenn ich wieder nach dem Norden komme, incognito zu reisen, um den, bei der großen Verbreitung der „Illustrirten Zeitung" zu befürchtenden Bettel- und Prellereiattentaten vorzubeugen. Zum Karlsruher Musikfest muß ich anlangen, und sollte ich mich barfuß hinschleppen. Es ist nämlich keine Chimäre, sondern sehr reell, und der Veranstalter ist diesmal kein Hotelier, sondern der Prinzregent von Baden. Wenn ich in Karlsruhe angestellt werden könnte! Dort giebt es keinen Kapellmeister von irgend welchem Rufe.

Wohin soll ich nun in der Welt einen Brief an Liszt adressiren? Daß er den fertig zum Absenden bereit liegenden ohne Aufschub erhält, mir umgehend rathen und beistehen kann, mich nicht vergißt. Schwer ist's freilich, ihm die hiesigen Verhältnisse klar auseinander zu setzen, so daß er davon einen wirklichen Begriff bekommt und mir etwas darüber sagen kann, was ich selbst mir zu sagen nicht im Stande bin. Ebenso schwer, ja unmöglich ist's auch für mich, Dir die Verhältnisse und Chancen, die ich für ein Etablissement als Klavierlehrer hier haben würde, darzuthun. Es ginge eben wohl, und würde verhältnißmäßig vielleicht nicht lange dauern, bis ich mich festgesetzt hätte als erster Meister, was Honorar und Consideration anlangt — aber eine sehr erquickliche und trostvolle Perspektive ist's eben nicht. Ich glaube mich befähigt und berufen, auch für's nächste, einen bessern Platz einzunehmen. Zudem müßte ich viel Stunden geben um leben zu können, und da — bei einer gewissen Verarmung der Stadt in den letzten Jahren die Preise sehr »vil« sind (1 Glb. bis 4 Zwanziger höchstens), ferner das Leben sehr theuer, und ich 6 Glb. täglich einnehmen müßte, so würde diese Stellung gerade nicht sehr glücklich für meine Zukunft arbeiten.

Ich muß jetzt abbrechen und das Weitere auf morgen verschieben. Der junge Baron Rosenberg, seit Jahresfrist in österreichischen Diensten bei den Ulanen in Ketskemet, hat mich neulich auf dem Durchmarsch hier erkannt und kommt, mir einen Besuch abzustatten; ich höre seinen Degen schon klirren. Auch Herr Knopp besuchte mich vor einigen Tagen; er ist ohne Frau hier und wohnt bei seinem Bruder, der Maler ist. Möglich, daß wir vielleicht ein Concert in einem ungarischen Badeort zusammen geben. Jetzt ist freilich nicht daran zu denken, weil ich für morgen Mittag schon sans le sou bin. In Ketskemet will ich nächste Woche, da es nicht weit entfernt ist, doch mein Glück probiren.

Die Composition, von der ich sprach, eine Fantasie über den „Rigoletto", ist fertig, aber da ich höchstens die Aussicht habe, es drucken lassen zu können, ohne Honorar dafür zahlen zu müssen, und etwas Derartiges gerade meinem guten Namen keine besondere Ehre machen würde, so sehe ich nicht ein, warum ich das Stück veröffentlichen lassen sollte. Da wäre jede Arbeit noch besser, die ich anonym machen könnte, z. B. Arrangements. Es ist jetzt bei Härtel von „Lohengrin" ein abscheulicher vierhändiger Klavierauszug herausgekommen; wenn mir Meser für einen guten des Tannhäuser 100 Thlr. geben möchte, so würde ich mich gern daran machen. — — — — — —

Großartigere Welt- und Menschenanschauungen gewinnt man jedenfalls durch einiges, wenn auch noch so sehr begrenztes Reisen. Wie kleinlich und nichtswürdig kommt mir so Manches von früher her vor, wie erbärmlich ich mir selber, daß ich früher dieses habe schätzen, jenes hassen können. Noch ein paar Monate so fort, und ich besitze jene goldene, praktische Menschenverachtung, welche sich nicht mit éclat äußert, sondern einen verhindert, irgend etwas Unnützes zu thun.

Die Doppler sind zurückgekehrt, doch war noch keine

Zeit für sie, mir Alles zu erzählen, was mich hätte interessiren können.

Leb' wohl für heute, geliebte Mutter, und denke zuweilen an das traurige Leben
Deines
Dir dankbar ergebenen Sohnes
Hans Guido v. Bülow.

159.

An Franz Liszt.

Pesth, 12 août 1853.

Mon très-cher maître!

La pénible situation, dans laquelle je n'ai cessé de me trouver depuis environ quatre semaines, ne m'a point permis jusqu'ici de vous donner de mes nouvelles. Il me paraissait préférable de m'exposer à un oubli de votre part, à m'attirer l'accusation d'ingratitude, que de vous instruire de la vérité et de vous importuner de nouveau par le récit de mes adversités.

L'insuccès matériel de mes concerts à Pesth, ainsi que la vaine attente d'un secours maternel (j'étais désolé de devoir recourir encore une fois, par nécessité, aux bontés d'une mère, qui a déjà tant fait pour moi et à laquelle, moi, je donne si peu de satisfaction), m'avaient cloué à Pesth. Me voilà dans l'impossibilité d'entreprendre une excursion de virtuose quelconque qui aurait bien pu réussir — forcé même d'emprunter avec le moins d'inélégance possible — pour vivre au jour le jour, non encore démoralisé, mais hébété, anéanti par un dénûment provisoire, ne sachant que faire pour gagner de l'argent, ou même pour mettre à profit le temps qui, pour moi, ne réalise point le proverbe »time is money«, mais le contraire, en véritable croquemonnaie, et faisant l'impossible pour sauver encore les apparences et ne pas encourir le soupçon d'être digne de me trouver rangé dans la catégorie si nombreuse de pianistes, à qui l'on est obligé de retrancher d'anciennes dédicaces.

Il y a quelques jours seulement, j'ai été délivré du plus profond de cette misère, en tant que j'ai pu rendre de l'argent emprunté à mes amis — et encore je me casse la tête pour aviser aux moyens de réaliser mes frais de voyage pour Carlsbad — ayant reçu l'invitation de Mr. Singer, d'y donner un concert avec lui, invitation suggérée par votre bienveillance pour moi. J'espère pouvoir m'y rendre, mais je suis au désespoir en même temps de ne plus y pouvoir me jeter à vos pieds.

Selon votre ordre, j'ai envoyé de suite à Vienne la partition et les parties d'orchestre du Caprice turc, seulement j'ai eu le malheur d'oublier celles des instruments à percussion, que j'ai retrouvées plus tard.

Je ne saurais vous exprimer toute la reconnaissance que m'inspire la généreuse offre, dont Haslinger m'a fait part, de vouloir encore m'employer au Festival de Carlsruhe. Je serais trop heureux de pouvoir y remplir en partie peut-être des fonctions semblables à celles que Raff a exercées à Ballenstedt. Ne veuillez point, très-cher maitre, mal interpréter le motif qui me fait vous prier de ne point me lancer déjà maintenant comme pianiste de votre école; je reconnais très-sincèrement que je suis encore indigne de cette bonté et j'ai encore toujours des remords quant à Ballenstedt.

Puisqu'une fois je me suis déjà mis à vous raconter ma situation présente, j'ajouterai encore un détail qui vous la peindra complètement. Il y a dix jours environ, j'ai prié humblement dans une lettre — que je garde encore par une velléité de mauvais orgueil — Mr. Raff, de vouloir bien m'aider de son appui pour me recommander à Schuberth à Hambourg, en m'offrant de remplir auprès de lui tous les services musicaux dont il me jugerait capable.

Dans mon dernier concert au théâtre national j'ai joué la »Polonaise« de Weber avec succès, ainsi que la »Rhapsodie hongroise« avec le même enthousiasme de la part du public que la première fois. J'ai quelque peu popularisé les Rhapsodies hongroises de Haslinger, (je n'ai pu jusqu'ici me procurer celles de Schott), la »Charité« et les »Soirées de Vienne«.

Je mets fin à un débordement de plume qui ne tarirait pas — en songeant qu'autrement vous ne recevriez plus cette lettre à Carlsbad. Je me réserve de vous parler personnellement de Volkmann, Doppler, Erkel, Kertbeny [1], et un ancien protégé de vous, Dunkl, professeur de piano à Pesth qui s'est attaché de prime-

---

[1] Schriftsteller, Übersetzer ungarischer Dichtungen .1824—82.

abord à moi et que j'ai vu fort souvent. Ce que j'estime beaucoup en lui, c'est qu'il est mécontent de lui-même et de sa position, quoiqu'il gagne assez d'argent pour vivre honorablement. Il a certainement du bon vouloir, autrement il serait beaucoup plus crétinisé par l'atmosphère musicale qu'on respire à Pesth. Il vous adore comme de juste.

J'ai écrit des articles sur Volkmann, traduits d'abord en langue hongroise — ensuite publiés par la gazette officielle. Volkmann est un excellent homme, d'un caractère peu saillant, mais noble. J'apprends par Brendel, c'est-à-dire par sa gazette, que c'est lui qui m'a rendu ce service, sans en avoir eu l'intention.

Je n'ai pu parvenir à entrer dans les bonnes grâces ni du comte Festetics, ni de Mr. de Karàtsonyi, ni du baron Augusz, lequel est vraiment fort occupé. Je n'ai point voulu excéder le maximum de six visites infructueuses pour de plus intimes relations. Hofrath Gaal, qui vous est attaché très-cordialement, a été fort aimable envers moi.

Une espèce de Carnaval en miniature sur un motif de Rigoletto paraîtra ici sous peu de jours. Une Fantaisie plus étendue, et non encore achevée, est reservée pour Haslinger.

Ma mère m'écrit que vous lui avez permis de m'engager en votre nom à retourner à Weimar. Je serais infiniment heureux, si j'y pouvais déjà vous exprimer un peu toute la reconnaissance et le dévouement dont le coeur de votre élève est rempli.

160.

An Franz Liszt.

Carlsbad, 17 août 1853.

Mon très-cher et illustre maître!

Quelques heures seulement après votre départ de Carlsbad, j'y suis arrivé, ayant voyagé jour et nuit depuis dimanche soir. Je vous remercie infiniment de la lettre que vous avez laissée pour moi. Singer et moi, nous avions presqu' abandonné le projet de donner un concert ici, et résolu de continuer demain matin chacun notre route, moi, en vous suivant à Teplitz, pour vous y rejoindre encore à temps. Voilà que le banquier Kern qui me connaît de Pesth et qui m'a reçu ici chez lui (*»rother Sessel«*), nous arrange sans nous dire mot un concert pour samedi, éventuellement lundi prochain (au *»böhmischer Saal«*, qui est plus grand que le Kursaal), en se chargeant de tous les soins administratifs et financiers.

Singer me prie très-instamment de ne pas le laisser se tirer seul d'embarras, en observant que c'est lui qui m'a attendu ici depuis plusieurs jours, et que dans le cas de ma désertion il serait parti plus tôt.

Quoiqu'il me soit plus que désirable de vous rejoindre le moins tard possible, je me trouve dans un dilemme, et je ne sais pas si je ne suis point dans l'obligation de céder aux instances de Kern et de Singer (le premier a déjà loué la salle à ses frais), et de leur accorder jusqu'à lundi prochain. Enfin j'ai de plus —

bien que je ne me berce de rien moins que d'illusions ultracaliforniennes — un peu l'espérance de réaliser quelques florins d'une manière plus honorable qu'en empruntant. Outre cela, les journaux de Pesth et d'autres auront occasion de me mentionner et de faire retinter mon nom aux oreilles du public.

Néanmoins, sur un mot de vous que je pourrai encore recevoir à temps pour aller vous rejoindre à Dresde, je ne tiendrais plus compte des obstacles qui s'opposent à mon départ. Ainsi, si vous croyez que ce projet de concert à Carlsbad dans le moment présent ne soit point avantageux pour moi, sous quelque rapport que ce soit, ayez la grande bonté de vouloir me donner tout laconiquement par la poste l'ordre: »Partez«. D'après mes combinaisons cette lettre arrivera encore à temps pour vous être remise avant votre départ pour Dresde et je puis, sans trop abuser de votre précieuse bienveillance pour moi, vous demander de vouloir bien résoudre mes doutes sur le parti à prendre, par ce seul mot.

Sur la carte que vous avez donné à Singer pour moi, vous avez écrit le nom de Ritter pour m'indiquer un rendez-vous. J'écris encore aujourd'hui soir à Ritter, pour lui annoncer votre prochaine arrivée à Dresde, dans le cas où vous auriez à lui parler de Richard Wagner, ou de quoi que ce soit.

Mr. Kern revient de ses courses à l'hôtel de ville, à l'imprimerie, etc. Si vous pensez que je ne puisse partir maintenant sans être impoli envers Singer et Kern, et qu'il faut me résigner au concert de lundi prochain — je partirai mardi pour Dresde et j'irai vous rejoindre à Weimar avec le moins de retard possible.

Singer me charge de vous présenter ses respects. En vous remerciant de toutes vos bontés, je vous prie de ne pas vous fâcher de mes irrésolutions et de bien vouloir agréer ma demande.

Karlsruhe — Öllishausen.
Herbst 1853.

prochain — je partirai mardi pour Dresde et j'irai vous rejoindre à Weimar avec le moins de retard possible.

Singer me charge de vous présenter ses respects. En vous remerciant de toutes vos bontés, je vous prie de ne pas vous fâcher de mes irrésolutions et de bien vouloir agréer ma demande.

Karlsruhe — Ottishausen.

Herbst 1853.

161.

An die Mutter.

Karlsruhe, 19. Sept. 1853.

Geliebte Mutter!

Es thut mir unendlich leid, daß ich Dich wider meinen Willen so lange in Sorge um mich lassen mußte, aber ich hatte keine Ahnung davon, wohin Dir Briefe zukommen lassen. Du schriebst mir, bis zum 15ten [August] sollte ich nach Bern adressiren; ich erhielt aber durch Postvernachlässigung Deinen letzten Brief mit den 100 fl. erst am 12ten, worüber ich auch Beschwerde geführt, was freilich keine Retroactivität haben konnte. Zur nämlichen Zeit erhielt ich von dem Violinvirtuosen Singer im Namen Liszt's eine Einladung, sofort nach Karlsbad zu kommen und dort im Verein mit ihm ein Concert zu geben, sowie Weiteres wegen meiner mit Liszt zu besprechen. Deinen Rath befolgend, suchte ich mich schleunigst von Pesth aufzumachen, was insofern schwierig war, als ich, in der letzten Zeit ohne einen Heller, das Möglichste hatte zusammenborgen müssen, um zu existiren. Nach Bezahlung meiner Schulden blieb mir nicht einmal das nöthige Reisegeld übrig. Ein Freund von Liszt, Hofrath Gaal, half mir aus der Verlegenheit mit 30 fl., welche ich ihm leider noch nicht habe zurückerstatten können.

Als ich in Karlsbad am 17ten August ankam, war Liszt schon von da nach Teplitz abgereist, hatte aber eine Antwort auf meinen Brief zurückgelassen. Ich fand bei einem Pesther Kaufmann, der mir befreundet war, Wohnung, und dieser, sowie ein andrer Freund und Protektor Singer's arrangirten uns ohne unser Zuthun ein Concert, bei dem wir nichts zu thun hatten, als uns schön bitten zu lassen zu spielen, und ferner die Unkosten unseres 14tägigen Aufenthaltes in Karlsbad herausbekamen. Dieser Aufenthalt wurde nämlich so verlängert, weil wir aus Langerweile ein Duo zu componiren anfingen (während der Erwartung des Concerttages), für das von Schott in Mainz 12 Louisb'or zu empfangen wir gewiß waren, und das wir nun solid auch vollenden wollten. Es ist nun auch fertig geworden, ziemlich brillant und gefällig, dabei ohne zu große musikalische Sünde. Ich habe das Meiste daran geschrieben — Singer verschafft aber den Verleger, und da das die Hauptsache ist, so bin ich mit 6 Louisb'or sehr zufrieden.

Von Karlsbad reiste ich sofort nach Dresden, wo Liszt unterdeß angekommen war. Ich hoffte dort Deinen Aufenthalt erfahren zu können, doch wußte Frau v. Lüttichau nichts. Sie war übrigens sehr liebenswürdig gegen mich und vermittelte bei ihrem Manne, daß ich im Theater spielte; das geschah heute vor acht Tagen am Montag. Ich spielte die Weber'sche Polonaise mit Liszt'scher Orchesterbegleitung und eine ungarische Rhapsodie für Piano und Orchester. Liszt war natürlich zugegen und hatte Gelegenheit, sich über mich zu freuen. Sehr leid that es mir wirklich, daß Du und Isidore nicht die Freude haben konntet, mich so außerordentlich gefallen zu sehen. Ich wurde nach dem ersten Stücke einmal laut hervorgerufen, beim zweiten lebhaft empfangen und zweimal hintereinander mit Da Capo-Ruf, auf den ich aber nicht einging, wieder hervorgerufen. Banck mußte loben trotz seines Widerwillens gegen meine Meister. Man forderte mich dringend auf — namentlich Krebs — am Sonnabend wieder zu spielen, aber Liszt meinte, es wäre immer noch Zeit, den Dresdnern wieder etwas vorzuspielen. Im Grunde hatte ich erreicht, was ich wollte, mich ihnen als ein Virtuos »de première force« documentirt und 25 Thlr., die ich sehr nothwendig brauchte, eingenommen.

In Leipzig brachte ich zwei Tage zu; es wurde festgesetzt, daß ich bereits diesen Winter d. h. in diesem Jahre noch im Gewandhaus klavierturnen sollte. Sonnabend früh reisten Liszt und ich nach Weimar (die Fürstin mit Tochter sind nach Regensburg und München zu gleicher Zeit abgereist), wo ich außer Fräulein Sabinin und Mildes natürlich Niemanden besucht habe — Raff versteht sich von selbst — wir waren ganz gut zusammen — und in der Nacht noch ging es weiter nach Karlsruhe, wo wir gestern Abend halb todt von Müdigkeit anlangten. Hätte ich gewußt, daß Du speciell mit Fräulein Seidler correspondirtest, so hätte ich sie aufgesucht; sie war so gütig, auf die Altenburg zu Madame Liszt zu gehen, und dort Deine Adresse für mich zu lassen.

Ich eile, Dir mit diesen Zeilen eine Beruhigung zu geben, die ich wirklich recht unglücklich war, Dir nicht früher senden zu können. Habe ich deßhalb doch nicht einmal an Deinem Geburtstage Dir zeigen können, daß ich an Dich gedacht habe, und wie dankbar und gerührt ich bin für die große mütterliche Zärtlichkeit, die Du mir in der Zeit des Mißgeschicks bewiesen hast, eines Mißgeschicks, das mich ohne Dich nicht blos gebeugt, sondern eben niedergemacht hätte.

Etwas übrigens ist doch erreicht, und rein aus dem äußerlichen Retentissement meiner ersten Erfolge darfst Du vielleicht entnehmen, daß Alles, was Du gethan, nicht umsonst geschehen ist. Isidoren habe ich leider auch noch nicht schreiben können, doch drängte es mich sehr, Nachricht zu erhalten. Grüße sie herzlichst; Euer jetziger Aufenthalt muß doch beneidenswerth sein. Hoffentlich verhindert Euch wenigstens nichts, dieses Eine zu genießen.

Das Musikfest ist am 3. und 5. October. Wahrscheinlich werde ich spielen, wenn kein Lokalgenie dadurch verletzt wird, jedenfalls mit Liszt hier bleiben. An meinen Vater schreibe ich heute, sobald meine Reiseermüdungsmigräne nachgelassen hat. Meine Adresse ist: Gasthof zum Erbprinzen 2. Stock, No. 38. Bald ein Weiteres.

Lebt wohl, theure Mutter und Schwester, und
behaltet lieb
Euren Hans.

Heute Mittag fahren wir (Pruckner nämlich, der auch wieder mit hier ist) nach Baden-Baden; es freut mich, den Ort kennen zu lernen; vielleicht findet Liszt auch Leute, denen er mich mit Nutzen oder Vergnügen für mich vorstellen kann. Ich schicke Dir hierbei Band's Kritik über mich. Vielleicht schickt sie Isidore später an Papa.

Während Bülow so seines Vaters gedachte, war dieser schon seit drei Tagen nicht mehr unter den Lebenden. Der Schlaganfall, der ihn vor einem halben Jahre heimgesucht hatte, war, trotz scheinbarer langsamer Wiederkehr der physischen Kräfte, ein Vorbote seines Endes gewesen. Bis zu welchem Grade das im Frühling d. J. erfolgte Hinscheiden L. Tieck's, des ausgezeichnetsten seiner Freunde, des Mannes, der auf seine geistige Entwicklung und sein Schaffen von bestimmendem Einfluß gewesen, auf Eduard's erregbares, warm empfindendes Gemüth einwirken, und dadurch seine völlige Genesung hemmen konnte, wäre leicht zu ermessen — auch ohne alles Zeugniß hierfür. Doch faßt folgende Betrachtung Franziska's in einem Briefe an ihre Tochter im Frühjahr 1853 Alles zusammen, was damals die Seele von Tieck's Freunden erfüllte.

„Tieck's Tod wird auf Papa großen Eindruck gemacht haben; es ist mir lieb, daß Du ihn so viel gesehen und gehört hast, es wird Dir eine schöne Erinnerung sein und bleiben. Uns hat es Alle sehr ergriffen, denn es ist mit ihm ein ganzer Lebensabschnitt für uns zur Vergangenheit geworden, der einen unberechenbaren Einfluß auf unser inneres Leben übte.

Was über ihn in der Allgemeinen Zeitung steht, finde ich nicht gut; viel besser sind die Aufsätze in der Berliner „Vossischen" von Häring, wenn auch natürlich nicht genügend für die Freunde. Übrigens ist es schön wie sein für das Allgemeine etwas verblaßtes Bild mit seinem Tode erst wieder recht im wahren Glanze, in hoher Bedeutung strahlt und jetzt die richtige Perspektive gewinnt. Auch ist es so befriedigend, daß er in Berlin, durch seinen König geehrt, in würdigerer Stellung aus dem Leben geschieden ist, als in der hiesigen misère." —

Eduard von Bülow ist ein langes Siechthum, wie ihm Tieck zum Opfer gefallen, erspart geblieben. Am 16. September hatte ein plötzlicher sanfter Tod seinem rastlosen Schaffen ein Ende bereitet. Er rief ihn ab mitten aus eifrig-begeisterter

Arbeit an einem Werke, das den Lebenslauf großer Männer aus allen Epochen der Geschichte zum Gegenstand hatte.

Eine volle Woche sollte verstreichen, bevor den ahnungslosen Sohn die Kunde von seinem schweren Verlust erreicht hat; wußten doch die Angehörigen, in Unkenntniß über seinen Aufenthalt, nicht wohin ihm die Nachricht senden.

Daß Hans von Bülow so früh den Vater missen mußte auf seinem Lebenswege, war, bei den Eigenthümlichkeiten seiner Charakteranlage, wichtiger, als es nach ihren äußern Verhältnissen, nach ihrem räumlichem Getrenntsein, das doch dem Vater ein nur fragmentarisches Theilnehmen an der Entwicklung des Sohnes gestattete, erscheinen mag. Das Verhältniß hatte sich gerade in dem letzten Jahre zu einem innigeren, persönlicheren zu gestalten begonnen; im Gegensatz zu früheren Epochen hatten sich mehr Berührungspunkte gefunden, ein milderes Rücksichtnehmen auf die vorhandenen Ecken und Kanten des beiderseitigen Wesens; ein stetes Interesse des Sohnes an des Vaters literarischer Thätigkeit, sowie die ursprüngliche Sympathie des letzteren für des Sohnes Künstlerberuf — eine Sympathie, die äußere Umstände zu Zeiten unterdrückt, verschleiert haben, die im Grunde aber doch bestand — waren mehr und mehr hervorgetreten. Das Vorhandensein dieses geistigen Bandes zwischen ihnen erfüllte ohnehin von jeher die wichtigste Vorbedingung zu einer Freundschaft im edelsten Sinne des Wortes. Mit den Jahren hätte demnach das Verhältniß noch eine Vertiefung und Verinnerlichung erfahren. Die ergreifende Klage um den so plötzlich den Seinen Entrissenen zeigt, daß der Sohn die ganze Schwere seines Verlustes empfunden hat. Der nächste Brief ist noch in Unkenntniß der Katastrophe geschrieben. Die dann folgenden zeigen uns Bülow's ganze Verzweiflung.

162.

An Richard Pohl[1].

Karlsruhe, 20. September 1853.

Geehrter Freund!

Sie werden in diesen Tagen förmlich mit Briefen aus Karlsruhe bombardirt. Gestern wird Ihnen Ihr Freund W. Kalliwoda[2] geschrieben haben. Heute früh hat sich Liszt an das Schreibepult für Sie gesetzt und heute Abend ergreife ich zum ersten Male hier die Feder, nicht um Ihnen etwas Neues mitzutheilen, sondern nur um Ihnen zu sagen, wie sehr es mich freut, daß Liszt seinen Wunsch, Ihre Frau Gemahlin[3] und Sie zum Musikfeste einzuladen, verwirklicht sehen konnte, und Sie freundlichst zu ersuchen, doch so bald wie möglich Dresden den Rücken und also Karlsruhe Ihr Antlitz zuzukehren. Ihre Anwesenheit hier wird in hohem Grade nicht sowohl »utilis« als auch »dulcis« sein. Man muß den Karlsruhern ein wenig aufs Fell rücken, d. h. auf eine insinuante i. e. Pohlische Weise. Die hiesigen Sonderkünstler, specifischen Musiker erfreuen sich noch einer so paradiesischen Simplicität, einer so keuschen Unberührtheit von neunter Symphonie, Tannhäuser u. s. w., daß es ihnen sehr Noth thut, von den nicht specifischen

---

[1] (Geb. 1826) Musikschriftsteller, in den fünfziger Jahren unter dem Pseudonym Hoplit ständiger Mitarbeiter der „Neuen Zeitschrift für Musik"; einer der frühesten Anhänger der Wagner-Sache.
Sämmtliche Briefe an Herrn Pohl sind dem 5. Jahrg. Heft 5 der „Neuen Deutschen Rundschau" (Fischer, Berlin) entnommen.
[2] Wilhelm K., geb. 1827, Kapellmeister in Karlsruhe.
[3] Johanna geb. Eyth (1824—70) Harfenvirtuosin — in Weimar, später in Karlsruhe engagirt.

Musikern über diese specifische Musik belehrt zu werden. Das einzige, was Karlsruhe aus sich selbst hervorgebracht hat, aber auch das allereinzigste, ist die Armida von Gluck, die wird hier am 30. gegeben werden. Nun, Sie kommen, denke ich, ein wenig früher. Gestern waren wir in Baden. Liszt hat die Heinefetter zu den von ihr gewählten Arien aus „Titus" und „Prophet" engagirt. Joachim wird sein eigenes Concert und die Ciaconna von Bach spielen. Sollte Ihre Frau Gemahlin durchaus wünschen zu wissen, was ihrer Harfe beschieden sei — so nenne ich Ihnen hier kurz — Ouverture zum Struensee, Brautlied aus Lohengrin, ein paar Nummern aus Berlioz' Romeo und Julie.

Kalliwoda und Concertmeister Will freuen sich gleichfalls auf Ihre baldige Ankunft. Bezüglich des Programms hegen sie einige Vorurtheile als ziemlich exclusive Anhänger des verlebtesten Mendelssohnianismus. Da Liszt nach Mannheim und Darmstadt gereist war, so beehrten sie mich mit ihren Konfidenzen über diesen Punkt — weniger Kalliwoda, der ein sehr charmanter Mann. — — —

Ist es nicht zu unbescheiden, wenn ich Sie hierbei mit einer Bitte belästige? Diese besteht darin, daß Sie vielleicht die Güte hätten, beifolgendes mir von Herrn von Lüttichau geliehenes Theaterbillet, das ich in der Eile der Abreise vergessen abzugeben, in die Theaterexpedition senden zu wollen. Sehr freundlich wäre es auch von Ihnen, falls die Konstitutionelle Zeitung noch eine Kritik über mich gebracht hätte, mir vielleicht eine Nummer davon mit nach Karlsruhe mitzubringen.

Entschuldigen Sie vielmals diese Unbescheidenheit. Auf das hoffentlich recht baldige Vergnügen, Sie wiederzusehen.

163.

An die Mutter.

Karlsruhe, 25. Sept. 1853.

Theure Mutter!

Ich bin ganz trostlos. Kein Schlag konnte je mich tiefer treffen — niemals dieser unerwartete, ja nie gefürchtete Schlag heftiger.

Ich freute mich so ganz unendlich darauf, nach dem Musikfest mit Liszt in die Schweiz zu reisen — und dann Ihn zu besuchen, der es nie wissen kann, wie wahrhaft und innig ich Ihn geliebt habe. So ohne Abschied — auf ewig. Sein Vaterblick, der mir seit gestern ewig vor der Seele schwebt — Staub!

Es ist furchtbar. Ich kann es kaum noch fassen. So viel Hoffnungen auf ewig zertrümmert. Eure Versöhnung dahin — das Verhältniß, das ich erst jetzt mit ihm anzuknüpfen gedachte, dahin —; ich verwaist, ohne den Vater mehr, dessen Freude für mich, wenn ich dazu beitragen konnte, mir mit der Deinigen zusammen, hätte Ersatz bieten können für mein vergangenes und wahrscheinlich künftiges Mißgeschick!

Die Liebe meines Vaters — jetzt erkenne ich den unermeßlichen, unersetzlichen Werth derselben, da sie auf ewig für mich dahin ist. Der heilige Zusammenhang zwischen mir und ihm zerrissen — kein Vater mehr für mich!

Keiner in der ganzen Welt, der so aus innerstem Herzensgrunde „mein bester Freund" sein wollte und es auch war — er nicht mehr für mich existirend — ich nicht mehr für ihn, ich todt für ihn — ja, das ist auch ein Tod!

Es ist furchtbar — und dazu so bald, so perfid bald!

Konnte der Tod nicht noch ein Jahr warten, ihm und mir nicht noch die Freude eines Wiedersehens nach so langer Zeit gönnen! Und wäre diese Freude mit dem Schmerz des letzten Abschieds auf ewig verbunden — sein letzter Blick würde mir ja im Herzen eingegraben mich bis ans Ende meines ganzen übrigen Lebens begleitet haben.

Und er hat meiner wohl kaum mit der früheren Innigkeit gedacht — er hat weder gewußt, noch geglaubt, wie wirklich, wie herzlich ich ihn lieb gehabt. Alle Klagen fruchtlos — alle Hoffnung vernichtet. Mein Entschluß kann nicht schwanken, ich muß hin — wenn es möglich ist, noch einmal die theure Leiche küssen — jedenfalls den Ort sehen, wo ihn der Tod gefaßt, seine Frau, seine Kinder sehen, die sein letztes Lächeln, sein letztes Wort, seinen letzten Blick empfangen.

Gestern Nachmittag erfuhr ich es aus der Allgemeinen Zeitung. Liszt hatte vorvorgestern Deinen Brief erhalten, mir nichts gesagt; den Brief mit nach Baden genommen, wo er zwei Tage blieb, und erst als er gestern Abend zurückkehrte, gaben mir die Zeilen Deiner Hand die unwiderlegliche traurige Bestätigung dessen, was ich dem gedruckten Papier noch kaum hatte glauben können, so jäh und gedankenzerstörend war mir der Schlag.

Morgen Dienstag Abend hoffe ich auf Ötlishausen zu sein — Sonnabend früh erwartet mich Liszt wieder hier.

Ich habe ihm versprochen, am Mittwoch 5. Oct. zu spielen, eine Composition von ihm, und ich werde es thun, ich werde mich gefaßt haben.

Wie trägt es Isidore? Möge sie bald Ruhe und Ergebung erlangen und sich nicht zu sehr ihrem gerechten Schmerz hingeben — wir, die Überlebenden, haben Zeit den Todten zu beweinen — auf einmal können wir's ja nicht tragen, etwas, was uns das Herz stückweise zerreißt. Einstweilen, leb' wohl, theure Mutter, ich werde jeden Tag auf den Knieen beten, daß Du uns erhalten bleibest, Du, unser einziger Halt und Schutz jetzt. Lieb uns für ihn, wie wir Dich für ihn noch lieben wollen.

Dein tiefbetrübter Sohn
Hans

164.
An die Schwester.

Ötlishausen, 28. Sept. 1853.

Meine geliebte, theure Schwester!

Ich bin zu heftig erschüttert, zu schmerzlich ergriffen und ich möchte sagen, so zur Gedankenlosigkeit oder Unfähigkeit verstumpft, daß ich es nicht vermag, Deinen schönen Brief, den ich bei meiner Abreise von Karlsruhe eben noch empfing, so zu beantworten, wie er es verdient, Dir etwas Ähnliches zu geben oder vielmehr zu erwidern, was Du mir gegeben hast. Die Thränen, welche mir bei Deinen Trauerworten hell und reißend über die Wangen rannen, hatten mich von Neuen so erleichtert, gestärkt, daß ich die beschwerliche Reise bei meiner Angegriffenheit ohne Gefahr für meine körperliche Gesundheit unternehmen und ausführen konnte. —

Wie mir hier um's Herz sein mußte, wird Deine zärtliche Schwesterliebe wohl begreifen, wie jede der unzähligen Erinnerungen an den von mir ebenso Vielgeliebten — wiewohl er's nicht recht geglaubt hat — als Hochverehrten mit dem Bilde des uns für ewig Entrissenen mir auch den stechendsten Schmerz über seine Abwesenheit erwecken mußte. — Ich hätte Dich und die Mama so gern hier gehabt — wir hätten durch unser Zusammensein Herzenswohlthaten empfangen, die Ihr nun gar nicht, ich nur halb erhalten konnte. Louise sowohl als unsere beiden kleinen Brüder, von denen Willi, so oft er mich in heftiges Weinen ausbrechen sah, den Grund in Papa's Abwesenheit vermuthete, haben mich hier sehr aufgerichtet — nicht aus dem Grame, nein, im Grame selbst. Das blühende Leben der beiden Kleinen — der plötzliche schmerzlose Tod unseres theuren Vaters, läßt jene Nachtgedanken des Todes, jenes Grauen wie es sich sonst wohl vermischen mag mit dem Aufschrei der Verzweiflung bei der sichtbaren Hinwegnahme der Liebsten von uns — nicht aufkommen. — Ich habe doch sehr wohl daran gethan, hierher zu kommen — vorgestern Abend langte ich spät an und morgen früh reise ich ohne Unterbrechung nach Karlsruhe zurück, wo ich Liszt, mir selbst und meinem unendlich theuren, in meinem Herzen auf ewig fortlebenden Vater — meine Gegenwart schuldig bin.

Er würde wirklich manche Freude haben an mir erleben können; ich dachte mir unser Zusammenleben nach dem Karlsruher Feste — denn ich war fest entschlossen, ihn dann mit einem längeren Besuch zu überraschen — so schön, so beruhigend und belebend für mich. — Ich hätte ihm alle meine kleinen und großen Schmerzen und Freuden so haarklein vorerzählt, er würde mir wahrscheinlich gern und selbst geduldig zugehört haben — für ihn hatte ich mir alle gedruckten Spuren und Zeichen meiner ersten Künstlerreise gesammelt, die für mich selbst fast werthlos waren; er hätte mir zu Gefallen ein wenig den Virtuosenpapa gespielt. —

Ich habe keinen Theilnehmer mehr im Leben, so wie ihn, für all mein künftiges Schicksal — nur Er konnte es sein, nicht blos als Vater, sondern als Mann, Charakter, als mein wahrster, bester und — o daß er's doch hätte erfahren können — liebster Freund!

Wie es mir körperlich wohlgethan hat, die ermüdende und somit auch meinen Schmerz entkräftende Reise zu machen, so war es meinem Herzen das dringendste, unabweisbarste Bedürfniß, Ihn in seiner Wohnung, bei seiner Familie noch einmal nahe zu treten, sein Zimmer zu sehen — ich will nicht fortfahren, mich meinem Schmerz hinzugeben.

Heute habe ich Seine Bibliothek geordnet und den Katalog gefertigt — für Mama, wenn sie mit Dir, wie ich hoffe und Euch Beide inständigst bitte, bei der Rückreise einige Tage bei Louisen verweilt, die sich herzlich nach Euch sehnt. Sie erwartet Euch bestimmt, nach Mama's Versprechen.

Wenn Ihr an Ihn glaubt, daß er jetzt nicht mehr mit den trüben Gläsern irdisch befangener Augen, sondern mit reinem, durchdringenden, unmittelbaren Blick in unsere Herzen sieht, so müßt Ihr herkommen, den Altar seines Zimmers betreten, ihm den Kultus der Versöhnung, der völligen, rückhaltlosen, mit seiner Frau darbringen!

In Seinem Novalis, der wie sein ganzer Sekretär, und Alles was darauf und darum ist, heilig unberührt steht, liegt noch ein Brief, copirt von Mama's Hand. — Er hat Novalis in der letzten Zeit seines Lebens viel gelesen, oft Notizen dazu gemacht — Mama's Brief sicher und gewiß in Händen gehabt und die Empfindungen die ihm dabei das Herz durchzogen, werden vielleicht schmerzlich irrende, ohne Zweifel aber nur edle und reine gewesen sein. — Also da ich nicht mit Euch habe hier zusammen sein können, so kommt mir bald hierher nach. Mit Willi habe ich mich sehr befreundet. Ich hoffe, ihn jedenfalls an mich zu attachiren — er sieht Papa so ähnlich.

Wenn hier von einem persönlichen Trost überhaupt gesprochen werden kann, so geben ihn mir diese Brüder, die ich von Herzen lieb halten werde, wie Du auch, nicht wahr? In der Kapelle war ich noch nicht — heute Abend gehen wir hinein. Zwei Dinge habe ich mit Louisen vereinbart, die geschehen müssen, so lange ich Kraft habe, einen Willen zu zeigen: 1) die Herstellung der Kapelle und Umgebung mit einem Gitter, 2) die Unveräußerlichkeit derselben bei einem etwaigen und Louisen wohl sehr anzurathenden Verkauf des Schlosses.

Eine Lithographie nach dem Daguerreotyp sollte auch bald besorgt werden, meine ich. Ich werde hiefür Schritte thun, wie auch für würdige Meldung Seines Todes. Ich schreibe übermorgen deßhalb an Gutzkow.

Hoffentlich bleibe ich gesund. Am 5. Oktober spiele ich in Karlsruhe. Liszt, bevor er mich entließ, nahm mir dies Versprechen ab.

Vielleicht spiele ich bald darauf anderwärts, um mir Geld zu schaffen.

Wie es mit meiner Heimatsfrage wird, weiß Gott. Alle diese Sorgen bedrängen mich und verbittern mir selbst die ruhige Trauer, der ich mich jetzt zu meinem Besten widmen sollte — da das ruhige Glück des gehofften Zusammenlebens mit meinem Vater nun für ewig vernichtet ist.

Könnte ich doch wissen, sehen, wie es Euch geht, mit Euch weinen und — in jener Trauer, wie sie dem Verewigten gebührt — heiteren Muth zu fassen suchen.

Du kannst mir keine größere Freude machen, als Dich mir recht bald in vollem frischen Wohlsein zeigen.

Wenn ich Dir so selten schrieb, halte es für keinen Mangel an Zärtlichkeit. Die Sorgen für mich — und sie sind jetzt so bringend heftig — lassen mir keine Zeit zu Herzensergießungen. Erst muß ich selbst etwas werden oder geworden sein — dann kann ich Euch etwas sein.

An Mama schreibe ich wahrscheinlich noch heute Abend und gebe den Brief morgen früh in Romanshorn auf die Post — oder erst aus Karlsruhe — da ich wirklich keinen Überfluß an Kraft habe.

Joachim, den ich nach langer Zeit wiedersah, Liszt und auch Pruckner, der mir bei dem ersten Schlage beistand, haben sich sehr schön mit mir benommen.

Es sind so unzählige, unermeßliche Erinnerungen, die mir auf's Neue das Herz zerreißen können, vorhanden, daß ich zwischen diesen gefährlichen Klippen das schwarze Schiff jener stilleren heiligeren Trauer, wie sie ihm gebührt, hindurchführen muß mit Vorsicht und gemessenem Denken.

Leb wohl, theure Schwester, nochmals innigen Dank für Deinen schönen Brief. Behalte lieb
Deinen tiefbetrübten Bruder
Hans.

165.

An Joachim Raff.

Romanshorn, 29. Sept. 1853.

Mein lieber Freund!

So eben habe ich das Haus meines verewigten Vaters, die Stätte seines Todes verlassen, an die ich von Karlsruhe aus durch die ebenso tiefschmerzliche als unerwartete, nie gefürchtete Schreckensbotschaft gerufen worden war.

Es war ein harter, herber Schlag des Schicksals und noch ist es mir kaum gelungen, jene nöthige Fassung und Ergebung zu gewinnen, durch welche man fähig wird, seine Herzenswunden zu tragen. Nach langer Trennung hatte ich sehnlich gehofft, wenn das Musikfest vorüber gewesen, einige Wochen in seiner Nähe zuzubringen, mich Ihm da ganz zu widmen und uns Beiden die namentlich mir so bringende Wohlthat eines erneuerten innigen geistigen Verkehrs zu gewähren. Wir hatten so viel Verwandtes, und waren uns durch meine Schuld, und gewissermaßen wieder nicht durch meine Schuld, so sehr entfremdet worden. Die eiserne schonungslose Nothwendigkeit hat es nicht gestattet, ihn wiederzusehen, und er mußte ohne Abschied, ohne mich gesegnet zu haben, von hinnen scheiden. Er ist schmerzlos und ganz plötzlich am 16. September Morgens 8 Uhr verschieden; ein einziger und letzter Seufzer bezeichnete sein augenblickliches Ende, das Niemand voraussah oder ahnte; ein von ihm wenig beachtetes Leiden, das plötzlich den Bruch des Herzens herbeiführte, brachte ihm den Tod, der schön wie ein griechischer, ohne häßliche Zerstörung, ihm entgegentrat.

Eine Woche später erfuhr ich Unglücklicher erst, daß ich verwaist und vaterlos sei.

Ich will jedoch nicht weiter einen Schmerz durch Äußerung profaniren, der zum Inhalte ein so heiliges Andenken hat.

Bedauern Sie mich, lieber Freund.

Ich melde Ihnen diese Trauerkunde hier aus Romanshorn, wo ich das Dampfboot erwarte, das mich wieder nach Karlsruhe und zu einer energischen Thätigkeit überhaupt, hoffe ich, bringen soll —; ich thue es namentlich deßwegen von hier aus, weil ich mich Ihrer hier lebhaftest wieder erinnere — ich habe so das Gefühl, als seien wir Beide hier diesem Lande verwandt, und also Landsleute. Sie haben ihre Wiege nicht fern vom Grabe meines seligen Vaters.

Und darum bitte ich Sie nun auch, lassen Sie wieder eine freundliche Gemeinsamkeit unter uns treten, jene frühere Herzlichkeit, die es mir weh thut verschwunden zu wissen. Nicht blos unsere künstlerischen, auch unsere socialen Interessen und Verhältnisse haben ja etwas Solidarisches. Vergeben Sie mir, was ich etwa aus Unüberlegtheit, nicht aus bösem Willen, gegen Sie gefehlt. Seien Sie mir wieder Freund wie ehemals — ich bin Ihnen gewiß im Andenken an frühere Zeit lebhaft dankbar.

Sobald ich über mein Denken wieder einigermaßen Herr geworden bin und im Stande, ein Ihrer „Frühlingsboten" würdiges Wort hervorzustammeln, werde ich Ihren, Liszt ausgesprochenen Wunsch erfüllen.

Leben Sie wohl — möchte Ihr Geschick bald die erfreulichste, die verdienteste Wendung nehmen! Grüßen Sie Klindworth herzlich. Noch vielen Dank für den reiseverkürzenden Psalm, der mich sehr angemuthet hat.

166.
An die Mutter.

Karlsruhe, 12. Oktober 1853.

Geliebte, theure Mutter!

Seit Montag erwarte ich Dich hier in Karlsruhe, wo mir zwei an Dich adressirte Briefe, die ich hier beilege, zugekommen sind, und heute endlich einer, der mir Auskunft giebt über Euer mich beängstigendes Ausbleiben.

Am Donnerstag reisten wir sechs junge Leute (Joachim, Cornelius, Pruckner u. s. w.) mit Liszt, der Fürstin Wittgenstein, Prinzeß Marie und deren Cousin Eugen W[ittgenstein] nach Basel, wo Liszt Wagner Rendezvous gegeben hatte. Du hattest mir geschrieben, Ihr würdet über Basel nach Karlsruhe reisen und dort am Sonnabend eintreffen. Grund genug für mich Euch da entgegen zu kommen, noch dazu, da Ihr mir aufgetragen, Euch Briefe dahin poste restante zu adressiren. Wir hatten dort zwei schöne Tage.

Liszt trank mit mir in Kirschwasser Brüderschaft. — Samstag Mittag fuhren wir, d. h. nur noch Wittgensteins, Liszt, Wagner, Joachim und ich nach Straßburg (der Münster hat mir einen so erhebenden, einzig imposanten Eindruck gemacht, daß ich jetzt noch darüber glücklich bin), von wo Joachim und ich die Rückreise zuerst nach Baden-Baden antraten, die anderen sich auf zehn Tage nach Paris begaben. Montag kam ich hierher zurück und sitze nun sehr traurig und seitdem auch ganz mutterseelenallein hier im Gasthof, bei allen Eisenbahnankünften mich nach dem Bahnhof aufmachend, denn da Briefe an Dich hier ankamen, so mußte ich natürlich immer glauben, es sei nur eine kleine Verspätung eingetreten und ich könne Euch jede Stunde erwarten.

Das Nächste zuerst. Ich mache über Stuttgart für meinen Reiseplan (davon nachher) keinen time- oder money-Umweg, werde also morgen dort hinreisen, wo ich vielleicht Gall bestimmen kann, mich im Theater spielen zu lassen, und mir so ein kleines Honorar verdienen.

Möglich, daß ich hier noch bei Hofe spielen kann — ich glaube aber nicht — Graf Leiningen, Hofmarschall, den ich heute früh besuchte, und der, wie es scheint, Interesse an mir nimmt, hat mir versprochen, mich heute Nachmittag noch einmal zu besuchen. Ich habe in dem Hofconcert Mittwoch Abend, wie auch am Vormittag im zweiten Festconcert, den glücklichsten Erfolg gehabt, — daher glaube ich kaum „den letzten Stummel dieser Cigarre noch einmal zu rauchen" (mot de Berlioz).

In Stuttgart bin ich viel mehr in Eurer Nähe, wegen der Antwort, die ich Dich auf diese Zeilen mir umgehend zukommen zu lassen bitte, und dann kann ich Euch ja selbst bei Eurer Durchreise sehen, wenn es nicht zu spät dazu wird. Also bitte — Stuttgart, „König von Würtemberg".

Liszt's Plan für mich ist, daß ich Anfangs nächsten Jahres nach Paris gehe; am 22. October ist er in Weimar zurück. Er glaubt, daß ich das Schlimmste hinter mir habe und mir eine Stellung in Paris am leichtesten anbahnen kann. Doch, wie gesagt, hierüber ist ja die Discussion noch nicht geschlossen.

Liszt's und mein nächster Plan für mich ist Dresden. Anfang November habe ich dort in einem Concerte, das ein Kammermusikus mit der ganzen Kapelle giebt, mitzuwirken versprochen; ein Punkt, den ich jedenfalls halten will. Wagner hat mich ferner mit Lohengrin- und Tannhäuser-Arrangements beauftragt, und ich bin sicher, mit diesen Arbeiten, die nicht viel Zögerung dulden, etwas zu verdienen. W[agners]'s und Meser's Gläubiger haben jetzt den Tannhäuser entreprenirt, und ich kann die Bedingungen machen — da es jetzt ein ungeheuer rentables Geschäft wird. Zu diesen Arbeiten brauche ich Ruhe und einen neutralen Boden. Im November werde ich in Leipzig im Abonnementconcert debütiren müssen. Dresden paßt mir ganz gut. Mein Erfolg war bedeutend; überhaupt bin ich fast erstaunt, jetzt so viel von mir geschrieben zu lesen und Prädikate wie „genial" in Zeitungen, wie die „Illustrirte", an mich verschwendet zu sehen.

Was wirst Du nun thun? Davon hängt es auch ab, was ich vorzunehmen habe. Ich brauche Geld. Deshalb sei so großmüthig, mir zu vergeben, wenn ich die Indiscretion begehe, Dir einen mir gemachten Vorschlag nur mitzutheilen und meinem Schwure zu glauben, daß ich nie ohne Deine Befragung und Genehmigung daran denken mochte, ihn anzunehmen.

Madame Ritter — Liszt steht in intimster Beziehung zu der ganzen Familie — hat mir angeboten, bei ihr eine Zeitlang zu wohnen, da sie hörte, daß ich nach Dresden zurückkehren würde, wegen der Zusage zu einem Concerte. Alexander R[itter] ist in Breslau als Violinspieler, Carl R[itter] in Pillnitz, — steht auf dem Punkte sächsischer Unterthan zu werden und ist Bräutigam — also wahrhaftig gibt es auch hier tempi passati — ich könnte in Dresden also eine treffliche Wohnung, Flügel, Ungestörtheit in der Arbeit, nöthigenfalls Pflege haben.

Gott bewahre mich, auf Deine Entscheidung influiren zu wollen, oder nur daran zu denken, Deine Antipathie zu diskutiren. Ich war nur schuldig, es Dir mitzutheilen, weil es Dich vorläufig noch von der Sorge für mich, die mir ebenso viel, glaube, innerliche Schmerzen macht, als Dir — befreien könnte. Verzeih also, grolle mir nicht deshalb.

In Stuttgart bitte ich Dich, nun ich Dir meine nächsten musikalischen Pläne mitgetheilt, um baldige Antwort. Mir ist Alles so grundgleichgültig, wie es jetzt nur meinem todten Vater sein kann. Ich mag seiner in diesem äußerlichen Briefe nicht heute erwähnen.

Ich bin innerlich so matt und todt, daß ich Dir in etwaigen Geschäften keine willensabhängigen, sondern nur mechanische Dienste leisten könnte.

Es freut mich unsagbar, daß Ihr Alle in Ötlishausen zusammen seid und so den theuren Vater ehrt. Ich bin tief und sehr nachhaltig erschüttert.

Bleib mir nur gut und verlaß mich nicht. Bleibt gesund und vom Himmel behütet! Isidoren Alles, was sich von selbst versteht.

Dein Dich liebender Sohn
Hans.

Joachim kann mich in Hannover vielleicht als Pianist (Hof-) anstellen lassen. Gehalt 200 ℳ für ½ Jahr — ich kann aber dabei viel Stunden geben. — Ah — mon dieu!

Daß eine Seelenstimmung, eine Heftigkeit und Tiefe des Schmerzes, wie sie sich in den vorstehenden Briefen offenbart, nicht ohne Unterbrechung fortbestehen kann, namentlich nicht da, wo Jugend und eine außerordentlich starke moralische Tragkraft sich gegen sie verbünden, liegt in der menschlichen Natur überhaupt begründet. Ganz besonders trifft dies aber bei einer Natur wie die Bülow'sche zu. Sie hieß ihn jede seiner Stimmungen auf die äußerste Spitze treiben; war diese Stimmung heute eine schmerzliche, so schlug sie morgen durch das leidenschaftliche Bestreben nach Wiedererlangung des Seelengleichgewichts in eine lärmende Lustigkeit um, die den oberflächlichen Beobachter über den wahren Grundton seiner Stimmung leicht täuschen konnte. Daraus entstanden viele scheinbare Widersprüche, die in unzähligen Fällen Anlaß zu falschen Beurtheilungen seines Wesens gaben. Im Allgemeinen aber handelte es sich dabei weniger um Widersprüche, als um eine natürliche Reaktion, einen kräftigen Versuch sich aus den Fesseln lähmender Verzweiflung durch neue Eindrücke zu befreien. Es war, als ob auf diese Weise die Natur nach jeder Krisis sich selbst hätte helfen, ihr verhängnißvolles

Geschenk einer Sensibilität, einer Leidensfähigkeit ohne Gleichen — die dem Künstler in ihm so außerordentlich zu statten kam — durch das Correktiv einer beispiellosen Elasticität hätte ausgleichen wollen.

Der nächste Brief ist ein Beispiel davon und würde fast berühren wie eine allzu unvermittelte Harmonieenfolge, wenn man nicht wüßte, daß zwischen dem Ausdruck schneidenden Wehs und dieser Art von übermüthiger Lustigkeit ein geheimer Zusammenhang besteht.

167.

An Peter Cornelius.

[Karlsruhe, 13. October 1853.]

Mein lieber Freund!

Gewarnt habe ich Euch — aber Ihr habt doch durchaus abreisen wollen — hindern konnte, fordern wollte ich Euch nicht! Nun seht!

Joachim hat seine Brille vergessen und wird nun an Verstopfung der Augen leiden — Du hast Dein Portefeuille vergessen und was hilft es, wenn Du noch so viel Piesporter trinkst, ein Paßporter bist Du in diesem Augenblick nicht mehr. Pruckner hat seinen Frack mit dem meinigen vertauscht und darin 1) ein rothseidenes Taschentuch 2) eine Haarbürste mit Kamm und Spiegel 3) ein paar schwarze Handschuhe und ein halbes ditto liegen lassen.

Pauper ego! Pauperior Pruckner!

Seht! Seht! Seht!

Wenn ich nun nicht wäre! Wenn Euch eine solche Geschichte mit Meyerbeer oder Schindelmeißer passirt wäre Ja! Hm! Volti Subito!

Ich habe hier zwei Tage zugebracht, scheußlich, Ihr habt keine Idee davon! Außer Kalliwoda, Leiningen und Will keinen Gihne¹ gesehen! Endlich avertirt mich ein Brief meiner Mutter, daß ich sie hier nicht erwarten solle, — sondern in Stuttgart. Ich reise heute dahin — erst aber sende ich Dir Deine Brieftasche nach, ich liebevoller Mime!

An die Schott'sche Musikzeitung habe ich gestern und heute im Schlafrock und Unterbeinkleidern — die Morgenkühle vertrug nicht das nationalere Kostüm — Berichte zu schreiben angefangen, schrieb aber zu bissig, namentlich gegen die Blätter für Geist und Gemüth, und lasse also lieber, was ich jetzt nicht thun kann. Thue Du's, Du verstehst das verständig zu machen, was ich nun einmal nicht anders als im Tone der Frechheit zu thun vermag.

Schreib mir bald nach Dresden poste restante oder per Adresse Herrn Karl Ritter, Ostra-Allee 10 d, ich werde dort über Hermann Kurz oder Otto Lange jedenfalls eintreffen.

Und Eure Gänseleberpastete, was soll ich damit anfangen — in jungfräulicher Unberührtheit steht sie noch da — nur Philipp oder Perez schien mir neulich, als ich nach einer temporären kleinen Abwesenheit wieder mein Zimmer betrat, Nachforschungen nach der Stelle zu machen, wo ich diese Kroninsignien verkoßuthet² und die Stelle richtig zu wittern!

Da, in der höchsten Noth, kam ich gerade dazu. Ach

---

[1] Vermuthlich: gine, das Arabische für Genius, Dämon.
[2] Eine Anspielung auf das Suchen der Österreicher nach den durch Koßuth verborgenen ungarischen Kroninsignien.

Gott — ne heert emol, s' is wirklich scheißlich lädern — jetzt nachdem wir so vergnügt beisomme gewäst — diese Öde, Einsamkeit, dieses interesselose Dasein!

Gestern war ich aus Verzweiflung bei Madame H. und unterhielt mich mit ihr so ein anderthalb Stunden, sie war recht ämabel und amüsant — und, weeß Kott, man braucht kein Petrarca zu sein — aberst — schade, schade, daß keine Suite an diese Unterhaltung anzuknüpfen war — ich wäre so gerne hier Suitier geworden!

Ich schließe. — Mir ist scheußlich zu Muthe! Adieu.

    Unterschrift des Inhabers.
     [Adresse:] Herrn Eigenthümer dieses.[1]
    Unjeheuer Wohljeboren.

168.

An die Mutter.

Nürnberg, 25. October, [1853] früh 5 Uhr.

Geliebte Mutter!

Deinen Brief aus Heidelberg habe ich in Stuttgart erhalten, wo ich erst am Sonnabend von Gall eine definitive, höflich bedauernde, negative Antwort erhielt. Der König sei dagegen — es sei ihm fatal — ein Aristokrat von Geburt als Künstler. Gut. Ich hatte so bereits gepackt und wartete stündlich auf einen Brief von Louisen. Der kam denn endlich am Sonntag früh, jedoch zu spät,

---

[1] Nämlich des zurückgelassenen Portefeuilles.

weil sie mich darin ersuchte, ihre Ankunft aus Romanshorn in Friedrichshafen zu erwarten (um 10 Uhr früh). Ich telegraphirte sofort hin — es sei zu spät — sie möge noch den nämlichen Tag bis Nürnberg reisen, wo ich sie abends erwarten wollte.

Da ich nach etwa sechs Stunden keine Antwort auf meine Depesche erhalten — und jedenfalls, wie mir die Beamten versicherten, im Fall einer Nichtabgabe der Depesche, dieses zurück berichtet worden wäre, so mußte ich den Empfang als sicher annehmen und reiste ab.

Bis zu diesem Momente, wo ich in Nürnberg auf die Ankunft der Familie ungeduldigst harre, ist mir nun noch nicht das Geringste mitgetheilt worden, und ich bin ziemlich unruhig und gequält in jeder Hinsicht, namentlich weil ich mich auch unwohl fühle und bald zur Ruhe kommen möchte. Einstweilen habe ich nur die allereinzige Beruhigung, daß ich nichts anderes hätte thun können, als was ich gethan.

Länger als bis zum heutigen Mittagszuge kann ich nun nicht mehr harren; kommt sie dann nicht, so eile ich weiter und zwar so, daß ich morgen Abend spätestens ½6 Uhr in Dresden eintreffe.

Ist es Dein Wunsch, daß ich dann nach Berlin gehe, so kann es ja von Dresden aus geschehen. Nun möchte ich freilich, und müßte bei meiner Ankunft in Dresden erfahren, wo Du Dich niedergelassen hast.

Finde ich Eure Adresse nicht, so muß ich im Hotel absteigen, also Hôtel de France, wo man mich bereits kennt.

169.

An Franz Liszt.

Dresden, 29. Oktober 1853.
Lüttichaustraße Nr. 29.

Mein hochverehrter Freund und Meister!

Trotzdem ich nicht so glücklich sein konnte, am 22. October meinen Glückwunsch in Ihre Hände gelangen zu lassen, versichere ich Ihnen doch, daß — mit wenigen Ausnahmen — an diesem Tage Niemand innigere Empfindungen der Verehrung und Dankbarkeit für Sie hegen konnte, als meine Unbedeutendheit. Der Brief meiner Mutter, in welchem sie mir das Glück der Begegnung mit Ihnen in Heidelberg mittheilte, traf mich zu spät, der ich des Glaubens war, Sie würden Paris nicht sobald verlassen und jenen Festtag im Kreise Ihrer Familie zubringen. Alles, was ich Ihnen bei dieser Gelegenheit aussprechen könnte, kommt mir so entsetzlich klein und gewöhnlich vor gegen das, was ich Ihnen aussprechen möchte; es ist mir eben am 22. Oktober so zu Herzen, wie es mir früher an einem Ostertage war.

Nur Eines — der kurze Überblick der jüngsten Vergangenheit drängt es mir auf — muß ich Ihnen wiederholen; es ist der Ausdruck einer unbegrenzten Dankbarkeit, mit welcher ich dem, der so oft für mich die Stelle einer väterlichen Vorsehung vertrat, leider nur eine schwache Rechtfertigung seiner Wohlthaten für die Zukunft, welche es mir hoffentlich verstatten wird, von meinen Gefühlen Beweis zu geben, zu bieten vermag.

Seit Ihrer Rückkehr von Paris haben Sie auf's Neue bereits meine lebhafteste Dankbarkeit angeregt. Meine Mutter ist auf das Innigste gerührt von der Güte und Herzlichkeit, welche Sie und die Frau Fürstin ihr bei ihrem neulichen Besuche in Weimar erwiesen haben.

Seit vorgestern bin ich wieder mit ihr in Dresden zusammengetroffen, wo ich nun also bis zu meiner etwaigen Reise nach Paris — Ihrer Bestimmung gemäß — ruhig einige Wochen zuzubringen gedenke.

Ich hatte anfänglich die Absicht, die Wittwe meines Vaters mit ihrer Familie von Stuttgart nach Berlin zu begleiten, doch war es mir nicht ermöglicht worden ihr auf der Reise, trotz vielfacher Bemühung, zu begegnen.

In Leipzig blieb ich zwei Tage. Es interessirte mich natürlich, dem Abonnementconcerte beizuwohnen, in welchem Wieniawski Ihre zweite ungarische Rhapsodie vortragen würde. Er spielte recht brav, sehr sicher, präcis, rein, klangvoll, kräftig, virtuos. Zu tadeln war etwa höchstens manchmal die linke Hand und eine gewissermaßen u n t o t a l e Auffassung des Ganzen. Die Steigerung im Anfange der Friska kam nicht heraus, weil er sich gleich anfangs im Tempo (Schnelle und Stärke) übernommen. Das Publikum war sehr dankbar für den Ausführenden und die Freude an der Composition sehr lebhaft und allgemein. Man brauchte nicht das Entzücken des Barometers Senff zur Beurtheilung dieses Eindruckes.

Concertmeister David traf ich nicht zu Haus. Mit Brendel — der namentlich auf Raff's Wunsch den Hinrichs'schen

Artikel nächste Woche druckt — und Schloenbach war ich den einen Abend zusammen, wie den andern mit Senff, Wenzel, Götze, Grimm, u. s. w. Schloenbach wollte am Sonnabende sein Trauerspiel „der letzte König von Thüringen" im Hôtel de Pologne öffentlich vorlesen und sich dann erkundigen, ob in Weimar am Hofe diese Vorlesung ebenfalls statt haben könne.

Brendel war anfangs ein wenig piquirt, um einer eventuellen Piquirtheit von meiner Seite wegen der Hinrichs'schen Artikel zuvorzukommen — indem er meinte, ich allein habe ihn ja zuerst die Hallenser (Franz und Hinrichs), von denen er nichts wissen gewollt, acceptiren lassen. Doch wurde er zuletzt sehr der Alte.

Hier in Dresden bin ich zuvörderst bei Hähnel gewesen um Ihren Auftrag zu erfüllen. Den alten Carl August will er nicht liefern, er sei zu verwerfen, zu einem neuen hat er noch keine Zeit gehabt, doch will er sich sofort daran machen und Ende November soll er in Weimar angelangt sein. Ich hoffe, wir werden uns öfter sehen im Vereine mit Pohl und Ritter, der (trotz R. W.) Hähnel sehr gern cultivirt.

Pohl hat sich sehr über Ihren Brief gefreut und wird Ihnen nächstens antworten. Er denkt, über das Musikfest schließlich eine Broschüre (in Leipzig bei Hinze) herauszugeben. Das wird etwas Bleibendes sein den ephemeren Journalartikeln gegenüber.

170.

An Franz Liszt.

Dresde, 5 Novembre 1853.

Mon très-cher et illustre maître!

Que je vous dois de remercîments pour la belle et longue lettre, par laquelle vous avez si tôt daigné me rafraîchir l'esprit et le cœur! Je me suis empressé de suite de faire les commissions dont vous avez bien voulu me charger, pour pouvoir vous répondre sans retard et commencer ainsi à éteindre la fort mauvaise opinion que je vous ai fait concevoir de mes qualités de correspondant l'hiver passé.

Je me sens en verité terriblement malheureux et accablé de chagrin, de n'avoir pas pu un peu mieux justifier votre confiance pour l'affaire Berlioz.

Madame de Lüttichau est en ce moment tellement indisposée, qu'elle est obligée de garder le lit depuis plusieurs jours et que d'ici à quelque temps encore, elle ne pourra recevoir ni ma visite, ni même celle de ma mère. Sachant de plus par de nombreuses expériences que son influence sur Mr. de Lüttichau n'outrepassait point les relations matrimoniales, je me suis rendu bravement chez son Excellence, sous le prétexte fort naturel de lui présenter mes hommages. Dans le cours de la conversation j'ai entamé le chapitre Berlioz, en lui faisant l'observation, comme venant de vous, de l'avantage qu'il y aurait à profiter du séjour momentané de Berlioz en Allemagne, en l'engageant pour un concert à Dresde, qui ne pourrait manquer d'éveiller un intérêt immense et général, vu le revirement remarquable de l'opinion des artistes allemands sur Berlioz et les récents et éclatants triomphes de ce dernier à Brunswick et à Hanovre. — La réponse de Son Excellence fut d'abord évasive, puis entièrement négative:

»*Concert im Theater ist jetzt ganz unmöglich. Das geht gar nicht an, weil jetzt alle Tage Abonnement ist und die Abonnenten Theater haben wollen und kein Concert. Man muss auf's Publikum Rücksicht nehmen; wenn das Publikum nicht hineingeht, so kann das Theater nicht bestehen.*«

Néanmoins, il n'y aurait pas encore à désespérer, si le temps n'était pas aussi court. Il aurait aussi fallu préparer ceci moyennant la presse, qui aurait pu être à ma disposition par mes anciennes relations d'université. — Cependant j'irai encore une fois chez Carus, lequel est censé avoir de l'influence en suprême lieu et un certain ascendant sur l'intendant; je l'ai manqué hier. J'irai voir aussi Krebs, auquel je représenterai la jouissance du malaise que ressentirait Reissiger à l'arrivée de Berlioz. Krebs, de plus, a fait exécuter l'hiver passé, dans un concert au théâtre, l'ouverture des »Francs-Juges«. Ce qu'il y aurait de mieux encore serait que Berlioz s'adressât directement à Mr. de Lüttichau, ce qu'il n'a pas encore fait jusqu'à présent, comme vous le supposiez.

Pohl dédiera sa brochure au comte de Linanges. Je lui ai conseillé de changer la forme de correspondance en celle de mémoire, qui serait plus objective de fait et d'apparence, moins journaliste. Comme ce changement ne retardera pas du tout la publication, il l'a adopté. Un seul doute lui reste encore — c'est, s'il ne faudrait pas d'abord obtenir la permission de la dédicace de Mr. le comte de Linanges. Nous avons été bien aises — et vous assurément aussi — de lire enfin dans la gazette d'Augsbourg du 2 Novembre l'anticritique de Pohl. Une telle rectification dans ce journal universel était non seulement désirable, elle était indispensable.

Si Spina ne met pas autant de négligence à me répondre que je ne mets d'empressement à lui écrire, j'espère entrer ces jours-ci en possession de la précieuse partition, que j'attends impatiemment.

J'ai porté à Häbnel les deux cahiers du »Gradus ad Parnassum« de Czerny, sans oublier de lui dire mille choses aimables de votre part et de celle de Mme la Princesse. Il a été fort touché de votre attention. Le paquet de musique contenant des compositions de vous, il l'a reçu depuis bien longtemps. Sa fille étudie les Lieder de Beethoven transcrits par vous. Il vous écrira prochainement et espère pouvoir se rendre à votre invitation à Weimar dans une quinzaine, où il compte avoir fini un Charles Auguste présentable selon lui, qualité qu'il s'obstine à ne point reconnaître à sa première esquisse.

Singer m'a écrit aujourd'hui. Il n'a encore reçu aucun signe de vie de l'intendant du théâtre de Weimar, et ne sait vraiment à quoi s'en tenir sur son engagement là-bas, qui le rendrait fort heureux.

Hier soir il m'a fallu entendre le second Concerto de Chopin, matérialisé sous les doigts de Mlle Marie Wieck qui va le jouer au prochain Gewandhausconcert. Papa Wieck, qui s'est montré assez aimable envers moi, et dont la vanité jouit encore avec délices et malgré lui de la soirée que vous avez bien voulu passer chez lui à Dresde — succombera prochainement à la jaunisse, qu'il ne manquera pas d'attraper, à cause des soirées de Trios et Duos que Monsieur Jenny Lind arrange en compagnie de Schubert et Kummer.

Charles Mayer court les rues, fou d'amour pour une jeune pianiste russe Mlle de Harder, soi-disant élève de Chopin, qui va jouer son Concerto Symphonique au profit des pauvres.

Je serais fort heureux si j'avais en mains, ainsi que vous le supposez, la partition de votre »Festgesang«. J'aurais pu satisfaire mon très vif désir de l'étudier à fond et de me laisser influencer, autant que possible, par l'élévation et la grandeur des idées et des sentiments musicaux, qui y sont contenus, qualités dont doit être vivement touché quiconque sent vibrer en lui une corde artistique. Ritter, à qui j'en ai joué quelques fragments que mes doigts avaient retenu — l'ensemble ne m'est resté que dans la mémoire — en était enchanté à en avoir les yeux luisants de joie. Il vous demande la permission de dédier à cette œuvre un »*Minoritätsgutachten*« dans la gazette de Brendel, auquel il ajoutera un article sur votre messe. Cette permission que je vous demande en son nom, naturellement, vous ne pourriez nous l'octroyer qu'en nous en envoyant la partition. Voilà que j'apprends maintenant par vous, que la partition que nous désirons, vous la cherchez vainement vous-même chez ceux qui s'y intéressent au plus haut degré. Est-ce que vous l'auriez par hasard prêtée à Cornelius? Sans votre permission, personne de nous, je vous assure, n'aurait osé vous »l'emprunter sans prévenir le propriétaire«. Peut-être qu'elle est chez Kalliwoda, parmi les autres partitions qui appartiennent à l'institut de Carlsruhe depuis le Festival.

Je tiendrai ces jours-ci la promesse que je vous ai faite à Carlsruhe, d'écrire quelques mots sur les »*Frühlingsboten*« de Raff. J'espère satisfaire l'auteur, duquel je suis entièrement partisan quant à cette œuvre.

Mozart-Brahms ou Schumann-Brahms ne trouble point du tout la tranquillité de mon sommeil. J'attendrai ses manifestations. Il y a une quinzaine d'années que Schumann a parlé en des termes tout à fait analogues du »génie« de W. Sterndale »Benêt«[1]. Joachim du reste connait Brahms, de même l'in-

---

[1] Bennett 1816—1875, englischer Komponist.

germanique Reményi[1], qui me rendrait on ne peut plus heureux s'il tenait parole en venant nous voir à Dresde, ainsi qu'il l'a promis à ma mère.

Les derniers numéros des »Signale« portent des traces assez marquantes de mes indiscrètes confidences au rédacteur. Je ne m'étais pas attendu à lire presque verbalement reproduites les notices piquantes que je lui avais données. Bonne leçon pour l'avenir.

Veuillez excuser, mon très cher maître, le sans-façon de cette lettre, écrite à la hâte. J'espère recevoir ces jours-ci de vos nouvelles par Ritter, auquel vous aviez l'intention d'écrire bientôt. En vous réitérant mes remercîments pour votre lettre, je vous prie de me garder la précieuse et inestimable amitié, dont vous honorez votre respectueusement dévoué et reconnaissant élève.

171.

An Franz Liszt.

Dresde, le 18 Novembre 1853.

Mon très-cher et illustre maître!

Oserais-je d'abord vous prier de bien vouloir m'excuser auprès de Mme la Princesse Wittgenstein de ce que je ne me sens pas le courage de la remercier elle-même de l'honneur qu'elle m'a fait dernièrement en me

---

[1] Violinvirtuose, geb. 1830 in Ungarn.

répondant en votre nom? J'aurais de la peine à vaincre promptement l'embarras où me mettrait la nécessité de lui écrire pour la remercier personnellement, et je ne sais si j'arriverais ainsi à vous donner de mes nouvelles à temps, et cependant cela presse.

Je suis obligé de me rendre à Berlin, demain ou après-demain au plus tard, pour commencer enfin à mettre un peu d'ordre à mes affaires personnelles les plus urgentes — passeport et autres choses édifiantes.

Comme il est probable que vous aurez quelques commissions à me donner pour Berlin, et comme je ne saurais plus attendre une réponse de vous à Dresde, je vous prie de bien vouloir m'écrire à ce sujet à Berlin, poste restante, ou bien *Scheibe's Hotel garni, Gensdarmenmarkt*.

Il va sans dire que je ne manquerai pas de me présenter chez le comte Redern, chez Kroll, Kossak [1], Kullak, Schäffer et Schlesinger. Quant à Dehn [2] et Marx [3], je ne connais ni l'un ni l'autre.

Je n'ai pas besoin de vous dire, que Pohl se conformera exactement et consciencieusement aux avis que vous et Mme la Princesse m'avez chargé de lui adresser en votre nom.

*Deux jours de fête — un jour de pénitence et la veille — retardent un peu la marche de l'impression.

---

[1] Karl Ludwig K. (1814—1880), Kritiker und Feuilletonist.
[2] Siegfried Wilhelm D., der Musik-Theoretiker (1799—1858).
[3] Adolf Bernhard M., der Musik-Theoretiker; Mitdirektor des Stern'schen Konservatoriums (1799—1866).

Mais dans le courant de la semaine prochaine tout sera fini.

Ci-joint la lettre de Spina, qui a accompagné la partition de la Fantaisie de Schubert, copie atroce et presqu'illisible, de la main de Reissmann, à ce que je suppose, — raison pour laquelle je n'ai pas tardé à me mettre à l'étudier tout de suite. Je préfère vous envoyer la lettre que de vous en communiquer le contenu, car elle me semble être rédigée pour que vous en preniez connaissance vous-même.

Maintenant encore la question Berlioz. Carus a été charmant, — sensible au souvenir de Madame la Princesse à son égard, — mais il paraît ne point avoir l'influence d'une autorité quelconque sur Mr. de Lüttichau, ou, admettant qu'il en ait, il ne désire point en faire usage pour servir vos projets. Il ne déteste pas précisement Berlioz, mais il ne se sent pas non plus de sympathie particulière pour lui, et semble partager au moins la moitié des préjugés répandus à son égard. Quant à la cour, Berlioz n'y éveillerait point d'intérêt; au contraire, on serait assez disposé à le regarder comme un homme dangereux, son nom ayant été si souvent mêlé à celui de Richard, et tout le monde sachant qu'il est honoré avec celui-ci de votre protection. Carus cependant prétend, que celui qui exerce le plus d'ascendant en matière musicale sur Lüttichau est Lipinski. Il serait donc d'avis que Berlioz s'adressât directement à ce dernier, et sollicitât franchement une invitation par son intermédiaire. Le travail exorbitant de la Chapelle étant aussi un des prétextes de l'Intendant pour un refus catégorique, Lipinski, à qui ses collègues accordent une voix dans leurs affaires, pourrait bien devenir le médiateur. À mon sû, Lipinski est un Polonais sans beaucoup d'énergie, dont l'ardeur de sentiment et d'action montre rarement une ténacité et une constance qui durent plus de 24 heures. Mais cependant l'avis de Carus serait encore ce qu'il y aurait de mieux. Si Mme la Princesse avait bien voulu flatter Mr. Carus, en l'engageant elle-même à s'occuper de cette affaire, celui-ci aurait donné les éperons à son ambition en éveil et fini par lever toutes les difficultés. Mme de Lüttichau est convalescente, presque rétablie, mais je n'espère rien de sa part.

Je suis bien fâché — vous n'en douterez point — du peu de résultat que les démarches faites par moi, et les seules qui étaient possibles, ont rapporté.

Si la visite de Berlioz à Leipzig — qu'on annonce sous très-peu — n'est pas un canard, ses négociations personnelles avec Dresde auraient une base plus solide.

Reissiger est un peu indisposé. On le dit réconcilié avec Krebs. Une très-brillante représentation de la Vestale, qui est pourtant un chef-d'œuvre, a eu lieu dernièrement.

Otto Goldschmidt vient de donner la première de ses soirées musicales. Je n'y ai point assisté. Trio (si bémol) de Beethoven, Variations sérieuses de Mendelssohn, Quintuor de Fr. Schubert (en la); il a eu un succès d'estime. Le public assez nombreux a cru que Mme Goldschmidt [Lind] viendrait chanter quelque chose. On a usé de cette amorce pour l'attirer. Banck a dit à Lipinski que comme pianiste, j'étais un roi en comparaison de Goldschmidt. Il y a dix ans j'ai beaucoup admiré Mr. Goldschmidt, même il s'en fallût de peu, que je n'en fisse mon idéal.

Mille amitiés et respects de la part de ma mère. Dans l'espoir de trouver bientôt quelques lignes de vous à Berlin,

votre très dévoué et reconnaissant élève
Hans de Bülow.

Norddeutschland.

Winter 1853 — Frühjahr 1854.

172.

An die Mutter.

Berlin, [Ende November 1853].

Geliebte Mutter,

Soeben habe ich einer Concerteinladung zum 3. Dec. für den Gustav-Adolph-Verein zusagende Antwort ertheilt. Frau von Keudell hatte mich im Namen des Vorstandes, der aus lauter Damen besteht, dazu aufgefordert. Redern, bei dem ich Sonnabend Abend spielen werde, rieth mir dazu. Gestern erhielt ich einen Brief mit rasend viel und umständlichen Commissionen. Das Porto schon betrug 12 Sgr. Arnims sind nicht hier, sondern in Hannover — nur Armgart ist in Wippersdorf. Desgl. Thuns noch nicht, die erst am 3. Dec. in die Stadt kommen.

Louise und die Kinder sind sehr wohl. Möchte es Euch beiden gleich gut ergehen! Ich sehe sie, so oft ich kann, was aber täglich in einem Male besteht. Ich habe was zu laufen! Doch die Bewegung thut mir gut und wirkt namentlich ungemein fördernd auf meinen Appetit. Trotz vieler Einladungen, zuweilen gerade wegen derselben, werde ich allerdings einiges Geld verbrauchen. Doch wird mein Aufenthalt nicht umsonst sein, da Redern mir auf das bestimmteste zugesichert hat, er werde mir ein Hofconcert zu arrangiren suchen. Und das ist doch wichtig auch für meine weiteren Pläne, daß mich der König hört und kennen lernt.

Ernst ist freundlich und ziemlich heiter. Nach Befragung aller Sachverständigen muß er mir erklären und wird Dir's morgen selbst auf mein bringendes Ersuchen schreiben, daß ich hier jetzt ganz und gar nichts für meine Verpreußung thun kann, ebenso wenig auch Du für mich, weil die Söhne dem Vater folgen. Ich muß also nothgedrungen jetzt in Dresden mit Tauf- und Confirmationsschein in der Hand darauf bringen, daß ich als Sachse anzusehen sei; dabei kann ich und muß ich alle dagegen protestirenden Schritte meines seligen Vaters ignoriren. Man kann sich nicht weigern, mich als Sachsen anzuerkennen, und mit Erreichung meines 24sten Jahres, wo ich für Preußen majorenn bin, kann ich dann erst weitere Schritte zur Verpreußung thun. Weigert man sich dagegen, mich als Sachsen anzuerkennen, so muß man mir wenigstens andeuten, welchem Staate ich angehöre — darauf hin würde sich eine Correspondenz zwischen beiden Staaten entwickeln, und dann würde es noch unschwerer für mich sein, hierdurch zum preußischen Staatsangehörigen zu werden.

Über dies Alles wird Dir Ernst ausführlich selbst schreiben, damit Du nicht glaubst, ich nehme die Sache auf die leichte Achsel[1]. Wegen Deiner Niederlassung selbst wird er Dir auch schreiben.

So eben war Hermann Grimm da und bringt mir die Nachricht, daß ihm geschrieben worden, Arnims haben Hanno-

---

[1] Siehe Band I Seite 9, Fußnote.

ver verlassen und seien in Weimar. Vielleicht sehe ich sie daher noch hier. Auguste läßt Isidoren grüßen. Grimm's Stück „Demetrius" ist ganz trefflich und wird im Januar dran kommen.

Sonnabend Mittag esse ich bei Marx, Sonntag wahrscheinlich bei Kullak, den ich noch nicht getroffen habe. Zaremba¹ ist hier — unwohl — empfiehlt sich Dir — ditto Kroll, der etwas verbittert und unglücklich ist, dem's aber materiell wenigstens erträglich geht.

Dorn² habe ich durch Liszt kennen lernen. Heute Abend bin ich erst bei Stern — dann bei Md. Zimmermann.

In dem Concerte vom 3. December wirkt Frau Köster mit, und der Stern'sche Gesangverein, also Elite. — Im nächsten Concert spielt Vieuxtemps.

Stahr und die Lewald werden mir zu Ehren nächstens auf einen Abend Frau von Bock³, die jetzt hier ist, einladen. Kossak spiele ich übermorgen etwas von Liszt und Raff vor. Er will über beide etwas schreiben.

Ich schreibe Dir in furchtbarer Hast und in Telegraphenstyl. Es geht aber nicht anders. Man wartet auf mich, und ich will den Brief noch heute Abend fortschicken.

Schreib mir, ob Du mit meinem Bleiben einverstanden, was bei Euch vorgeht, und wenn ich bis Sonntag nicht noch einmal geschrieben, so sende mir gütigst zusammengepackt die bis dahin eingelaufenen Briefe, parce qu'il y en aura de pressants.

---

[1] Schüler von Marx, Theoretiker und Lehrer (1824—1879).
[2] Der Kapellmeister, Komponist und Schriftsteller (1804—1892).
[3] Wilhelmine Schröder-Devrient.

Herzliche Grüße an die gute Isidore. Leb' recht wohl für heute, liebe Mama.

P. S. Den Brief an die Bequelin habe ich aus zufälliger Sentimentalität sogar frankirt.

Später. Die beiden Gesellschaften waren furchtbar langweilig. Ich hatte gehofft, die Z. werde, mir zu Ehren, ein gutes Instrument für den Abend sich kommen lassen. Um nicht ungefällig zu erscheinen und ungalant — es waren namentlich meinetwegen viele alte Schülerinnen gekommen — spielte ich, d. h. versuchte es zu spielen. Keine Nuance, kein Gespenst von Ton. Da erfaßt mich Wuth und ich scandalire wie ein Besessener, um so mehr als ich vorher bei Stern gehaucht, oder gehäuchelt. Ich weiß nicht, ob die Leute was verstanden haben, ich glaube kaum. Nur das weiß ich, daß sie sich stets auf die Fußzehen erhoben um mit dem Auge dem „bewilderten" Ohre zu Hülfe zu kommen. Nun war's dabei so ledern, so steif, ich schnitt die verdrießlichsten Gesichter und sagte Md. Zimmermann einige Grobheiten à la Kroll, um ein ihr wirklich dringendes Bedürfniß zu befriedigen, und esquivirte mich, als eben ein Geiger eine Normafantasie eigner Composition zu heulen begann. Wie in diesem einzelnen Falle, so muß ich hier überhaupt ziemlich arrogant auftreten, was mir nicht heimlich, da es gar nicht in meiner Natur liegt. Ich habe Kopfweh und bin sehr ärgerlich. Sei so gut, die fünf ungarischen Rhapsodieen, nebst Oratorium „Huß" von Löwe und „der Rose Pilgerfahrt" (aus meinem Zimmer) zusammengepackt zu Friedel in der Schloßgasse zu expediren. Es dürfte ein Monatsabonnement darauf zu zahlen sein. Schlesinger ist so generös gewesen, mir diese fünf Rhapsodieen, sowie etwas Neues für Geige und Klavier von Raff zu schenken. Das will ich in Dresden alsobald mit Seelmann spielen. In der offenen oberen Schublade meines Sekretärs liegt mein Duo (Manuscript) — könntest Du nicht vielleicht die Geigenstimme heraus schreiben lassen? Man könnte Pohl nach einem Copisten fragen.

Schreibe mir, sei so gut, möglichst umgehend. Heinz und Willi haben sich mir wieder angenähert. Die Reiter sind bereits zerbrochen, und eine Partie Waldbeibel, die ich ihnen gebracht, gleichfalls.

Adieu nochmals.

173.
An die Mutter.

Berlin, 4. Dec. 1853.

Geliebte Mutter,

Gestern früh war ich ingrimmig, daß mir die Galle überströmte.

Heute früh bin ich seelenvergnügt. Denn ich habe gestern Abend einen sehr warmen, wahren Erfolg gehabt. Ich habe den Leuten wieder einmal gezeigt, was Klavierspielen heißt. Die angenehmen Laute lang verhaltenen Athemholens bei meinen „pianos" klingen mir noch schmeichelnd in die Ohren. Ich bin zufrieden mit mir und auch mit der Welt.

Obgleich gestern Willens sofort abzureisen, habe ich mich doch jetzt anders besonnen. Redern, der mir eine lange

Rede hielt, wegen meiner Liszt'schen Spielweise, wegen des Vortrags Liszt'scher Compositionen, über die er loszog, hat zwar versprochen, mir im Laufe dieses Winters eine Einladung zu einem Hofconcert nach Dresden zuzuschicken, doch daran glaube ich nicht, und kann ich nicht glauben.

Soeben wird meine behaglich vergnügliche Morgenkaffeestimmung (ich schreibe dies hier im Bette, denn es ist furchtbar kalt, und ich habe einen ganz respectablen Catarrh) durch die Ankunft eines Briefes aus Hannover erhöht. Joachim theilt mir mit, daß ich in Bremen am 20. Dec. eingeladen sei (10 Louisd'or Reisentschädigung) und veranlaßt mich, dann einen Abstecher nach Hannover zu machen, wo er hoffe, mir ein Concert, sei es bei Hofe, oder im Hoftheater zu arrangiren. Wirklich einmal eine angenehme Perspective. Ich will mich nun aber auch nie mehr über Miseren, kleine Demüthigungen und dergl. ärgern; nie mehr »le premier pas de la revanche«, wie ich's nenne, widerwillig thun.

Dank für deine Nachrichten. So ein drei Tage warte ich höchstens, ob sich was zeigt, hier noch einmal einen Erfolg mit zu nehmen.

Hier ein Programm des Concertes.[1] Meine Wahl war sehr genau überlegt und hat sich bewährt trotz der schlechten Ausführung der Gänze!, die gespielt haben wie diejenigen, welchen man zuweilen Perlen vorwirft. Das Trio spielte Singer wunderschön.

Der eine Brief war von meinem Pesther Verleger. Was Du für schlechte Witze hältst, sind die allerordinärsten,

---

[1] Siehe Seite 131.

hergebrachten — allerdings antiquirten, Künstlercomplimente — Hunyadi und Haslinger schrieben stets an mich so; ersterer sogar: „rühmlichst berühmter Tonkünstler".

Mein Hotel ist wahnsinnig theuer. Blos Zimmer, Frühstück und zuweilen Heizung 1 ℳ 10 Sgr. etwa täglich (Maximum). Das machen die Überfüllungen aller Hotels mit Landständen u. dergl. Ich werde also wahrlich nicht länger bleiben als gerade stricte nöthig.

Dorn hat an Liszt gestern Abend noch über mein Spiel geschrieben. Auf Rellstab bin ich begierig. Heute speise ich bei Kullak. Mit Truhn[1] bin ich viel zusammen. Das ist ein intelligenter Musiker.

Die Zimmermann hat mir soviel blaue Billets geschrieben, daß ich endlich wieder zu ihr gegangen bin; neulich hat sie sich meinetwegen (bis jetzt unerhört) ein neues Instrument von Perau — ziemlich schlecht übrigens — in ihr Zimmer stellen lassen. Ich habe auf Kisting im Concert gespielt, die besten Pianos die man hier hat, und ich habe dem persönlich sehr liebenswürdigen Menschen zu gleicher Zeit einen großen Dienst erwiesen, indem jetzt die Mode einen unbedeutenden Neuerer in die Höhe treibt. Der Flügel klang unter meinen Händen zuweilen sehr schön. Bei Rederns gab es Malzens (Caroline[2] ganz nett geworden), Bismarcks (Frl. v. Below) und Mundschenk Arnim für mich als Bekannte. Versteht sich, Erkundigungen und Grüße betreffs Deiner, auch Isidorens seitens Carolinen.

---

[1] Friedrich H. T. (1811—1886, Schüler von Klein, Dehn und Mendelssohn. Kapellmeister, Komponist, Kritiker.
[2] Später Gattin Victor von Scheffel's.

Bettina und Gisel sind in Weimar. Aus Leipzig schreibt man mir, daß Liszt, Raff, Cornelius, Laub, Klindworth, Pruckner am Donnerstag zum Berlioz-Concert in Leipzig waren. Es soll gut ausgefallen sein, trotz mancher Gegner. Joachim läßt Dich grüßen. Er schreibt sonst wenig. Ich war recht viel und oft traurig hier. Meine Stimmung läuft aber bei meiner passionirten Natur immer in Extremen. Wenn Dir Louise also etwa von meiner Niedergeschlagenheit geschrieben hat, so nimm es als vorübergehend an. W[agner]'s Gläubiger werden sich wohl nächstens in Dresden nach mir erkundigen, um mich wegen Tannhäuser-Arrangements zu befragen und meine Bedingungen zu hören. Wenn sich Jemand also sehen läßt, so bitte ich, auf meine sehr baldige Rückkehr hinzuweisen. Theater u. dergl. war noch nie so uninteressant als während meines Hierseins. Ich amüsire mich wenig und freue mich darauf, bald wieder bei Euch zu sein.

ERSTES CONCERT
des
Frauen-Vereins
zum Besten
der
Gustav-Adolph-Stiftung
im grossen Saale der Sing-Academie.

Sonnabend den 3. December 1853.

PROGRAMM.

1. Zum Ersten Male: **Grosses Trio in B mol** für Pianoforte, Violine und Violoncell von Robert Volkmann in Pesth (Franz Liszt gewidmet), vorgetragen von Herrn Hans v. Bülow und den Königl. Concertmeistern Herren Leopold und Moritz Ganz.
2. „Der Hirt auf dem Felsen", Lied von Schubert, mit Begleitung der Clarinette vorgetragen von Frau Dr. Köster und dem Königl. Kammermusikus Herrn Gareis.
3. **Gesangspièce**, vorgetragen von dem Königl. Opernsänger Herrn Formes.
4. **Chöre und Soli aus „Medea"** von W. Taubert, gesungen vom Sternschen Gesang-Verein, Frau Dr. Köster und Frau Leo.
5. **Gesangspièce**, vorgetragen von dem Königl. Opernsänger Herrn Formes.
6. a) **Einzugsmarsch der Gäste auf Wartburg** aus Richard Wagner's Tannhäuser, für das Pianoforte paraphrasirt von Franz Liszt.

   b) **Ungarische Rhapsodie** von Franz Liszt, (neu) vorgetragen von Herrn Hans v. Bülow.
7. „Loreley" von Mendelssohn, gesungen von Frau Dr. Köster und dem Sternschen Gesang-Verein.

Anfang 7 Uhr.

Auf dem Originalprogramme steht von Bülow's Hand mit Blaustift verzeichnet: „Erstes Auftreten in Berlin".

174.

An die Schwester.

[Berlin, Anfang Dec. 1853.]

Liebe Schwester!

Ich danke Dir für Deine Zeilen und hoffe Euch in kürzester Frist wiederzusehen. Wahrscheinlich komme ich Donnerstag Abend zurück; ich glaube nicht, daß jetzt hinreichender Grund vorhanden ist, meinen hiesigen Erfolg weiter auszubeuten, obwohl dieser ein ganz brillanter war. Beiliegende Recension, welche mir große Freude gemacht hat und hoffentlich Mama und Dir machen wird, ist ein hinlänglicher Beleg. Wie die Tante Voß hier gelesen wird, ist Euch bekannt, daß Rellstab hier der Vater der Kritik ist, gleichfalls. Seine Beurtheilung meiner hat mich, ich wiederhole es, sehr angenehm berührt, sehr freudig überrascht. Sie ist bei allem Lobe wahr und verständnißvoll und das freut mich namentlich.

Kapellmeister Dorn hat mich aufgefordert, hier im Theater zu spielen. Das ist hier ganz honorabel, doch könnte es erst Montag geschehen und so lange kann ich ja nicht mehr bleiben; auch scheint kein Honorar geboten zu werden und dann würde ich's auf keinen Fall thun. Sechs Louisd'or, die Hotelkosten für meinen Aufenthalt, würden mich dagegen schon dazu bestimmen.

Hier ist's so kalt. Die Welt redet viel von mir, recherchirt mich aber nicht mehr, als ich sie. Dagegen von allen jungen Künstlern: Bargiel, Lührß[1], Schäffer, Kroll, v. Kolb u. s. w. die liebevollste ehrendste Zuvorkommenheit, von den officiellen Größen ganz besondere à quatre épingles einhergehende Höflichkeit. Neulich war ich an drei Orten zugleich eingeladen.

Schenkt mir zu Weihnachten ein paar neue Beine von Kautschuk, die meinigen sind ganz abgelaufen.

175.

An die Mutter.

Berlin, 9. Dec. 1853.

Geliebte Mutter!

Erst Sonntag kann ich zurück kommen. Ich muß Sonnabend in eine Gesellschaft zu Commerzienrath Carl, der mich noch einmal nach vorhergegangener Absage schriftlich einladet. Ernst hat mir auch zugeredet. Manteuffel kommt wahrscheinlich hin, kurz — weiße Cravatte im Superlativ. Armgart ist gestern vom Lande hereingekommen; eine halbe Stunde darauf führte mich der Zufall hinaus; ich hatte erst Tags vorher durch Grimm gehört, daß Bettina mit Gisel bereits seit fünf Tagen aus Weimar zurückgekehrt sei. Bis jetzt habe ich nur Armgart gesehen. Sehr freundliche Aufnahme; viele herzliche Grüße; heute Abend werde ich wohl dort sein.

Ernst ist — unberufen — ganz vortrefflich gegen mich, hat mir Briefe nach Hannover und Bremen geschrieben,

[1] Karl L., Komponist 1824—1882.

mir die Eingabe an das Ministerium aufgesetzt u. s. w. Rellstab ist daran, glaube ich, doch ein Atom Schuld. Louise ist auch gut. Heute will ich ihr endlich was vorspielen. Thuns noch nicht zurück. Ich schreibe dies mit erfrornen Fingern und Gedanken im Bette, wo ich geblieben bin, zu transpiriren. Meine Nerven sind auf's scheußlichste angegriffen.

Gestern Abend erfreute ich die Liedertafel durch meinen Besuch, Truhn zu Gefallen. Zwei Nächte erst um 2 Uhr in's Bett. Vorgestern grisirte ich mich bei Dorn in Langeweile mit Médoc St. Estêphe, ein schlechter Rothwein. Ich hoffe, Ihr seid gesund und klüger als ich im Augenblick und habt ein wärmeres Zimmer. Meinen Interimspaß muß mir Lemaitre besorgen. Den kann mir die sächsische Regierung nicht verweigern. Also wenn nichts dazwischen kommt, Sonntag Abend; vielleicht früher.

Meine Apparition in Berlin war der Joachim's sehr ähnlich. Wenn wir hier zusammen Concerte gäben, 1 Dukaten für den Sperrsitz und kein Borsdorfer zur Erde. Die Frommann hat sofort an Liszt geschrieben gehabt. In einem Briefe von Peter Cornelius an Schlesinger steht von den verschiedensten Handschriften ein „Bravo Bülow" gezeichnet, am fantastischsten und brüllendsten das natürlich von Reményi.

Vielleicht wird Berlin doch noch ein Aufenthalt für Dich, überhaupt für uns. Ich für mein Theil habe bereits ein ganz ordentliches Prestige um mich, bin eine Größe für Berlin!

176.

An Franz Liszt.

Dresde, 12 Décembre 1853.

Mon très-cher et illustre maître!

De retour à Dresde depuis hier seulement, je m'empresse de vous rendre compte de mes actes et aventures à Berlin en tant qu'elles peuvent vous intéresser, étant obligé de repartir sous peu de jours pour jouer le 20 de ce mois à Brême et ensuite probablement à Hanovre, où Joachim m'a donné rendez-vous pour le 24.

Je viens de tâter du succès à Berlin, comme au commencement de l'année j'ai tâté du fiasco à Vienne — d'après l'avis de Mme Coniar. J'ai anticipé sur votre permission de débuter à Berlin, d'abord parce qu'il n'était plus temps de demander vos précieux conseils et puis parce que j'étais sûr de votre assentiment, vu les conditions de l'occasion qui se présentait. Quelques vieilles dames, amies de ma belle-mère, quêtaient ma collaboration pour un concert de bienfaisance, dont le *Stern'sche Gesangverein*, Mme Köster, etc. livraient la base. Enfin — Mlle Frommann, Schlesinger et autres vous auront appris le reste, c'est à dire le résultat, l'essentiel. Dans ce moment-ci je me sens encore presqu'effarouché des dimensions de mon succès. Les brillants articles de Mr Rellstab, que du reste je n'ai vu qu'après jugement, m'ont ébloui aussi. Il vous présente ses respectueux hommages et se montre en toute occasion persévérant dans son admiration pour vous. Ce qu'il a écrit sur votre reconnaissant élève dans son journal, m'a fait un vrai plaisir, tout en me rendant service auprès du public.

À l'exception des salons de Mr. Carl (*Geh. Commerzienrath*, membre de la Chambre, richard, voit tous les ministres chez lui) et du comte Redern, où j'ai formé un magnifique trio avec Ehrlich [1] (Mörus), et notre hôte, qui à la fin s'est posé comme Dionys (le tyran) en troisième, je n'ai joué nulle part, pour ne pas laisser après moi une surabondance de satisfaction. Cependant — j'ai oublié de citer la »*Liedertafel*«, dirigée par Truhn, où par complaisance pour ce dernier j'ai fait une troisième exception, qui m'a valu un superbe article de plus dans la *Vossische Zeitung*. — Pour Brême j'ai choisi le Concerto en mi bémol de Louis van [2] et un de vos morceaux pour Piano et Orchestre. Je serais fort heureux si vous m'accordiez la permission de jouer le Capriccio alla Turca, dans le cas où vous l'auriez encore en mains.

Lipinski a arrangé l'affaire Berlioz. C'est le seul homme qui ait quelque influence auprès de Mr. de Lüttichau.

Wieprecht [3] vous aura écrit et motivé son refus. Il m'a juré — presque les larmes aux yeux — qu'il vous aimait tant, qu'il était prêt à donner sa vie pour

---

[1] Heinrich E. 1822, der Klaviervirtuose, Pädagog, Schriftsteller und Kritiker.

[2] „Louis van" pflegte Bülow manchmal für „Beethoven" zu sagen.

[3] Wilhelm Fr. W. 1802—1872, Direktor der Musikcorps der Garde, Erfinder der Baßtuba.

vous — mais il vous supplie de ne pas exiger qu'il fasse l'impossible!

Comment lutter contre Hülsen, Dorn, Taubert et surtout S[a] M[ajesté] qui déteste Wagner et retranche habituellement du programme de Wieprecht tout échantillon de musique du »scélérat«!

Quant au »*Männergesangverein*«, il est réduit au nombre de quarante membres au plus, et il n'a donné autre signe de vie depuis longtemps que l'expression du désir de se dissoudre complètement.

Je suis malheureux dans mes négociations. Ne m'en voulez pas, mon très cher maître — mais il n'y avait absolument rien à faire. M. Flodoard Geyer, l'autre directeur du »*Gesangverein*«, est un fort honnête homme, professeur au Conservatoire. Il a été pendant plusieurs années un des meilleurs critiques de Berlin *(Spener'sche Zeitung, Bock'sche Musikzeitung)* mais il s'est retiré maintenant de ce métier. Cependant, ce philistin, sauf lorsqu'un rayon venant du foyer communicatif de votre génie transfigure par son reflet cette physiognomie terreuse, s'occupe tout d'un coup à présent de faire de l'ambition productive, en mettant bas des compositions mortes-nées de tout genre. Après l'avoir examiné consciencieusement, j'ai jugé convenable de ne rien lui communiquer de vos projets, conseil du reste que m'avait déjà donné Wieprecht, pour se tirer d'affaire le plus promptement possible.

Pour en revenir à Berlioz, — qui est invité par Lüttichau pour la fin d'avril, ou le commencement de mai — ne pourriez vous pas, dans le cas où vous seriez de mon avis, persuader à Berlioz d'écrire un mot aimable et flatteur à Reissiger sans trop de délai? Reissiger, fort sensible à une attention de ce genre, est dans ce moment-ci très acharné contre B[erlioz], auquel il garde encore rancune, à cause de sa lettre sur Dresde dans le »Voyage en Allemagne«.

Je vous envoie ci-joint une liste d'adresses des personnes à Berlin, avec lesquelles vous pourriez peut-être entrer plus tard en relations de correspondance.

Dorn m'a donné une soirée, où Kullak, Radecke (qui a joué son »Amazone« en uniforme militaire), Julius von Kolb (très honnête garçon) et moi, nous avons livré à différentes reprises un combat de pianistes. C'était fort peu amusant.

Kullak a été très aimable pour moi — socialement. J'ai fait la connaissance de son frère, un jour à dîner chez lui. Mr. Adolphe Kullak est un des personnages les plus drôles au physique que j'aie jamais vus, et très-fort sur son Hegel. Enfin il est, à ce qu'il paraît, assez »*gutgesinnt*«, ce dont je l'ai félicité en votre nom. Kullak — le Kullak par excellence — vous aura probablement remercié lui-même de votre souvenir (de la dédicace); sa »*Gutgesinntheit*« relative ne l'empêche pas de trouver fort mauvais que Sacha Winterberger tient plus à votre autorité qu'à la sienne, en théorie comme en pratique. Marx au contraire, dont je vous remercie de m'avoir fait faire la connaissance est beaucoup plus content de Sacha dans les derniers temps. Quant à moi, qui ai vu assez fréquemment Sacha, je l'ai trouvé en général peu changé dans son individualité:

il vit assez isolé et semble mettre son temps à profit par des études sérieuses. Il m'a montré quelques fugues et la première partie d'un Quatuor, où il y avait assez de bon sens dans les idées et dans la forme. Son principal ami est un jeune homme nommé Reubke[1], le meilleur élève du Conservatoire, qui a du talent pour la composition et pour l'exécution. Reubke vient de jouer le Concerto de Henselt au dernier concours, et Sacha me prie de vous recommander ce jeune homme, qui après avoir fini l'année prochaine son cours auprès de Marx, a l'intention de se présenter à Weimar, pour vous demander si vous daigneriez diriger un peu ses dernières études. J'ai rendu Sacha très heureux par la communication des quelques lignes que vous m'avez écrites à son adresse. Il est plein de reconnaissance et de vénération pour son maître.

Kroll et Conradi vont assez bien matériellement; quant au moral, ils paraissent tout à fait en train de s'exweymariser complètement. Kroll donne des leçons qui lui procurent les moyens nécessaires d'existence, il n'a plus à souffrir, mais il devient réactionnaire; le nom de Conradi comme compositeur de vaudevilles, de polkas, d'ouvertures et potpourris figure tous les jours sur une quantité d'affiches publiques.

J'ai grondé Stern de n'avoir pas encore fait exécuter par son académie votre »Ave Maria« et le »Pater noster«. Il s'excusa en disant qu'à côté de beaux moments il s'en trouvait aussi de repoussants. Alors j'ai intéressé

---

[1] Julius R. (1836—1856, später ein Schüler Liszt's.

quelques dames du Comité à ces morceaux, et si Stern ne s'y oppose pas, ce dont il est bien capable, on ne tardera pas à commettre ce péché contre le »Juggernaut«[1] Mendelssohn. J'ai prodigué en diverses occasions d'autres remontrances de ce genre, quand je pouvais le faire sans une gravité voisine du ridicule.

Lührss est venu me voir le premier, comme beaucoup d'autres. J'avais presque rompu avec Redern. Il me tint un long discours, dont la quintessence était, qu'il était fort dangereux pour mon talent et pour mes succès de jouer trop de morceaux de votre composition et de me poser uniquement (!) comme votre élève. J'ai compris de suite, naturellement, qu'il ne s'agissait ici que d'un subterfuge et qu'il n'osait pas avouer franchement qu'un rival plus heureux (Ehrlich) l'avait emporté sur moi. Les faits ont donné un démenti éclatant à Mr. le comte Redern; il n'y a pas à s'y tromper, il est clair comme le jour, que mon succès est dû surtout aux morceaux joués qui ne sauraient manquer leur effet, même médiocrement interprétés.

J. Schaeffer a été longtemps assez souffrant. De là son silence dans la gazette de Brendel. Il dirige un »Gesangverein« à Potsdam, où il passe un jour de la semaine et donne des leçons. Il peste un peu contre Raff et écrira prochainement un article sur Franz, qu'on attendait à Berlin dimanche passé, son »Kyrie« devant être exécuté le lendemain. Franz, lui, est furieux aussi, moins contre moi que contre Raff.

[1] Indische Gottheit.

Auriez-vous la grande bonté de m'excuser auprès de Raff de n'avoir pas encore répondu à son aimable lettre?

Oserais-je vous demander des conseils, quant à Brême et Hanovre? je pense aussi m'arrêter quelques jours à Brunswick à mon retour. Peut-être avez-vous quelque commission pour Litolff. Je partirai d'ici samedi soir.

J'ai trouvé Stahr assez maladif et tant soit peut bilieux. Vous en saurez sans doute la cause mieux que moi. Pour lui, ainsi que pour sa compagne, »Les Nibelungen« est le comble du monstrueux et du ridicule!

Wagner vient de m'écrire et me prie de vous envoyer ses »lyrische Stücke aus Lohengrin«, pour les donner à Härtel et les échanger contre d'autres pièces plus dramatiques, savoir des billets de banque. Je ferai cette commission demain.

Mme Zimmermann s'enorgueillit fort des succès de son élève à Weimar. Elle vous proposera prochainement un second exemplaire qui, comme soubrette, vaut beaucoup mieux au fond, une Mlle Eiswald, engagée maintenant à un théâtre de second ordre à Berlin.

Les derniers jours de mon séjour à Berlin j'ai encore vu les Arnim. J'ai été heureux d'apprendre par elles des nouvelles récentes de Weimar. Armgart vous fait dire mille amitiés. On n'a pas encore répondu à votre lettre, afin de trouver une nouvelle raison pour penser à vous plus souvent encore, si c'est possible.

Acceptez mes vifs remerciments pour les paroles encourageantes de votre dernière lettre et veuillez être assuré des sentiments de profonde vénération et de filial dévouement de votre reconnaissant élève.

177.
An Richard Pohl.

Dresden, 15. December 1853.

Lieber und sehr werther Freund!

Wenn Du eine Ahnung hättest, in welchem Zustande ich heute Abend 7 Uhr Deinen Brief erhalten habe! Heimgekehrt von einem vierstündigen Beisammensein mit Alexander Ritter an den Kneiporten Ahrens, Trepp, Müller, Longo und Brühl'sche Terrasse — hatte ich übermenschliche Anstrengungen nöthig, Deinen liebenswürdigen Brief mit Verständniß zu lesen. Merkwürdigerweise und glücklicherweise verfiel ich, ich weiß nicht warum, bei Lesung des Wortes „David" plötzlich in ein so lautes und krampfhaft anhaltendes Gelächter, daß mir darnach der „Schleier" meiner Verneblungen einigermaßen „zerrissen" wurde: Ta tete te te tä te te tum! Verstehst Du diese Melodie der Sprache, wozu kein Köhlerglaube gehört.[1] Der eigentliche Zweck dieser schleunigen Beantwortung Deiner Zeilen ist, wenn es auch im ganzen nicht dergleichen giebt, im allgemeinen doch der, Dir anzukündigen, daß ich Sonnabend,

---

[1] „Die Melodie der Sprache", eine damals erschienene Schrift L. Köhler's.

also übermorgen früh von hier abreisen werde und die Intervalle der zehnten bis zur zwölften Stunde bei dem[1] zubringen will, der den „Poeten"[2] dahin benebelt hatte, Liszt und Gutzkow zu Dioskuren zu machen! Gott vergebe ihm diese schandbare Eselei in Betracht seiner sonstigen Gutgesinntheit. Vielleicht spricht er nächstens vom „Doppelgestirn" — Wagner und Brendel!

Über alles Übrige mündlich. Also Sonnabend Vormittag von 10—12 bei Brendel! Sei so gut den zu preveniren, daß ich anrücke. Ich fahre hier $^1/_27$ fort, hoffe also vielleicht noch früher anzulangen. Er liegt dann doch nicht mehr zu Bette!

Für das Concert stelle ich mich herzlich gern zur Disposition, falls Liszt es für gut findet, daß ich außerhalb des officiellen Hausgewandes, wollte sagen Gewandhauses in Leipzig debütire. Da es Dir wünschenswerth und also auch mir bitto première qualité ist, uns zu sehen und zu sprechen, ich aber um 12 Uhr bereits wieder auf die Schienen muß, so entschuldige gütigst, daß ich Dir ein vielleicht unbequemes Rendezvous gebe. Es geht aber nicht anders.

Enfin — Sonnabend 10 Uhr bei Phädra, lieber Hippolyt. — Für die Broschüre habe ich das alte Material nicht bei der Hand, doch soll es geschafft werden. Zähle auf mich für den Zählini. — „Furchtbar, wenn ich recht hätte".

Dein ganz ergebener
Hans v. Bülow.

[1] F. Brendel.
[2] A. Schloenbach.

178.

An die Schwester (Dresden).

Bremen, 20. Dec. 1853.

Liebe, gute Schwester!

Da habe ich noch eine halbe Stunde Zeit übrig, bevor ich meine Concerttoilette zu machen brauche, und die will ich denn benutzen, um Dir die Zeilen zu beantworten, mit denen ich heute Liszt's Brief aus Dresden von Dir zugesandt erhalten habe. Ich reservire mir, heute Abend nach dem Concert dessen Erfolg an Mama mitzutheilen und also morgen früh Euch Nachrichten zuzuschicken.

Meine Reise war recht unerquicklich; ich kam total erfroren sehr spät Abends in Braunschweig an. Die Züge, die ich gewählt hatte, taugten auch nicht viel. Entsetzlicher Aufenthalt in Magdeburg (gegen 2 Stunden) und anderen Tags in Hannover, wo ich Joachim aufsuchte, der bereits abgereist war. Braunschweig ist ein sehr gemüthliches Nest, alt wie Nürnberg und doch viel heimlicher. Litolff besuchte ich noch am Abend — er erkundigte sich lebhaft theilnehmend nach Mama und Dir — doch konnten wir nicht den alten Ton treffen oder wieder finden, und trotz aller Freundlichkeit blieb es etwas frostig zwischen uns. Er hat mir übrigens bei weitem nicht so wie früher gefallen. Die Erinnerung an das, was mir Liszt über ihn einmal erzählt hatte, konnte ich nicht los werden, und ein kleiner Schatten macht bei meinem Gefühle schon viel aus, trotzdem ich wahrlich nichts weniger als ein rigoroser Richter bin. Gegen Berlioz war er ziemlich eingenommen. Er ist ein wenig Verleger geworden, sieht wohl aus, obgleich nicht fetter, als früher u. s. w. Sehr gefreut hat es mich aber, Spohrs wiederzufinden — diesmal habe ich mich in alle beide gleichmäßig verliebt und denke einige Tage im alten Jahre in Braunschweig zuzubringen, da Hannover einen Katzensprung (mit Schnellzug 73 Minuten) entfernt ist. Der alte Spohr war sehr aimabel, half mir packen und begleitete mich bis zum Bahnhofe, wo er mich erst beim letzten Pfiff verließ. Rosalie ließ mir vor der Abreise Bouillon kochen u. s. w. — Sei gerührt!

Wie lange ich hier in Bremen, wo es sehr hübsch ist, weilen werde, kann ich noch nicht bestimmen. Vor dem 23. denke ich's kaum zu verlassen. Morgen habe ich ein halbes Dutzend Briefe zu schreiben.

Ich spiele auf einem Bösendörfer aus Wien, den ich einweihe. Bin neugierig, wie's geht. In der Probe war das Orchester schon ermüdet von dem Vorangegangenen — da ging's etwas eilig und doch matt zu.

Ich hoffe, Ihr denkt an den verhängnisvollen Abenden an mich! Ich wohne hier recht nett, nur ist's ein bischen kalt.

Unser — d. h. Singer's und Bülow's Duo wird in Pesth gedruckt. Meine Honorarbedingung war die Tilgung einer Schuld von 30 Glb. an einen Herrn Hofrath Gaal in Pesth, der sie mir zur Zeit der Abreise vorgestreckt. Ich habe nun zwar nichts davon, aber mein Gewissen ist um ein ganz Gehöriges leichter geworden.

Bringt glückliche Feiertage zu, und sei Du, liebste Isidore, immer so freundlich gegen Mama, als Du es bei meiner Abreise von Dresden gegen mich warst, wo Du Dich wirklich in der Liebenswürdigkeit selbst übertrafst.

179.

An die Mutter.

Bremen, 21. December 1853.

Geliebte Mutter!

Zum Schreiben werde ich wenig Zeit finden, ich muß mich also als Lakonier fassen und nehme deßwegen nur einen halben Bogen in die Hand, um mich nicht, wie es mir oft geht, entrainiren zu lassen. Wieviel unnütze Worte schon als Einleitung zu der eigentlichen Depesche! Die lautet denn: Großer Succeß, Zufriedenheit mit mir selbst und dem Publikum. — Ich habe das Concert höchst anständig gespielt, die Begleitung war ausnehmend trefflich, es ging schwungvoll und feurig zusammen. Mit dem Piano kein Unglück. Nach meinen beiden Piècen im zweiten Theil erhielt ich vielfachen Hervorruf und mußte darauf ein Stück zugeben »Soirées de Vienne«. In diesem Augenblick habe ich gefrühstückt und spiele mit Doppellouisd'oren.

Die Concertdirektoren, sehr musikalische und gebildete Leute, Kaufmänner und Juristen, haben sich bis jetzt sehr liebenswürdig in jeder Art gegen mich benommen, führten mich in Bremen herum, wo es manches Sehenswerthe giebt.

Ich freue mich sehr, wieder einmal das Concert von „Louis van" gespielt zu haben und zwar so gut — denn nun werde ich's das nächste Mal noch viel besser spielen.

Liszt schreibt in seinen beiden Briefen äußerst freundschaftlich und liebevoll für mich. Ich füge mich seinen Rathschlägen und Wünschen trotz Widerstrebens meines

Stolzes — d. h. ich schreibe noch heute an David wegen „in Leipzig spielen". Da es nun einmal sein muß, so füge ich mich.

Ein paar Tage bleibe ich noch hier, da ich bei Joachim's Abwesenheit in Hannover nichts anzugeben wüßte.

Barbieri ist hier Kapellmeister, ganz guter Dirigent.

Sei so gut, mir die Fantasie von Schubert, instrumentirt von Franz L[iszt] — sie liegt auf Deinem Piano (grauer Umschlag, glaube ich) nach Hannover poste restante zu senden, desgl. das von Liszt gesendete Caprice turc. Ich muß die Geschichten jetzt studieren und das ordentlich.

Gestern Abend habe ich im berühmten Rathskeller 1748er Rüdesheimer und 1783er Johannisberger getrunken. Das ist kurios. Heute wird privatmusicirt. Um meine „Empfohlenen" werde ich mich nicht bekümmern.

180.

An Franz Liszt.

Hanovre 23 Déc. 1853.

Mon très-cher et illustre maître!

Recevez mes plus vifs remerciments pour vos deux lettres, qui ne me sont parvenues qu'à Brême après mon concert, et presqu'en même temps, puisque Schlesinger savait que je devais y jouer le 20 Décembre. Je suis heureux de pouvoir vous apprendre que je note un succès de plus dans la vieille année. J'ai complètement réussi à Brême et j'ai été assez content de moi-même et du public. Je n'ai pas mal joué le

Concerto de Beethoven (en mi bémol) accompagné supérieurement par l'orchestre, sous la direction du Concertmeister Zahn (ami de Joachim) et après le morceau du Tannhäuser (que j'ai raccourci) et la Rhapsodie No. 12 on m'a rappelé tant de fois, que j'ai été obligé d'ajouter un morceau — »Soirées de Vienne« en la.

Les directeurs techniques des Concerts ont été fort aimables pour moi, j'ai eu surtout à me louer de Mr. Möller, qui est un homme fort amusant; enfin j'ai été tellement occupé pendant toute la durée de mon séjour, qu'il m'a été impossible de vous répondre de suite et complètement, c'est à dire en ajoutant la lettre pour David, que vous voulez bien lui remettre. Car, n'ayant pas eu de vos nouvelles à mon départ de Dresde, je ne me suis arrêté à Leipzig que juste le temps nécessaire pour voir Brendel un moment, chez qui j'avais donné rendez-vous à Hoplit. Parti de Brême ce matin, et Joachim se trouvant encore à Cologne, où, comme je viens de l'apprendre par les journaux, il a donné encore hier un concert avec Mr. Hiller, je ne bougerai de ma chambre de l'hôtel du Rhin que pour jeter cette lettre à la poste.

Vous aurez peut-être la bonté de parcourir ma lettre à David et de voir si vous la trouvez convenable? J'espère que la partition et mon arrangement de l'Ouverture de David vous parviendront en même temps — car vous avez déjà eu la grande bonté de vous charger vous-même de lui remettre mes hommages. Comme c'est vous qui m'avez conseillé de lui écrire, je n'ai pas craint un seul moment de manquer à ma dignité en suivant votre précieux avis; il ne m'a pas été facile cependant de tracer ces quelques lignes.

Je vous remercie beaucoup de la partition du »Caprice turc«; mais les parties d'orchestre ne sont point entre mes mains. Veuillez m'indiquer quel Trio de Schumann je ferais le mieux de jouer à Leipzig? J'ai fait venir la Fantaisie de Schubert à Hanovre pour pouvoir l'étudier à mon aise pendant mon séjour ici, que je prolongerai de quinze jours à peu près, puisque Joachim m'a engagé pour le concert du 7 janvier. Si la victime de Hillér [Joachim] n'arrive pas demain, je passerai tristement le jour de Noël. En allant à Brême j'ai fait station à Brunswick, où j'ai vu Litolff. Nous avons joué le morceau du »Cellini« à quatre mains ensemble; il m'a fait cadeau de son troisième Trio (C moll) qui vient de paraître et où il y a »*viel leeres Stroh*« et beaucoup de »*Vergangenheitsmusik und Altromantik*«. Il paraît que vos compositions ne seront pas publiées de sitôt. Vous devinerez bien que je n'ai pas manqué d'aller voir Mesdemoiselles Spohr, que j'ai retrouvées fort aimables et dont je suis retombé amoureux en parties égales. La famille se rendra à Paris au commencement du nouvel an (parce que Mlle Rosalie a besoin d'un instrument neuf), et de là à Bruxelles. Si je m'ennuie trop à Hanovre, je compte peut-être aller avant le nouvel an passer quelques jours à Brunswick en adoration de Mlles Spohr.

Je viens de recevoir aussi les deux exemplaires de la brochure de Hoplit, que vous m'avez adressés. J'en suis bien aise, car les quelques exemplaires que Pohl m'avait donnés ont été distribués á Brunswick et à Brême. Pohl me demande ma collaboration pour la brochure »Berlioz« — je la lui ai promise de tout mon coeur. Je suis indigné au suprême degré des infamies qu'on lui fait dans les *Grenzboten*. Oserais-je vous demander d'envoyer Hermann occasionellement chez M. Panse[1] à Weimar pour lui demander les numéros 274—77 incl. de l'année passée où se trouvent les articles sur Berlioz et puis de les faire remettre à Pohl, pour que celui-ci en prenne connaissance?

In puncto Berlin (je suis fort enchanté que vous mainteniez votre superbe plan) je ne suis plus à même de répondre explicitement à vos questions; mais tout considéré, la salle de Kroll serait encore ce qu'il y aurait de mieux — sinon le Schauspielhaus (le local du *Stern'sche Verein* est beaucoup trop petit). Quant à l'époque — les mois de Janvier ou Février conviendraient le mieux.

Je suis fort jaloux de la dignité de Reményi. Est-ce qu'il n'y aurait pas moyen d'attacher aussi le nom *von irgend einer anständigen Bestie* au mien? Ou est-ce que vous ne pourriez point m'octroyer la décoration de chevalier de l'ordre de St. Rappo qu'il faudrait d'abord créer? Je tâcherais sûrement de me rendre digne d'un honneur de ce genre.

Veuillez bien excuser la hâte et le désordre de ces lignes!

---

[1] Redacteur der Zeitung „Deutschland" in Weimar.

181.

An die Mutter.

Hannover, 24. December 1853.

Geliebte Mutter!

Vor ein paar Stunden bin ich hier angelangt — und da die Post in der Nähe meines Hotels ist — Rheinischer Hof — wo ich übrigens nicht bleiben werde, da es mesquin ist — so habe ich mir Deinen Brief geholt und fange an, Dir wiederum zu schreiben, nachdem ich Liszt ausführlich nach Leipzig geantwortet habe und trotz inneren Widerstrebens eine Einlage an David beigefügt. Es ließe sich über diesen Punkt manches sagen — doch es genügt im Grunde, es zu denken.

Ich war ganz vergnügt in Bremen, und fast bereue ich es, heute schon abgereist zu sein, da ich an Kopfschmerzen leide. Joachim von Köln (hoffentlich kömmt er heute Abend an) noch nicht zurückgekehrt ist, und ich einen tristen Weihnachtsabend verleben werde. Somit wird es mir mindestens ebenso leid thun, als Euch, nicht mit Euch zusammen sein zu können.

Von der Post ging ich vorhin in ein Kleidermagazin und kaufte mir eine anständige schwarze Weste, sehr theuer, aber praktisch und elegant (3 Thlr. 16 Ggr.). Die habe ich mir denn bescheert, b. h. bewundert, als ich nach Hause kam. Dabei fällt mir ein, daß ich mich noch schönstens zu bedanken habe für die seidenen Taschentücher, die ich in meinem Koffer gefunden habe. Seid vergnügter und wohler als ich — heute Abend! Ich werde mich wohl zeitig zu Bette legen — doch nein, um 10 Uhr muß ich auf den Bahnhof, der übrigens vis à vis ist, nach Joachim sehen. Warschau tentirt mich wenig im Augenblick — doch warum nicht, wenn sich nichts Besseres findet? Liszt habe ich noch nicht darüber geschrieben.

Also weise noch nichts zurück. Man wird doch ein wenig warten können, um sich zu entscheiden. Es ist doch einerseits eine ganz verwünschte „polnische" oder „russische" Geschichte.

25. December.

Von 8 Uhr bis 10 habe ich geschlafen. Ich wachte gerade auf, als es Zeit war, zur Eisenbahn zu gehen. Gegen 11 Uhr ungefähr kam endlich mit dem verspäteten Zuge Joachim an. Unser Wiedersehen war denn sehr erfreulich und vergnüglich. Heute haben wir den Tag über musicirt und bei Graf Platen einen Besuch gemacht, der anfangs etwas förmlich, aber im Weiteren ganz freundlich wurde. Lüttichau hat mich ihm schon mündlich empfohlen gehabt durch Kapellmeister Fischer[1] aus Hannover, der neulich in Dresden war und auch den Auftrag hatte, mich aufzusuchen. Hannover ist ziemlich langweilig. Unerquickliche Stadt; man sieht keinen Menschen auf der Straße. Wir haben eine ganz honette Kälte, 6—8 Grad, aber gesunde Luft. Theater ist heute nicht, morgen Jungfrau von Orleans, übermorgen Freischütz.

Am 7. Januar werde ich also hier im Concert spielen; wahrscheinlich kurz vorher bei Hofe, aber eben nicht mehr

---

[1] Karl Ludwig F., 1816—77.

im alten Jahre. Dienstag oder Mittwoch gehe ich denn also auf zwei Tage nach Braunschweig, Spohr's wegen. Bei meiner Zurückkunft werde ich wohl bei Joachim wohnen. — Warum hast Du die Lind nicht gehört? Lieber singt sie gut. — Die Bayer-Bürk hat neulich meinen Sontagartikel in einer Gesellschaft lebhaft vertheidigt!

Was macht Isidorens Verleger? Noch keine Antwort?

28. December.

Gestern habe ich Herrn von Grote besucht, dem mich Ernst empfohlen. Es ist wohl möglich, daß er sich einige Mühe meinethalben giebt. Er ist Oberst; Platen dagegen nur Hauptmann. Wir wollen sehen. Ich leide in dieser Hinsicht, wie Du weißt, nicht mehr an sanguinischen Hoffnungen. Die Sendung habe ich erhalten. Ich wüßte nicht, woher mir nun noch Briefe kommen sollten, da ich im alten Jahre keinen beantworten will.

Etwas, was mich sehr an Hannover fesselt, das sind die ganz ausgezeichneten Flügel von Rittmüller aus Göttingen — Erard'sche Mechanik. Auch Liszt hatte mir früher viel davon erzählt. Das spielt sich prächtig. Ich übe da täglich vier Stunden, so reizt mich diese Tonfülle. Joachim langweilt sich hier — kennt keinen Menschen und sehnt sich fort. Es ist unbeschreiblich todt hier. Er hat viel Zeit für sich selbst. Das ist das Gute.

Der Berliner Brief war von Truhn, sehr liebenswürdig. Ich möchte jetzt lieber in Berlin sein, oder in Dresden. Freilich Joachim! Aber wir ennuyiren uns hier im Duett.

Gestern waren wir bei Marschner; eine so komische, feiste Figur, daß ich Mühe hatte, mir den Lachreiz zu verbeißen. Ungewöhnlich artig gegen mich, wie J[oachim] meint. Gegen Berlioz ist er ganz und gar »rustre« gewesen.

29. December.

Heute las ich im Hotel den Hamburger Correspondenten (die wichtigste politische Zeitung des Nordens, 122 Jahre alt) und darin eine ganz famose Recension über meinen Berliner Erfolg — verbrauchtes Wort — sehr lang, sehr auffällig für alle die vielen Leser dieser Zeitung in Hannover, Bremen und diesen Gegenden. Große Freude hat es mir namentlich gemacht, daß Volkmann so herausgestrichen wurde (sowie mein Verdienst, das Trio gespielt zu haben — übrigens erfahre ich immer mehr, wie sehr ich instinctiv recht hatte, die Wahl zu treffen, von der mir alle „Gutmeinenden, Praktischen" abgerathen hätten) und ich nun Volkmann gegenüber, der mir neulich wirklich rührend gedankt hat, nicht mit dem Rellstab'schen Wisch — und das ist der beste noch — blamirt dastehe.

In einigen Tagen will mich Joachim der Hofdame Gräfin Bernstorff vorstellen, die nach seinem Urtheil die am meisten musikalische, liebenswürdigste und geistvollste Hofpflanze sein soll, woran ich nicht zweifle. Aber — kann das Joachim? D. h. paßt es sich, daß er mich zu einer unverheiratheten Dame so hinführt? Das möchte ich bald von Dir erfahren.

Zu Neujahr habe ich einige Briefe zu schreiben, an Liszt, sogar an Raff, dem ich auf drei Stück Antwort schulde. Mit Joachim habe ich heute früh vor ein paar alten Damen viel musicirt. Er findet mich sehr fortgeschritten.

Nun will ich den Brief doch bald absenden, damit Du am Neujahrstage Nachricht von mir empfängst, und nicht gleich auch 1854 mit einer etwaigen Sorge meinetwegen beginnst, der Dir so viel Anlaß zu Kümmerniß und auch zugleich zur Bewährung Deiner reichen mütterlichen Liebe gegeben! Glaube mir, daß ich sie erkenne, nicht mit dem Blicke der verständigen Dankbarkeit, sondern mit dem eines vollen, wenn auch selten und nur im Verborgenen überströmenden Herzens, und daß der der glücklichste Tag meines Lebens sein wird, an dem Du es Dir würdest gestehen dürfen, diese Liebe nicht an einen ganz Unwürdigen verschwendet zu haben. Was ich als Kind Dir in der — Schularbeit — des Neujahrswunsches an die Eltern (o mein Gott!) geschrieben brachte, das empfinde ich heute lebhafter als je im innersten Herzen. Ich brauche Dir nicht zu sagen, was ich Dir wünsche; ich weiß, daß der größte Theil Deiner Wünsche für Dich — mich betrifft; möge es mir verliehen sein, sie bald annähernd zu erfüllen. — Der ganze Ernst des Lebens hat sich mir in dem scheidenden furchtbaren Jahre aufgethan. Der Schmerz um Ihn nagt mir tief an der Seele; das Gefühl Seines Todes, und damit das Gefühl des Todes überhaupt wird mein steter Begleiter sein. Ich bin reif geworden, dieses Gefühl mit mir umher zu tragen, und wenn ich es nicht — wirken lasse, wie es Andre thun, so ist das, weil sein Übergreifen mich überwältigen müßte. Ich widme Seinem Andenken aber die besten Augenblicke.

Mögest Du, geliebte Mutter, mein theurer innerer Trost, das neue Jahr gesund und freudig, vertrauend in die Zukunft für mich und Dich beginnen!

Es küßt Dir ehrerbietig die Hand

Dein Dich liebender Sohn Hans,
dessen Herz Dir gehört.

182.

An die Schwester.

Braunschweig, letzten December 1853.

Theure Schwester!

Mir ist zwar sehr müde und frostig zu Muthe, es ist Nachts 1 Uhr — aber morgen ist mir der ganze Tag besetzt, und da ich den Brief an Mama nothwendig schon bei Zeiten auf die Post geben muß, so will ich Dir doch ganz kurz noch einen herzlichen brüderlichen Neujahrsgruß schreiben. Du würdest sonst am Ende nicht glauben, daß ich an der Grenzscheide zweier Jahre Deiner mit meiner — nicht eben sehr expansiven — Liebe gedacht und das würde mir wenigstens ebenso weh als Dir thun. Wünschen wir uns also für das neue Jahr gegenseitig Alles, was wir uns wünschen, und möge der Himmel, der uns in dem vergangenen so ungeahnt, so tödtlich Schmerzendes angethan, uns im nächsten segnender nahen! Du hattest das Glück, dem theuren Vater in der letzten Zeit seines Lebens deine kindliche Liebe bezeugen zu können, und hast es auch gethan!

Trage diese Liebe, die dem Geschiedenen ja unverloren bleibt, über auf die Mutter. Auch ich, sei dessen versichert, werde mit ernstlichem Willen und warmem Herzen die Pflichten gegen Euch, die mehr sind und sein sollen als Pflichten, besser zu erfüllen trachten, als ich es bis hierher gethan.

Ich habe heute meinen Sylvestertag oder meine Sylvesternacht. Ich überlasse mich allen meinen todestraurigen Gedanken, um sie morgen — nicht zu vergessen — aber wieder in das innerste Fach des Herzens einzuwahren, aus dem ich sie nur selten, an den Weihetagen meiner Betrübniß, hervorzuziehen pflege.

Am letzten Jahrestage hätte ich's so einsam nicht ausgehalten. Darum habe ich mich also doch noch entschlossen auf ein paar Tage nach Braunschweig zu gehen und von da aus schreibe ich Dir diese Zeile. Die Familie war äußerst liebenswürdig gegen mich, doch habe ich sie noch nicht viel gesehen — ich bin zu traurig und insociabel heute gewesen; morgen wird wohl auch nicht viel aus einem Zusammensein werden, ich habe so unmäßig viel Briefe zu schreiben, muß auch Leute besuchen, habe versprochen, Mittags einer auserlesenen Zuhörerschaft etwas vorzuspielen, also wird die Behaglichkeit erst am Neujahrstage beginnen und am 2ten muß ich wieder fort. — Jetzt bin ich todtmüde und habe so schlechte Tinte — ich habe während des Umwendens ein ganze Strecke geschlafen!

Also glückliches Neujahr und lebewohl einstweilen.

183.

An Franz Liszt.

Brunswick, dernier jour de l'an 1853.

Mon très-cher et illustre maître!

Il y a huit jours à peu près que j'ai répondu à vos deux bienveillantes lettres, que j'ai reçues à Brême. Mais supposant que vous vous étiez absenté de Weimar, pour assister aux répétitions et à la première représentation du »Lohengrin« à Leipzig, qui selon les journaux devait avoir lieu le second jour de fête — j'ai adressé ma lettre accompagnée d'un rouleau de musique directement à l'hôtel de Bavière à Leipzig. Ce rouleau contenait la partition de l'Ouverture de David et mon arrangement à deux mains, que vous aurez peut-être eu la grande bonté de faire remettre à David avec le billet que je lui avais écrit, selon votre conseil, et que je vous avais envoyé ouvert pour le soumettre à votre jugement. Maintenant j'espère que Mr. Redslob[1] aura eu le bon sens de vous envoyer ces deux objets par la poste à Weimar, la première représentation de Lohengrin ayant été remise aux premiers jours du nouvel an.

Bien que vous n'aurez probablement pas le temps de lire ces lignes le jour de leur arrivée, accablé comme vous le serez de visiteurs, je désirerais cependant vous

---

[1] Ein f. 3. sehr bekannter Gastwirth, Besitzer des Hôtel de Bavière in Leipzig.

montrer que je n'ai point laissé passer le dernier jour de l'an sans diriger mes pensées vers celui, qui a été une Providence pour moi, et que je vénère comme un second père du plus profond de mon cœur et de mon esprit. On me dit athée — mais il y a des messes d'athée et je ne suis pas matérialiste au point de ne pouvoir m'élever à une prière fervente, ni de ne point en éprouver le besoin. Je vous assure que j'adresse à la Divinité en laquelle je crois, et ne serait-ce que le Fatum des païens, les vœux les plus ardents pour votre bonheur. Veuillez agréer en même temps l'expression reiterée de ma plus profonde reconnaissance pour tous les bienfaits dont vous m'avez comblé en tout sens. Veuillez compter sur mon entier dévouement de corps et d'âme pour votre personne, et en faire usage, si un jour il s'en présente l'occasion!

En faisant la récapitulation de l'année passée, si riche en événements pour ma carrière d'homme et d'artiste, marquée le plus fatalement du sceau de la mort, sillonnée en même temps des traits les plus lumineux de la vie, et en réfléchissant à mon avenir et au progrès que j'ai pu faire vers cet avenir, je me sens pénétré, non d'un sentiment d'humiliation dans mon amour propre, mais au contraire du plus vif orgueil, en reconnaissant ce qu'il y a de mieux en moi comme une création de votre souffle divin d'artiste. Non-seulement je n'oublierai de ma vie cette vérité lumineuse, mais je ne cesserai jamais de me laisser guider et consoler par elle, en agissant et en souffrant. Je pense que Joachim, en vous souhaitant la bonne année, vous donnera plus explicitement de ses nouvelles que je ne saurais le faire. J'ai eu le grand plaisir de le voir arriver encore la nuit de Noël, et de la passer en sa chère société. Après avoir demeuré quelques jours à Hanovre, où il n'y a pas plus d'animation qu'à Weimar — j'ai voulu passer les derniers jours de l'an à Brunswick, où je partage mon temps entre Griepenkerl, quelques-uns de ses amis et la famille Spohr. Je ne me laisserai pas accabler par une trop grande tristesse le soir de Sylvestre. Le 7 janvier je jouerai à Hanovre, au concert dirigé par Joachim, les deux morceaux que j'ai joués à Dresde et qui se marient le mieux avec le reste du programme. Les pianos de Rittmüller, qui vient de s'établir à Hanovre, me conviennent en tout point. Brahms arrivera le 3 Janvier de Hambourg. Voilà tout ce que j'aurais encore à vous apprendre. De retour de Brunswick je logerai chez Joachim. Adieu, mon très cher maître, pour 1853.

So schließt dieses für Bülow an einschneidenden Vorfällen reiche Jahr 1853. Es hatte Wichtigeres gebracht als irgend eines der bisher durchlebten: die erste Künstlerfahrt mit ihrem enttäuschenden Anfang, die ersten Erfolge in Pesth, Dresden und Berlin, den Tod des Vaters, Ludwig Tieck's, Theobor Uhlig's. Es bedurfte der ganzen Schnellkraft seiner Natur, der ganzen Energie seines Willens, um sich nach und nach von dem lähmenden Druck dieser Ereignisse zu befreien und mit verdoppeltem Eifer an die Arbeit und das Leben zu gehen.

184.

An Joachim Raff.

Braunschweig, [1. Jan. 1854].

Geehrtester Freund!

Indem ich Ihnen von ganzem Herzen ein glückliches Jahr wünsche — das die vielen Schulden des vergangenen gegen Sie einigermaßen tilgen möge — suche ich auch die meinige, die allzulange Verzögerung meines aufrichtigen Dankes für Ihre Briefe, zu tilgen. Die frühere Erfüllung dieser angenehmen Pflicht wurde mir durch den Umstand erschwert, daß ich mich nicht entschließen konnte, jenen steifen, förmlichen Ton der mehr an den reichsunmittelbaren deutschen Comment als an attisches Wohlwollen streifenden Höflichkeiten, mit welchen Sie mich zuletzt befehdeten, mit Gleichem zu erwidern. Dieser kalte ceremoniöse Ton mußte mir — bei der so offenbaren Solidarität unserer höchsten künstlerischen Interessen — um so unfreudiger und unbehaglicher erscheinen, als ich Ihnen in meinem Inneren stets die Verehrung gewidmet habe, welche der Kunstjünger dem Meister zollt, und selbst in den einzelnen wenigen Fällen, wo gewisse Seiten meiner besonderen Individualität mir die Integrität meiner vollen Sympathie mit Ihnen verkümmerten, doch niemals mir die Erkenntniß Ihrer hohen Superiorität an Geist, Begabung, Wissen und Erfahrung meiner Unbedeutendheit gegenüber im Entferntesten geleugnet habe.

In der Besprechung Ihrer „Frühlingsboten", welche ich an Brendel in den letzten Tagen des alten Jahres gesendet, habe ich gesucht meinen künstlerischen Gesinnungen für Sie einen schwachen Ausdruck zu leihen. Indem ich hierbei gegen Ihren anticipirten Dank in Ihrem letzten Briefe zu protestiren mich gedrängt fühle, muß ich auch zugleich meine Bitte um Entschuldigung meiner unfreiwilligen Verzögerung dieses Artikels motiviren. — Einmal war es, daß ich nur brockenweise bei meinem steten Reiseleben in einer Arbeit, die bei ihrer Ausdehnung mir doch noch zu kurz gerathen ist, fortschreiten konnte; ferner die zuletzt siegende Überlegung, daß es empfehlenswerth sein dürfte, die von mir anfänglich eingeschmuggelten Episoden ironischer und polemischer Würdigung der Orakel des Düsseldorfer Hindu und des boshaften Gekrächzes der Hallischen Unken, auf das richtige Maß „politisch" flüchtiger Beiläufigkeit zurückzuführen.

Es hat mich letzthin in Berlin, wo ich einen solchen überraschenden Succeß gehabt habe, daß ich es bei meinem (wohl baldigen) nächsten Besuch daselbst wagen kann und werde, meinen musikalischen Glauben nach allen seinen verschiedenen Seiten hin zu bekennen, sehr gefreut, in Kossak, der die „Frühlingsboten" im Echo recensiren wird, einen Ihnen durch dieses Werk völlig und ungetheilt erworbenen Freund und Bewunderer zu finden. Unsere verabredete Zusammenkunft bei Kisting, wo ich ihn die Klavierstücke hören lassen sollte, da er selbst sie nicht spielen kann, kam leider nicht zu Stande. — Vierling[1], den ich bei Marx kennen lernte und dessen Vater, dem ich Ihre Stücke in einer Karlsruher Musikhandlung sämmtlich vorgetragen,

---

[1] Georg V. (1820), der Komponist.

hatte ihm davon geschrieben, ist in diesem Sinne nun auch „kossakisch" geworden.

Die „Ecloge" werde ich entweder für „Echo" oder die „Neue Zeitschrift" besprechen. In Bremen habe ich sie mit Concertmeister Hugo Zahn (tüchtiger Geiger und Musiker), in Hannover mit Joachim mehrmals (auch vor Zuhörern) gespielt. — Es sieht kurios und pretentiös aus, daß ich Sie von meinen „Verdiensten" unterhalte; aber am meisten thut es eben mir selbst leid, daß ich nöthig habe, Sie meiner „anständigen Gesinnung" speciell zu versichern.

Seit dem 29. December bin ich hier in Braunschweig, wo ich meine Zeit zwischen Griepenkerl $1/3$ und Spohrs $2/3$ völlig theile. In Hannover ennuyirt man sich auf die Länge wie ein Mops an der Leine. Morgen kehre ich dahin zurück und spiele am 7. Januar die Weber'sche Polonaise und ungarische Rhapsodie mit Orchesterbegleitung. In Bremen habe ich einen relativ bedeutenden Erfolg gehabt.

Joachim arbeitet an einer wahrhaft genialen Ouvertüre (man muß nächstens eine bessere Bezeichnung finden) zu Grimm's Demetrius. Um ihn nicht zu sehr darin zu stören, habe ich eigentlich hauptsächlich diese Excursion hierher gemacht, die ich übrigens durchaus nicht bereue. Professor Griepenkerl, an dem Sie einen sehr festen und zuverlässigen Verehrer besitzen, und Fräulein Rosalie Spohr tragen mir herzliche Grüße an Sie auf. Sie spielt weit schöner als früher, wie mich dünkt, und hofft ihre künstlerische Carrière bald endlich wieder fortsetzen zu können.

Den 12. Januar werde ich mit Joachim zusammen wohl in Leipzig ankommen. Ich freue mich sehr auf die

Möglichkeit, Sie daselbst persönlich wieder zu sehen. Was ist denn Ihre offene und freie Meinung über das Risiko meines jetzigen etwaigen Debüts im Gewandhause?

Schaeffer wüthet gegen Sie (gelinde auch gegen mich — nur nicht mündlich!) — aber erst Robert Franz! Warum reichen wir ihnen auch nicht christlichst die anderen Backen!

185.

An die Mutter.

Hannover, 6. Januar 1854.

Geliebte Mutter!

Wenn ich sagte, daß ich dieser Tage besonders rosiger Laune und freudiger Stimmung gewesen sei, so würde ich lügen. Daß diese Dispositionen durch Deinen Brief, den ich heute erhielt und für den ich danke, nicht in ihr Gegentheil gewendet wurden, möchte ich gerne nicht hinzufügen, doch bin ich dazu genöthigt, weil ich Dir an einem späteren Tage zu schreiben, kaum die Zeit werde finden können.

Die Empfehlungen haben mir — unnöthige — Gänge gemacht, die ich nicht gerade bereue, weil das auch unnöthig wäre, die mir aber wohl weder Nützliches noch Angenehmes zuführen werden.

Herr v. L[üttichau] hat Graf Platen damit geängstet, „daß ich so sehr stark spiele" und dieser hat meinen Freund sehr besorgt gefragt, „ob denn das wahr sei". Ob ich bei Hofe hier spielen werde, weiß ich nicht.

In Braunschweig ist dagegen eine solche Möglichkeit vorhanden. Griepenkerl führte mich da bei sehr artigen

Leuten ein, wo der Minister v. Schleinitz, die Frau des österreichischen Gesandten u. s. w. waren, und wo ich außerordentlich gefiel und mit viel égards behandelt wurde. Er wird mir hierher darüber noch schreiben. Wie dem Allem übrigens auch sein oder werden möge, so viel ist gewiß, daß ich Joachim, der am 12. in Leipzig spielt, dorthin begleite und wahrscheinlich mit Liszt daselbst zusammen treffe, um mit diesem (nebst Joachim) auf einige Tage nach Weimar zu gehen.

Willst Du meine Wohnung aufgeben, so thue es. Ich wüßte so nicht, was ich jetzt in Dresden schaffen sollte, und wünschte sehr gern anderswo einen ruhigen Ort zu ungestörtem Weiterarbeiten zu finden. Es thut mir unendlich leid, daß die Wohnung und das Piano umsonst bezahlt worden sind — schon so lange Zeit — also gieb beides auf.. Denn ich kann über die Zukunft und was sie mir bringen und wohin sie mich tragen wird, durchaus nichts Festes bestimmen.

Daß es mein bringendster Wunsch ist, der nagenden Sorge für mich selbst so schleunig als möglich los und ledig zu sein, brauche ich nicht zu erwähnen. Soll ich dabei alle Deine Bedenken gegen Liszt's Competenz in den Vordergrund treten lassen, so gieb mir etwas Positives, Besseres an! — Ich werde Liszt schon Alles vorhalten und meine Individualität nicht vor bloßen Hoffnungen oder optimistischen Aussichten, die er mir aussprechen könnte, zurücktreten lassen.

David hat mir heute geschrieben. Im Februar — nicht vordem — würde mein Debut möglich sein. — Der Kopf ist mir von allerhand sehr warm und die Füße frieren. —

Den Robert Schumann'schen jungen Propheten Brahms habe ich ziemlich genau kennen gelernt; er ist seit zwei Tagen hier und immer mit uns. Eine sehr liebenswürdige, candibe Natur und in seinem Talente wirklich etwas Gottesgnadenthum im guten Sinne!

Jetzt muß ich noch üben, da morgen Abend Concert ist. Entschuldige gütig meine Eile, Flüchtigkeit und Mißstimmung.

186.
An Franz Liszt.

Hanovre ce 9 Janvier [1854].

Très-cher maître!

Je vous remercie mille fois de votre aimable invitation, que j'accepte avec autant d'empressement que de reconnaissance. Il y a longtemps que je désire ardemment avoir le bonheur de passer quelques heures à Weymar, pour vous revoir. Comme il est fort invraisemblable qu'on m'invite encore ici à un concert de cour, puisque j'ai été entendu le 7 par Sa Majesté, qui aurait pu témoigner le désir de me réentendre, si désir il y avait, je compte partir de Hanovre en compagnie de Joachim demain à midi, m'arrêter seul un jour à Brunswick, puis rejoindre Joachim à Leipzig, y assister à son triomphe et me rendre enfin le 14 à Weymar, puisque le 13 est un vendredi, jour néfaste pour moi, ce dont j'ai fort sérieusement la superstition depuis quelque temps.

Je me permets de vous présenter ci-joint la lettre que je viens de recevoir de David, et qui ne m'a procuré qu'une fort médiocre satisfaction. J'ai grand besoin de votre autorité personnelle pour me décider à me prêter aux exigences de ces bâtards du mercantilisme et du judaïsme musical et à passer une quinzaine de jours chez eux. Ou — m'exagérais-je ma mauvaise position à Leipzig en pessimiste par expérience? Mais voilà à peine deux ans écoulés depuis la chiquenaude que je me suis permis de donner à l'un de leurs veaux d'or! — Pardon mon très-cher maître, de cette ébullition sentimentale!

Je n'ai pu faire copier les parties d'orchestre de la Fantaisie de Schubert, le temps étant trop court et les copistes étant occupés ailleurs, surtout pour le service de Joachim. Aussi n'ai-je eu le temps que d'étudier assez superficiellement — techniquement — cet admirable morceau, que je préférerai sûrement à tout autre pour mon début à Leipzig, et dont je ne tarderai pas à vaincre les difficultés en peu de jours. Je crois que Joachim, qui me permet de joindre ces quelques lignes à sa lettre, aura fait une courte critique sur mon exécution de vos compositions au concert d'avant-hier. Me réservant, à notre rencontre prochaine, le bonheur de vous parler d'une quantité d'autres choses, je me retire la parole pour ne pas vous ennuyer plus longtemps, ne pouvant pas changer la disposition un peu triste et morose de laquelle je souffre dans ce moment.

187.

An die Mutter.

Leipzig, 13. Jan. [1854].

Geliebte Mutter!

Schon seit vorgestern Morgen bin ich hier in Leipzig, wohin ich die Reise mit Joachim zusammen gemacht habe, und noch konnte ich keine Minute finden, Dir meine Nähe brieflich kund zu thun. Auch heute giebt es für mich keine Zeit; in ein paar Augenblicken kommt Graf Tyszkiewicz[1].

Seit zwei Tagen habe ich keine Zeile hinzufügen können. Ich komme nicht zu mir selber.

Volkmann ist hier, Raff ist hier — mit Joachim bin ich natürlich so viel als möglich zusammen, er spielte neulich Donnerstag im Concert, gestern Sonnabend im Quartett. Mit Tyszkiewicz, der ein ganz prachtvolles Exemplar von einem Kunstfanatiker ist, habe ich mich sehr intimirt — und große Lust bekommen, doch vielleicht noch diesen Winter nach Paris zu gehen, wo er mir gewiß sehr wesentliche Dienste leisten wird, wie ich, aus seinem äußerst freundschaftlichen Wesen gegen mich hier, mir vorstelle.

Morgen früh reise ich nun mit Raff nach Weimar, wohin mich Liszt auf das bringendste eingeladen hat zu verschiedenen Malen. Ich bitte Dich, mir gütigst umgehend

---

[1] Graf T., Musikschriftsteller, Mitarbeiter der Brendel'schen Zeitschrift.

nach Weimar hierauf zu antworten, ob Du meine Wohnung aufgegeben hast oder nicht, und ob ich Obdach- und Heimathloser, geplagter Irrfahrender jetzt in Dresden habe, wohin mein Haupt zu legen?

David ist artig gegen mich. Er hofft, daß ich im Februar spiele, aber vor Allem ein Concert von Beethoven. Nun muß ich mit Liszt berathen. Du hättest ihm vielleicht eine Zeile wieder schreiben können, und Deine Bedenken aussprechen, wo und in welcher Weise Du deren hast gegen seine Rathschläge, da ich mich mit dergl. nicht befassen kann. Ich kenne die Antwort, die mir Liszt geben würde!

Ich sende hierbei mein Geburtstagsgeschenk, das ich in Hannover (aus Braunschweig) erhalten habe — es war die einzige Erinnerung, ich hatte selber nämlich gar nicht daran gedacht — die Schachtel genirt mich auf der Reise und ich will sie doch sehr gerne conserviren!

15. Januar früh.

Ich bitte um Vergebung wegen meiner neulichen Morosität — aber ich habe wenig Grund zu Behagen.

188.

An die Mutter.

Weimar, 23. Januar 1854.

Geliebteste Mutter!

Wie sehr danke ich Dir für Deinen Brief und wie froh bin ich, ihn noch vor meiner Abreise erhalten zu haben! Ich denke nun morgen früh fortzufahren und spätestens Abends 9 Uhr in Dresden anzulangen. Mir ist ruhiger zu Muthe als vorbem, doch immer noch etwas fieberhaft und Besseres zu wünschen übriglassend. Heute habe ich ein Beethoven'sches Concert bei Liszt gespielt, der leider immer beschäftigt und auch abgespannt war. Er ist doch sehr gut.

189.
An Franz Liszt.

Dresde, 27 Janvier 1854.

Mon très-cher et illustre maître!

C'est pour vous exprimer d'abord ma vive reconnaissance des mille bontés de votre part durant le séjour que je viens de faire chez vous à l'Altenburg, et puis pour vous rendre compte de l'exécution de vos ordres à Leipzig, que je viens si tôt vous molester de ces quelques lignes.

»*A bove principium*«. Je commence par Schloenbach. J'ai eu quelque peine à lui faire entendre raison, mais enfin j'ai réussi. Je vous fais grâce des péripéties de notre discussion; le résultat est: que Schloenbach consent à rentrer dans l'ignominieuse possession des six Louis Weimarois, mais en menaçant Weimar de faire cadeau de ces 6 Louis aux indigents de Leipzig, pour avoir devant vous et devant lui-même la conscience nette, de n'avoir pas fait de l'art payé. Je suis parvenu à le dissuader d'envoyer la quittance de la caisse des pauvres à Ziegesar, qui n'en saurait que faire. Si cependant vous vouliez faire plaisir à Schloenbach, vous engageriez Mr. de Ziegesar à échanger ces 6 Louis, quasi à l'insu de Schloenbach, contre un cadeau quelconque, comme on en fait en de semblables occasions. Le moindre souvenir de ce genre couronnerait tous ses voeux. — Schl[oenbach] a promis de ne plus démentir aucun des canards qui circuleront sur votre compte. — Puis il m'a prié de vous demander une réponse quant au projet d'un journal artistique à Jena en compagnie de Hettner, etc.

Klemm vous aura envoyé, je pense, la musique de Schumann que vous désiriez avoir.

J'ai fait une visite à David, qui m'a fort bien accueilli et fort amicalement communiqué qu'on avait rejeté sa proposition de m'engager pour un concert d'abonnement. L'acharnement de Jenny Lind contre ma personne forme un des obstacles les plus solides. Comme elle a promis de chanter vers la fin de la saison, elle a déclaré qu'elle ne tiendrait point sa promesse, si moi, je débutais auparavant. — David m'a assuré qu'il ferait tout son possible pour que je joue dans un des extra-concerts au Gewandhaus (pour le »*Pensionsfond*« ou pour les pauvres), où on ne recontrerait point l'opposition du comité, c'est à dire de Mr. Schleinitz.

J'ai écrit à Wagner, pour le tranquilliser quelque peu au sujet du *fiasco* de son Lohengrin à Leipzig. Ritter s'est joint à moi dans cette bonne oeuvre; Richard Wagner débordait de projets des plus insensés, p. ex. celui de demander son amnistie au roi, puis de se livrer lui-même au gouvernement, etc., et tout ceci est le résultat de l'article de Hoplit.

On vient de m'inviter à jouer à un des concerts philharmoniques de Hambourg; je ne sais pas encore si j'accepterai.

Mes projets pour l'avenir se concentrent en ce moment sur la question de l'engagement pour Varsovie chez un géneral russe, dont j'ai eu l'offre par l'intermédiaire de Banck et de Lipinski. Pour ma part j'y serais fort disposé — et ma mère paraît le désirer de même. Je disparaîtrais alors pour quelque temps du théâtre de mes »péchés«, et cesserais de me trouver dans la nécessité de contracter de nouvelles dettes.

Pohl est de retour aussi, un peu impatienté par les mauvais traitements qu'on lui fait subir à Leipzig, à cause de son attachement au »romanticisme«. Il m'a demandé si vous ne m'aviez point parlé de — sa Cantate, — si j'ai bien compris.

Berlioz est à Paris, n'est-ce pas? Lipinski voudrait lui écrire, pour lui demander les parties d'orchestre des morceaux de musique qu'il fera exécuter à Dresde.

Rien de nouveau du reste. Mr. de Talleyrand joue la comédie ce soir et demain soir encore, en l'honneur de la fête de la reine, et au bénéfice des pauvres.

Je me permets encore de vous prier de ne pas oublier votre promesse — de nous envoyer bientôt un exemplaire du »*Festgesang*«. Veuillez aussi me mettre aux pieds de Mme la Princesse.

Adieu pour aujourd'hui, et pardon de vous avoir ennuyé si longtemps.

190.
An Frau von Milde (Weimar).

Dresden, 5. Febr. 1854.
Lüttichaustr. 29.

Verehrte Frau und Künstlerin!

Wenn es nicht zu verspätet ist und Ihr Interesse für jene alten Lieder, deren Werth in dem Namen besteht, welchen Sie mir auf die Widmung zu schreiben erlaubten, noch nicht ganz erloschen ist, so möchte ich fast dem Zufall — in der Gestalt der unverzeihlichen Nachlässigkeit des Verlegers — danken, daß er mir Gelegenheit giebt, Ihnen mein erstes Werk mit diesen begleitenden Zeilen selbst zuzusenden.[1]

Ich empfehle Ihnen meine Lieder nicht nach Art junger Componisten mit der Bitte, denselben gelegentlich durch Ihr wundervolles Talent eine unverdiente Ehre zu verleihen; ich hatte die höhere Ambition, sie für Ihr einsames Musikzimmer zu componiren, nicht für Salonzuhörer. Falls ich jedoch Sie noch einmal wiedersehen sollte, so würden Sie mich unendlich glücklich machen, mir das eine oder andere, das Sie vorziehen, durch Ihren Gesang für mich allein, zu — veredeln.

Es war mir bei meinem neulichen Aufenthalte in Weimar Ihre Gegenwart so flüchtig gegönnt, daß ich vergaß, Ihnen für die so gütige Aufbewahrung einiger mir besonders werthvollen Manuscripte zu danken, mit denen ich noch dazu das Unglück hatte, Ihnen einen unwillkürlichen

---

[1] „Sechs Gedichte von Heine und Sternau". In Musik gesetzt für eine Sopran- oder Tenorstimme mit Begleitung des Pianoforte und Frau Rosalie von Milde zugeeignet von Hans von Bülow. — Op. 1. Leipzig, bei C. F. Kahnt 1853.

Schrecken zu bereiten. Daß ein solches Nichts Sie übrigens so erschrecken konnte, ist ein wenig fremd und mißtrauisch von Ihnen gegen mich und würde mich fast noch befangener, als ich es schon bin, für den Vortrag einer Bitte machen, deren gütige Gewährung mir am Herzen liegt[1]: — — — — — — — — — — — — — — —
— — — — — — — — — — — — — — — — — —

Indem ich meinem verehrungsvollen Gruße noch die Bitte beifüge, mich Ihrem Herrn Gemahl empfehlen zu wollen, zeichne ich mich

als Ihren treuergebenen
Bewunderer und Verehrer
Hans v. Bülow.

191.

Un die Mutter.

Hamburg, 13. Febr. 1854.

Geliebte Mutter!

Nur sehr flüchtig kann ich Dir heute das Nothwendigste schreiben. Ich habe gespielt und gesiegt — das ist das Erste. Meine auswendige Execution des Es-dur-Concerts hat sehr imponirt. Es ist gut gegangen. Der Beifall war nicht gerade sehr extensiv, aber doch der Art, daß man mich allgemein auffordert, noch ein Concert — eine Kammermusiksoirée — zu veranstalten, oder doch im Theater zu spielen. Eines von beiden wird sich realisiren lassen. Mittwoch werde ich Antwort erhalten über die Möglichkeit (resp. Garantirung) einer Triosoirée oder dergl.

[1] Betrifft eine Privatangelegenheit.

An Joachim habe ich eben geschrieben, angefragt, ob ich nicht in dieser Zeit in Hannover bei Hof spielen könnte. Ich warte darüber natürlich auch Antwort ab. Nach Braunschweig werde ich erst später — d. h. nachdem ich über das Vorhergehende sicheren Bescheid habe — schreiben; jedenfalls eine Garantie verlangen von Reise und Aufenthalt (auf 8 Louisd'or taxirt.)

Ich bin jetzt so furchtbar in Anspruch genommen, daß ich nicht Zeit habe, weitläufig zu schreiben; musikalische Déjeuners, Diners, Soupers wechseln sich ab. In den ersten Tagen war ich sehr verdrossen, auch die Reise war sehr fatal — und viel theurer als ich vermuthet, wegen des nächtlichen Schnellzugs. Jetzt eben war eine Pianistin da, die in 14 Tagen ein Concert giebt, und mich bat, ihr über eine Rhapsodie von Liszt, die sie spielen will, Aufklärung und Rath zu ertheilen; gleich darauf ein Componist, der mir einige seiner Werke schenkend empfahl, und so hetzt sich das. —

Ich fahre fort nach dieser Unterbrechung.

Mein Aufzug war in Berlin zu nachläßig, um Arnims besuchen zu können, so hinterließ ich eiligst bei Louisen, die nicht zu Hause war, Isidorens Briefe und küßte die schlafenden Kinder auf die Stirn. Im Anfang hatte ich hier sehr viel Schwierigkeiten ein gutes, mir in der Spielart convenirendes Instrument zu finden. Endlich war ich so glücklich durch die unvermuthete Begegnung mit Freund Speidel aus München Hülfe zu finden, der seit einigen Tagen hier war und gern hätte auftreten wollen, was ich nun wider Willen verhindert.

Unser Zusammentreffen war wirklich sehr originell.

Wir begegnen uns an der Thüre des Hotels, in dem wir beide wohnen, auf dem Wege zu derselben Dame, an welche wir beide mit Empfehlungen adressirt waren. Für eine komische Oper eine prächtige Scene!

Es war mir sehr angenehm und erfreulich, einen Begleiter und Collegen gefunden zu haben, mit dem ich mich sehr gut vertrage, und der meinetwegen auch seinen vergeblichen Aufenthalt hier verlängert.

Das Leben ist hier überaus trefflich und nicht so enorm theuer, als der Ruf geht. Mit Wien gar nicht zu vergleichen.

Und welch' herrliche Stadt! In der That prachtvoll — wo ich wohne ganz venetianische Blicke! Und dieses angenehme Klima mit der warmen Seeluft — so daß man nicht friert, trotz der überaus „hanebüchenen" Kälte, die wieder eingetreten ist.

So wie ich diesen Brief beendet, muß ich nach Altona, einige musikalische Autoritäten — Marxsen[1], Böie u. a. besuchen; man ist mir von Seite der Musiker — unberufen — mit großem estime entgegengekommen, ich werde als ein ›quelqu' un‹, nicht als ein «quelque chose» behandelt. Das thut wohl.

Aber unberufen, unberufen, unberufen!

Sonst muß ich's nächstens widerrufen, wie es mir stets bis jetzt passirt ist.

Wie gesagt — ich kann Dir nicht gleich bestimmte Antwort geben, muß das abwarten, wovon ich Dir auf der ersten Seite sprach. Du wirst daraus ersehen, daß

---

[1] Eduard M. (1806—1887), Lehrer von Johannes Brahms.

ich nicht unpraktisch, sondern ziemlich expeditiv, — aber auch vorsichtig im negativen Sinne zu sein suche, indem ich nicht sofort Alles von der Hand weise, was sich etwa darbieten könnte.

W.'s Brief hat mir freies Parquet verschafft. Etwas Anderes wird er nicht bewirken — also sei hierüber ruhig.

Mit Kapellmeister Ignatz Lachner bin ich durch Speidel bekannt geworden, und sehen wir uns öfters.

Wenn Du wüßtest, wie abgetrieben ich heute bin; um $1/_21$ Uhr zu Bett gegangen, um 7 Uhr aufgestanden und unzählige unabweisbare Besuche schon um 11 Uhr erlitten.

Das Reisegeld würde ich Dir heute dankend zurückschicken — wenn ich es wechseln lassen könnte in Papier, das der Kellner nicht bei der Hand hat; und die Zeit fehlt mir.

Lebe recht wohl und bleibe mir besonders gut.

192.

An die Mutter.

Hamburg, 16. Februar 1854.

Man drängt mich sehr, ein Concert zu geben, d. h. eine Kammermusiksoirée. Ich werde mir dieselbe geben lassen und mich dabei ganz passiv verhalten. Durch mein Programm werde ich hiesige Künstler, von denen es einige als Componisten recht beachtenswerthe giebt, mit in's Interesse ziehen. Da das Publikum der philharmonischen Concerte einem bestimmten und beschränkten Kreise angehört, so muß ich nun auch für andere Kreise mich hören lassen. — Diese Soirée wird freilich erst im Laufe der nächsten Woche stattfinden können.

Nach Braunschweig werde ich heute schreiben und verlangen, oder anfragen, daß oder ob mir eine Anzahl Louisd'ore garantirt wird.

Auf den März hat mich Adolf Glasbrenner[1] gebeten, ein Concert seiner Frau zu unterstützen; ich habe eine „elastische" Antwort gegeben.

Mit Joachim bin ich in Verhandlung getreten. Er hat mir bis jetzt nur flüchtig geantwortet und erst zu wissen verlangt, wie lange ich in Hamburg verweilen werde. Ich hoffe sehr, daß sich ein Hofconcert macht.

Graf Platen ist Intendant des Theaters geworden, also Autokrat aller musikalischen Angelegenheiten.

Sind Musikalien von Pesth angekommen? Mir ist sehr ungeduldig zu Muthe, weil ich warten muß, und so Vieles erwarte.

Sonst bekommt mir das Hamburger Leben ganz gut. Ich soll sehr wohl aussehen, gehe viel spazieren und trinke viel Thee und Kaffee, die hier ganz prachtvoll sind, wie überhaupt alles Gastronomische.

Flügel habe ich fast nebenan; das Unangenehme sind nur die vier Treppen, bei denen mir oft der Athem ausgeht.

---

[1] Der satyrische Schriftsteller (1810—77), vermählt mit der Schauspielerin Adele Peroni († 1895).

Matinée musicale

von

Hans von Bülow,

unter gütiger Mitwirkung der Herren

J. Böie und C. P. Grädener.

PROGRAMM.

1. Trio von *Grädener.* für Pianoforte, Violine und Violoncell. (E-dur. Manuscript.)

2. Sonate von *Beethoven*, für Pianoforte und Violine. Op. 47. (A-moll.)

3. Hochzeitsmarsch und Elfenreigen aus *Mendelssohn's* Musik zum „Sommernachtstraum", für das Pianoforte von *Franz Liszt.*

4. Trio von *Beethoven.* Op. 70. (D-dur.)

193.

An die Mutter.

Hamburg, 24. Febr. 1854.

Motto: Unberufen, unberufen, unberufen!

Geliebte Mutter!

Der Kopf thut mir zwar sehr weh und ich habe Mühe, mich so weit zu erholen, daß ich heute Abend mein Concert im Theater geben und darauf noch einen großen musikalischen Salon mit meiner Gegenwart und meinem Spiel beglücken kann. — Aber ich habe doch einen freien Augenblick, der mir eine Zeile gestattet. Gestern gab ich meine musikalische Matinée — siehe Programm. Sie war brillant! Alles was Hamburg Elegantes und Angesehenes hat, hat sich darin Rendezvous gegeben. Meine reine Einnahme betrug gegen 20 Louisb'or. Ich sende Dir hiermit fünf als Rückerstattung eines kleinen Theiles des vielen Virtuosenreisegeldes, das ich Dir in letzter Zeit gekostet, und bezahle mit anderen fünf unterschiedliche Schulden. Am 1. März muß ich Glasbrenner's Concert versprochener Maßen unterstützen — am 6. März wird eine Soirée in Altona stattfinden — am 11. März soll ich in Braunschweig spielen, wo Joachim mir seine Mitwirkung zugesagt. — Es wäre oll, kehrte ich jetzt nach Dresden zurück; reichliche vierzehn Tage werde ich jedenfalls noch abwesend sein. Dies meine vorläufigen Pläne — möglich, daß sich Manches ändert, Du erfährst es dann sogleich von mir. Ich habe nicht früher geschrieben, um erst das Resultat meiner Matinée abzuwarten und Dir Erfreuliches melden zu können.

Wie sich bis jetzt für mich Soiréen, Soupers, Diners,

Déjeuners abwechselten, wie viel ich in den Salons fêtirt und cajolirt worden bin, — das läßt sich gar nicht beschreiben, meine Bekannten sich nicht mehr zählen. Ich bin der Liebling der ganzen wohlhabenden, überdies aristokratisch anständigen Gesellschaft — man reißt sich um mich, die Musiker — die künstlerischen — haben mich unendlich gern und wollen mich keinesfalls fortlassen, bis ich nicht zugesagt, im Herbst wiederzukommen und Soiréen zu veranstalten. — Dabei so wenig socialer Zwang, kurz, bis jetzt war's hier ganz prächtig, prächtiger als irgendwo und je. Graf Redern hat mir einen Brief an seinen Schwager geschickt — (sonst nichts wegen Hofconcert erwähnt), den ich noch nicht einmal habe abgeben können.

Ich spiele viel Klavier — weil ich muß — ich muß mein ganzes Repertoir inne haben und immer bereit sein, jedes beliebige Trio von Beethoven, Mendelssohn u. s. w. vom Blatt zu spielen.

Wenn's nur noch eine Zeit lang anhält und so gut fortgeht!

Wie geht Dir's? Wie Isidoren? Schreibt bald, mir fehlt wahrhaftig die Zeit.

Wie steht es mit Louisen und dem Hallischen Antiquar? Ich wünsche sehr, daß ich von jedem Autograph, was existirt, in Kenntniß gesetzt werde; namentlich Novalis soll unter keiner Bedingung ohne Weiteres hergegeben werden. — Wenn es mir möglich ist, wenn ich z. B. heute im Theater etwas einnehme — ich glaube, keinen Schilling! — so mache ich die Sache ab[1].

---

[1] Wahrscheinlich handelte es sich um einen beabsichtigten Verkauf der Bibliothek Eduard von Bülow's.

Auch an Köpke ist ohne mich nichts zu verabfolgen! Bitte, sei so gut, dafür zu sorgen. Laßt mich bald etwas erfahren.

Lebewohl einstweilen

Dein Dich liebender Sohn
Hans v. B.

Viele Grüße an Isa — wie selbstverständlich. Was hat Max Duncker geantwortet?

Die Presse lobt mich mit fabelhaftem Respekt. Ich werde als Autorität gelegentlich angeführt; „Meister — genial" sind schon abgedroschene Prädikate.

194.
An die Mutter.

Hamburg, 28. Febr. 1854.
Hôtel de l'Europe („2 Treppen"!)

Geliebte Mutter!

Vielen Dank für Deinen Brief und meine Gratulation zu Isidorens buchhändlerischer Bescheerung. — Hoffentlich hast Du meine sich mit diesem Briefe gekreuzt habenden Zeilen erhalten.

Im Theater wenig Menschen, viel Beifall. Ich habe natürlich »pour le roi de Prusse« gespielt, der mir leider wenig Dank wissen wird.

Viel Soiréen durchgemacht, z. B. gestern eine, wo es sogar gedruckte Programms gab. Siehe Beilage.

Morgen ist das Concert von Madame Glasbrenner. Es ist solcher Zudrang gewesen, daß schon heute Leute haben abgewiesen werden müssen. Aus Braunschweig und Hannover sind Sänger und Sängerinnen dazu hergekommen. Glasbrenner ist allerdings Brennglas und ein still gemüthliches Haus. Ich spiele einen Satz aus der Sonate von Brahms, Liszt's Sommernachtstraum, mit dem ich hier Furore gemacht — (den ich überall herumspielen muß) — Liszt's Lucia und Valse-Impromptu.

Montag 6. März wird wahrscheinlich Soirée in Altona sein — Trio von César Franck, Sonate mit Violoncell von dem hiesigen Componisten Gurlitt — auf Verlangen Kreutzersonate, die mein Partner Böie famos spielte, und ein Solo.

9. März großes Privatconcert in dem — Palaste kann man sagen, des Senator Jenisch. Eine schöne Spanierin aus Malaga, an einen hiesigen Kaufmann Chapeaurouge verheirathet, wird u. A. da sein.

Möglich, daß ich nun am 14. März in Braunschweig concertire.

Viel vor dem 20. März bin ich also nicht zurück zu erwarten.

Der Musikalienhändler Schuberth hat mir bisher — unberufen — große Liebenswürdigkeit gezeigt. In diesen Tagen erwartet er Antwort aus Kiel, wohin er meinetwegen geschrieben hat.

Wie steht es mit dem Hallischen Antiquar? Der 1. März war der Termin, bis zu dem ich ihn zu warten bat.

Sei nicht böse — nach dem Thee werde ich mich informiren. Aber die Steuer an der Grenze! Ist der Gegenstand dessen werth? Warum schreibt mir nicht Isa eine honoraraufgeblähte Epistel? Die hätte mich amüsirt.

Gehetzt, ennuyirt und aufgeregt, bei krampfhafter Mäßigkeit mit unordentlichem Magen und Kopfwehansätzen, die nur aus Zeitmangel bescheiden bleiben,

Dein
Dich liebender Sohn.

195.
An die Mutter.

Hamburg, 7. März 1854.

Geliebte Mutter!

Es freut mich, daß Du mir geschrieben hast, d. h. daß ich heute Morgen den Brief erhalten habe, denn ich hatte die Absicht, Dir sofort nach meinem Aufstehen Nachricht zu geben, wenn auch unzusammenhängend, wie es nun einmal nicht anders geht. Vor Dresden schaudert mir (oder mich) ein wenig nach Deiner Schilderung. Doch darf ich nun auch nicht länger mehr hier verweilen, wo es mir so gut gefällt. Jetzt muß ich aus mancherlei Gründen fort. Erstlich concertirt Lacombe (ein ganz tüchtiger Pianist und Musiker und prächtiger Mensch) und ehe der fertig ist, löst ihn die Clauß[1] ab, die auf vier Concerte in acht Tagen von einem hiesigen Entrepreneur engagirt worden ist. Fräulein Wilhelmine war gestern Abend in meinem Altonaer Concert, das mir Böie unter seinem (beliebten und bekannten) Namen arrangirt hatte. Es war recht gemüthlich. Das Resultat ist geeignet, mir ein paar neue

---

[1] Wilhelmine C. (1834), Pianistin, an den Schriftsteller Szarvady verheirathet.

Mittwoch, den 1. März 1854.

Im Apollo-Saale:

Grosse
musikalisch-deklamatorische Soirée

von

Adele Peroni-Glassbrenner.

PROGRAMM.

Erster Theil.

1. "*Blumenglöckchen*," Terzett von *Reissiger*, vorgetragen von den Damen *Fanny* und *Adele Cornet* und *Bertha Holm*.
2. "*Charlotte Ackermann*," Gedicht von *Rud. Gottschall* (Manuscr.), vorgetragen von *Adele Peroni-Glassbrenner*.
3. *Recitativ* und *Arie* aus "*Jakob und seine Söhne*," von *Mehul*, vorgetragen von dem Herzogl. Braunschw. Hof-Opernsänger, Herrn *Franz Himmer*.
4. *Erster Satz* aus der *C-dur-Sonate* von *Johannes Brahms*, vorgetragen von dem Pianisten, Herrn *H. v. Bülow*.
5. *Grosse Arie* aus "*Il Giuramento*," von *Mercadante*, vorgetragen von der Königl. Hannov. Hof- und Kammersängerin, Frau *Madelaine Nottes*.
6. "*Fliegendes Blatt*," von *Grädener*, } vorgetragen von
   Andante finale de la Lucia, von *Fr. Liszt*, } Herrn *H. v. Bülow*.
   Valse Impromptu, von *Fr. Liszt*,
7. "*Ade, du lieber Tannenwald*," Lied von } vorgetragen
   H. Esser, } von Herrn
   "*Sei mir gegrüsst!*" Lied von *Fr. Schubert*, } *Franz Himmer*.

Zweiter Theil.

8. "*Liebesqual*" und "*Die Auserwählte*," Quartette von *Fr. Kücken*, vorgetragen von den Damen *Franziska, Fanny* und *Adele Cornet* und *B. Holm* und vier Herren.
9. "*La Serenata*," Duett von *Rossini*, vorgetragen von Frau *Madelaine Nottes* und Herrn *Franz Himmer*.
10. (Auf vielfaches Begehren:) *Hochzeitsmarsch und Elfenreigen* aus *Mendelssohn's* Musik zum "*Sommernachtstraum*," für Pianoforte von *Fr. Liszt*, vorgetragen von Herrn *H. v. Bülow*.
11. *Komisches Duett* aus "*Chiara di Rosemberg*," von *Ricci*, vorgetragen von Herrn *Santerre* und einem Dilettanten.
12. "*Eine Gardinenpredigt*," komisches Zeitgedicht von *Ad Glassbrenner* (Manuscr.), vorgetragen von *Adele Peroni-Glassbrenner*.
13. "*Das erste Veilchen*," Lied von *Fr. Mendelssohn*, } vorgetragen von
    "*Trockne Blumen*," Lied von *Fr. Schubert*, } Frau *Madelaine*
    "*Waldvöglein*," Lied mit Piano und obligatem } *Nottes* u. Herrn
    Violoncell. } *G. d'Arien*.

Die Zeichen stammen von Hans v. Bülow's Hand.

lackirte Stiefel, Hut und Gehrock zu procuriren, wie auch Isa's Roman-Wunsch zu erfüllen. Trotz der ermüdenden Nachtreise von Berlin her, blieb sie (die Clauß) bis zu Ende und machte mir am Schlusse Complimente. Sie ist nicht hübsch — übrigens bin ich doch neugierig auf ihr Spiel und werde sie heute besuchen. Hier ist sie von früherem Andenken her ungemein beliebt. — Heute ist Soirée bei Schuberth, dem stellvertretenden Bruder des bekannten Musikalienhändlers, der jetzt in Newyork lebt. Fritz Sch[uberth] ist bis dato sehr liebenswürdig und ich revanchire mich. — Morgen Quartettsoirée in Altona (das von Hamburg nur durch einen kleinen Graben, den man überspringen kann, getrennt ist), der ich, nach einer Stunde Aufenthalt in der Oper, beiwohnen muß. Donnerstag früh Matinée von Lacombe. Abends Concert der Clauß, aus dem ich in die Monstresoirée zu Hamburgs Monarchen, Senator Jenisch, eile. Freitag reise ich nicht; also geht es Samstag fort, direkt nach Braunschweig, wo ich Dienstag den 14ten mein Concert im Theater gebe.

Dann möglicherweise nach Berlin, doch wahrscheinlicher (bis jetzt) nach Dresden zurück.

Also bitte — nächste Briefe nach Braunschweig poste restante oder — Deutsches Haus.

Kiel habe ich aufgegeben.

In den Zeitungen las ich, daß Livia in Wiesbaden öffentlich in Concerten gesungen und namentlich Lieder von Mendelssohn mit großem Beifall. —

Wolle mir drei Exemplare von Rigoletto nach Br[aun-schweig] senden!

Nach dem Concert waren wir gestern bei einer Madame

Petersen in Altona, sehr gebildete Dilettantin und sehr vergnügten Humors.

Das Leben war hier ganz erträglich — natürlich fehlten die kleinen Miseren nicht, zum Theil von mir selbst geschaffen.

Die Hetze thut bisweilen wohl, ist in meinen Jahren gesund; und die geistige Leere ist wahrhaftig hier in den Kreisen, die ich frequentire, nicht so souverän, wie anderwärts.

Die Nachrichten aus Weimar hätten mich mehr alterirt, wenn ich nicht darüber blasirt worden wäre durch viel Traurigeres, das ich vor einigen Tagen erfahren, und das mich ganz fieberhaft erschüttert hat: — das tragische Ende Schumann's. Der hat sich vor acht Tagen in einem Anfall von Zerrüttung (er hatte in letzter Zeit fortwährend Geistererscheinungen) in den Rhein gestürzt, wurde zwar bald von Schiffern gerettet, ist aber seitdem ganz wahnsinnig in einem Irrenhause bei Bonn! Joachim ist ganz trostlos — und hat sich nebst Brahms nach Düsseldorf sofort zu der beklagenswerthen Frau begeben. Ich hatte mich unendlich auf die Annäherung an diesen seltnen hohen Künstlergeist gefreut, die mir Joachim letzthin eifrig vorbereitet hatte, so daß durch ihn mich Robert Schumann auffordern ließ, ihn doch gelegentlich zu besuchen. Das Leben hat für mich wieder Etwas eingebüßt. Natürlich kann Joachim jetzt gar nicht daran denken, öffentlich zu spielen und meinetwegen nach Braunschweig zu kommen.

Neulich sah ich einen freundlichen alten Mann, einen Gelehrten Lappenberg, der mit Papa in Correspondenz gestanden und auch Dich kennt. Erinnerst Du Dich seiner?

Liszt's „Sommernachtstraum" habe ich jetzt gerade ein Dutzend Mal theils öffentlich, theils in den Salons gespielt.

Entschuldige, daß ich mit dem Papier so ökonomisch verfahre. Nehme ich aber einen neuen Bogen, so schreibe ich ihn wieder voll und dazu fehlt die Zeit.

Lebe wohl, liebe Mutter — auf baldiges Wiedersehen.

Ein sehr angenehmes musikalisches Haus ist hier das des Eisenbahndirektors Wolff. Seine jetzige Frau ist die Wittwe Immermann's — und nimmt viel Interesse an mir.

Der Maler Professor Grünler wohnt ein paar Thüren von mir. Er läßt sich Dir mit vielen Empfehlungen wieder in Erinnerung bringen.

196.

An die Mutter.

Braunschweig, 14. März 1854, Abends 10 Uhr.

Geliebte Mutter!

Du hast wohl am Ende meinen letzten Brief aus Hamburg (mit einer Einlage an Thode) nicht erhalten? Ich bat Dich darin, mir bald darauf zu antworten, so daß ich einige Zeilen hier vorfände. Auf solche warte ich nun hier seit vorgestern vergebens, und weiß also vorerst gar nicht, was ich anfangen soll. Sonnabend, den 11., reiste ich von Hamburg ab, wo ich auf die dort verlebte Zeit mit recht ungetrübtem Vergnügen zurückblicken konnte. Vier und zwanzig Stunden ungefähr blieb ich in Hannover, wo ich mit Joachim und Klindworth auch ganz anständig mich amüsirte und recht gutes Quartett bei ersterem hörte.

Hier dagegen ist es ganz schauerlich.

So eben ist mein Concert im Theater vorüber. Die besseren Sänger waren heiser und das Interesse war lediglich auf mich beschränkt. Es war ziemlich leer — das Publikum blieb ziemlich frostig — außer beim Concert von Beethoven und kurz — ich bin sehr unzufrieden. Vor Allem möchte ich nun wissen, ob ich in Dresden absteigen kann — mein Zimmer ist aufgegeben — wo also? Nach Berlin habe ich jetzt wenig Lust. Dort müßte ich im Hotel mich prellen lassen — darnach sehne ich mich nicht gerade.

Man hatte mir hier für's Concert eine ganz ungünstige Zeit gegeben. Die vor einigen Tagen angezeigte bevorstehende Ankunft der noch nicht gesehenen Pepita[1] hat die lokale Neugier aufs höchste gespannt und man spricht von nichts Anderem. Es schien sich hier Manches gegen mich verschworen zu haben. Sehr schlechter Flügel — Rittmüller hatte mir ein vortreffliches Instrument von sich versprochen — er kam selbst mit herüber von Hannover und wir erwarteten das Versprochene aus Göttingen, beide umsonst — jetzt ist es da — ein paar Stunden vor dem Concerte, also zu spät angekommen. Auch der Herzog ist verreist.

Gestern langweilte mich Herr v. P. bei sich mit drei

---

[1] Tänzerin.

anderen Lieutenants und dem Tenorist S., dem ich ungefähr zwei Dutzend Lieder seiner musikalisch blaustrümpfelnden Frau begleiten mußte, welche letztere ziemlich österreichisch aber noch etwas angänglicher ist als ihr Mann. Morgen Abend hoffe ich durch einen Brief von Dir in den Stand gesetzt zu werden, mich nach Dresden zu begeben. Sollte das nicht der Fall sein, so gehe ich trotz Ida Spohr's Liebenswürdigkeit ein paar Tage nach Hannover zu Joachim. In Hannover ißt man doch ein wenig besser als hier — hier ist es unterm Nachtwächter. Elender Thee, elender Kaffee, elendes Diner, kein Porter, kein Chester — alles miserabel; wenn man von Hamburg kommt, kann das Einen bis zum Selbstmord treiben.

Jetzt merke ich erst, wie wohl sich mein physisches Selbst, mein Magen vor Allem, in Hamburg befunden. Ich könnte sentimental werden, denke ich daran zurück! Das materiell gute Leben heißt viel, sehr viel. Es lebe der Materialismus!

Rosalie Spohr concertirt jetzt in Holland. Ida besuche ich natürlich öfters; sie ist sehr aimable. Aber das „reicht nicht", wie die Post witzig auf meines Berliner Freundes J. v. Kolb Brief bemerkt hatte. Ich bin fabelhaft durch Hamburg verwöhnt. Nächsten Donnerstag hätte ich bei Jenisch speisen sollen und wie! Es ist kein Scherz, wenn ich Dir versichere, daß mir die Thränen im Auge stehen. — So ein Hamburger Frühstück! Es lebe Krebs! Nieder mit Hoplit!

Nächsten Sonnabend oder Sonntag kommt ein Packet aus Hamburg an mich in Dresden an. Da ist unter Anderem viel guter Thee für Dich darin. Mache es also auf.

Es wird ein Brief von Schuberth dabei sein. Hoffentlich habe ich bald Nachricht von Dir.

Abieu —. ich bin schläfrig und sehr, sehr verdrießlich. Lebe wohl.

Bemitleide mich!

197.
An die Mutter.

[Hannover, zwischen 14. und 17. März 1854.]

Geliebte Mutter!

Deine beiden Briefe habe ich heute und gestern hier erhalten. Mit dem Nachtzuge heute Abend werde ich nicht reisen — sondern erst Sonnabend früh. Der Hauptgrund davon ist, daß Litolff, dessen Violinconcert heute von Dreyschock[1] gespielt wird, sich entschlossen hat mit herüberzukommen, und den Verleger gänzlich bei Seite geworfen, nur den liebenswürdigen Künstler und interessirenden Menschen hervorkehrt, dessen Bekanntschaft wiederum zu machen mir sehr wohlthuend ist.

Mein Verdienst und zum Theil auch Joachim's durch mich, ist es, Litolff aus seiner misanthropischen Egoistenglückseligkeit etwas herausgerissen zu haben. In etwa fünf Wochen kommt er auf einige Zeit nach Dresden, wo er sich Dich wiederzusehn unendlich freut. Du stehst wirklich bei ihm in dankbarem Andenken — er hat es mir ganz unzweideutig gezeigt.

---

[1] Raimund D. (1820—69), Koncertmeister am Gewandhaus Violinlehrer am Konservatorium in Leipzig, Bruder von Alexander Dreyschock.

In Thieme's Hotel brauche ich wohl nicht länger als bis 1. April zu wohnen? Kannst Du mir nicht schon ein Zimmer aussuchen? Das wäre sehr gütig. Ich möchte gern ein, wenn auch noch so unbedeutendes, Zimmer für mich haben, in dessen Ecken man, — von der Reise rückkehrend, unsichtbare Erinnerungen placiren kann.

Es ist mir sehr melancholisch zu Muthe. Freitag reise ich auf keinen Fall. Nur der Gedanke daran hat für mich etwas Schaudervolles.

K. Ritter ist im Augenblick auch hier — er geht nach Berlin — und von da wer weiß wohin — ich glaube, ich werde ihn so bald nicht wiedersehen, vielleicht nie.

Wegen des Thees glaube ich, daß Schuberth mir — ebenso wie mit der Photographie — eine Aufmerksamkeit hat erweisen wollen. Nichts desto weniger werde ich in dem Briefe, den ich noch von hier aus an ihn schreiben will, anfragen, welche Auslagen er gemacht hat, um auf ganz nettem Fuße mit ihm zu stehen.

Er hat übrigens etwas sehr Anständiges, besseren Ton und Charakter als seine meisten Collegen.

Vortrefflich wäre es, wenn der alchymistische Versuch mit dem Convictorium gelänge[1]. Dann wäre manche Sorge, die mich drückt, gehoben — auch für die Zukunft eine Aussicht für mich, wenn ich einmal einer Summe nothwendig bedarf.

Die Nacht, bevor ich mich photographiren ließ, habe ich höchstens drei Stunden geschlafen und war sehr melancholisch. Daher das Dich beängstigende miserable Aussehn!

---

[1] Frau v. Bülow wollte das Recht auf Vergebung der Konviktstellen verkaufen.

Vermuthlich ist es dieses Bild gewesen, auf welches sich folgende Stelle aus einem späteren Briefe der Mutter an Isidore bezieht:

„Du erhältst heute ein Daguerreotyp von Hans aus Danzig. Von dem Hamburger sagte Gräfin K.: ›il a l'air de méditer un crime‹ — von diesem könnte man sagen, qu'il l'a consommé — der Künstler wenigstens."

198.

An die Schwester.

Hannover, 17. März 1854.

Liebe Schwester!

Ich glaube, ich habe Dir während der ganzen langen Abwesenheit nicht ein einziges Mal geschrieben. Das klingt sehr schauerlich, und ich beantworte Dir daher heute die eine Hälfte von Mama's gestrigem Briefe, welchen ich heut Morgen in Hannover erhalten habe.

Ich hätte es nicht geglaubt, daß ich mich über die ›tardive‹ (entschuldige!) Nachricht von dem Dresdner Hofconcerte (16. April?) dennoch freuen würde. Aber es ist dem so — ich gestehe es ein.

Nun höre meinen Reiseplan. Ich werde erst in 8 Tagen zurück sein, aber auch nicht später. Ein hiesiger Instrumentenmacher Rittmüller, sehr honetter Mensch, hat mich gebeten, ein Piano von ihm in Braunschweig zu spielen und ich werde höchst wahrscheinlich seinen Wunsch morgen erfüllen, indem ich als gütiger Mitwirker daselbst in dem Concerte einer Sängerin aus Hamburg erscheinen werde.

Heute übe ich Klavier, ein noch nicht von mir gespieltes Stück aus Berlioz' Cellini von Liszt, das in Braunschweig gestochen wird, und von dem ich mir gestern bei Litolff den ersten Abzug mitgenommen habe. Ferner schreibe ich Briefe nach einigen Weltenden und verkehre mit Joachim, bei dem ich diesmal jedoch nicht wohne, da es ihn geniren würde (und mich), wenn er es auch nicht eingesteht. Sonntag tanzt die Pepita — die habe ich nur ein einziges Mal gesehen, als sie noch nicht berühmt war — deretwegen (schlechter Ausdruck) muß ich in Braunschweig bleiben, und das paßt mir um so besser, als mich Joachim Dienstag von dort abholt um mit mir nach Leipzig zu reisen, wo er eingeladen ist, am Donnerstag seine Hamlet-Ouvertüre zu dirigiren. Alle diese Perioden mit den vielen eingeschalteten Zwischensätzen sind schlechter Styl und als abschreckendes Beispiel einzig zu empfehlen.

Über Joachim's musikalische Natur bin ich noch nicht blasirt und ich freue mich so unendlich, wenn ich etwas habe, worüber ich noch nicht abgestumpft bin. Ungenügende Übersetzung des französischen Wortes.

An meinem neulichen bringenden Briefe an Mama ist der Knecht des deutschen Hauses schuld, der mir noch am dritten Tage, nachdem er auf die Post nicht hingegangen war, feierlich versicherte, es sei nichts für mich angekommen — bis ich mir endlich selbst einen Dreier gab.

Falls ein Brief aus Hamburg kommt, so gieb ihn bis Montag früh noch auf die wirkliche Post nach Braunschweig.

Leb wohl, liebe Isidore — auf hoffentliches frohes Wiedersehn.

Den gewünschten Roman bringe ich Dir mit, wie Dir wohl Mama gesagt haben wird. Lerne unterdeß dafür den Titel auswendig!

Herzliche Grüße an Mama!

Die Kunde von Ernst v. Bülow's Heirath[1] hat mich wahrhaft erfreut. Es ist mir lange Zeit im besten Wortsinne nichts Vernünftigeres vorgekommen.

[1] Mit Fräulein Charlotte von Bronikowska.

Dresden — Chocieszewice — Berlin.

Frühjahr 1854 — Winter 1855.

An Franz Liszt.

Dresde, 30 Avril 1854.
Dohnaische Strasse 3. II.

Mon très-cher et illustre maître!

Comme je me plais à pousser ma conscience, comme votre élève, au-delà des limites purement musicales, et comme je connais votre aversion pour les conversations inutiles en la partageant, je n'ai pas osé vous molester d'une correspondance qui aurait mérité d'être rangée dans cette catégorie, depuis ma dernière lettre, dans laquelle je vous rendais compte de l'exécution de quelques commissions insignifiantes.

Mes »faits et gestes« de Hambourg, etc. comme vous daignez plaisamment et complaisamment qualifier mes pauvres tentatives récentes de pianiste de troisième ordre, — un peu plus heureuses peut-être que celles de feu mon début à Vienne l'année passée — m'apparaissaient à mon retour à Dresde tellement mesquins et morts-nés, que les ressusciter par une narration posthume qui aurait pu vous faire sourire, me semblait puéril et inexcusable, partant impossible.

Je me serais sans doute permis de vous donner de mes nouvelles, si j'avais eu quelque chose de sérieux à vous communiquer, p. ex. le résultat des concerts de Berlioz à Dresde, et je n'aurais certainement pas tardé à répondre à votre aimable et bienveillante lettre, pour laquelle je vous prie d'agréer mes remerciments les plus vifs, s'il ne m'avait point paru essentiel d'attendre la soirée d'hier, le troisième concert, qui promettait de devenir décisif.

Eh bien! — c'est un moment bien heureux pour moi de pouvoir vous donner les meilleures nouvelles d'un événement qui ne peut vous tenir plus à cœur qu'à moi, qui ai senti augmenter mon enthousiasme pour Berlioz à chaque audition. La soirée d'hier a été un des plus éclatants triomphes que Berlioz ait célébrés en Allemagne. Une salle pleine, regorgeant de ce qu'il y a de plus choisi, de plus »esthétiquement« élégant parmi le public de Dresde, a fait un accueil chaleureux au compositeur à son entrée. On a souligné chaque morceau du programme par des applaudissements réitérés, des rinforzandos inouïs à Dresde, depuis la fuite de Wagner; on a redemandé le troisième numéro du mystère mystificatif, et battu des mains avec frénésie lorsque d'une loge du second rang une couronne de lauriers est venu tomber aux pieds du compositeur. Malgré sa fatigue, l'orchestre s'est surpassé lui-même à l'exécution du dernier numéro du programme: l'Ouverture du Cellini. Une ovation préparée en silence par la jeune génération de la Chapelle (Reissiger et même Lipinski s'y étaient opposés le matin, — Reissiger du reste s'est fort bien conduit à l'égard de Berlioz, mais son enthousiasme se fige à la limite de l'envie) a terminé cette mémorable soirée au milieu des applaudissements frénétiques de l'auditoire. Mr. de Lüttichau a tout de suite prié l'artiste de lui accorder une répétition du »dernier« concert qui aura lieu demain, lundi. — Ainsi quatre concerts au lieu de deux — et la perspective presque certaine de la représentation du »Cellini«, à laquelle l'exécution des deux Ouvertures de l'Opéra n'auront pas peu contribué. La critique perfide de Mr. Banck a troublé la reprise du Faust. Au second concert il y avait peu de monde, mais il faut ajouter que ce monde appartenait à l'élite du public au point de vue musical, et qu'il s'est montré très expansif. Le remarquable crescendo en nombre de l'auditoire, qui donna hier un si éclatant démenti à la »presse«, se serait déjà fait sentir à la reprise du Faust, sans l'oeuvre de ces vilains insectes, les critiques. Toute la Chapelle et les chanteurs voguent à pleines voiles dans l'enthousiasme. Ils sont heureux d'apprendre à estimer à leur juste valeur leurs talents et leurs capacités, par cet incomparable chef-d'orchestre, qui leur fait sentir la honte et la stérilité des cinq ou six dernières années, et qui tous, à commencer par Mr. de Lüttichau, qui est radieux à un point dont je ne l'aurais jamais cru capable, voudraient retenir Berlioz à Dresde comme maître-de-chapelle. — On peut être content de tout le monde; les meilleures dispositions règnent partout. Mr. Berlioz a dès la première répétition détruit tout germe d'opposition, converti les plus récalcitrants, et Dieu sait combien il y en avait! Enfin — vos prédictions lorsque, vous étiez à Dresde l'année passée, pourraient bien s'accomplir sous peu. Mr. de Lüttichau a déjà fait des avances plus qu'allusoires à Mr. Berlioz, il lui a demandé, entre autres, de mettre en scène et de diriger l'Orphée de Gluck, qu'il veut monter la saison prochaine. A l'observation de Mr. Berlioz qu'il n'y avait pas de place vacante à Dresde, toutes étant fort bien remplies — il a opposé les deux mots assez clairs: »qui sait«!

Figurez-vous qu'il y a huit jours Krebs, à l'église catholique, fit des reproches amers et une réprimande sérieuse à l'orchestre, pour avoir joué si magnifiquement sous la direction d'un »étranger«. Quelle humiliation publique pour les chefs autochthones, sous lesquels il ne leur était jamais arrivé de montrer autant de zèle et d'ardeur! Ceci ressemble à un conte, et pourtant ne l'est point. Krebs sent instinctivement qu'il se prépare quelque chose d'extraordinaire, qui pourrait bien tourner contre lui. »Malgré« cela il est assez bête pour faire de l'opposition non-équivoque contre la sincère et cordiale admiration, que Reissiger de prime-abord a montré et continue à montrer pour les œuvres de Berlioz. L'autre jour à un dîner chez Mr. de Lüttichau auquel j'assistais — Krebs a brillé d'un éclat inaccoutumé par son absence, relevée par la présence de Reissiger, Fischer, Lipinski, Schubert, Dawison, etc. — A ce dîner, donné en l'honneur de Berlioz, il y avait aussi le ministre de Zeschau.

Mr. Berlioz vous écrira probablement lui-même ce matin et vous communiquera ses impressions, ainsi que le degré de sa satisfaction personnelle, — je n'ai donc rien d'intéressant à ajouter à ce chapitre, me réservant toutefois de vous tenir au courant, si vos espérances recevaient une affirmation positive ou approximative.

J'espère que vous avez encore assez bonne opinion de moi, pour ne pas douter que durant le séjour de Berlioz à Dresde, j'ai fait tout ce que j'ai pu pour rendre des services à ce maître, que j'admire et que je révère de tout mon cœur, en me rappelant avec reconnaissance l'origine de cette admiration. Cela n'a pas été grand'chose; par exemple, je n'ai pu faire qu'un seul article préparatoire dans un journal dont le rédacteur n'a pas accepté mon offre d'écrire gratis la critique des concerts, pour ne pas blesser la susceptibilité de son feuilletoniste régulier. Par contre j'ai enrôlé sous le drapeau de Berlioz, sans ostentation aucune, des enthousiastes parmi les artistes, surtout parmi ceux de l'orchestre. A un certain moment donné, il serait peut-être bon de rappeler à Mr. Berlioz que les premiers et les plus chaleureux amis qu'il a trouvés à Dresde dans l'orchestre et dans l'auditoire, appartiennent au parti Wagner et lui appartiennent depuis longtemps. Ces mots, que je viens de tracer — inutilement peut-être — m'ont été suggérés par le souvenir de quelques caquets de Mme Berlioz au sujet de Richard Wagner, qui m'ont assez irrité. Mais elle est, au fond, une excellente femme qui a le défaut d'être un peu bavarde et de raconter une foule de choses auxquelles on aurait tort de prêter grande attention — — — — — —

Ritter est enthousiaste de Berlioz. Quoique souffrant à la suite d'une opération, il m'a secondé à la première exécution du Faust, en prenant avec moi une loge à seize personnes, dans laquelle nous avons invité nos amis et connaissances, tout ce qu'il y a de mieux, par exemple Blassmann, Hähnel, etc.

Mille remerciments pour la partition du »*Künstlerchor*«; — il a fallu un peu m'habituer aux changements rhythmiques que vous avez cru y devoir introduire. L'»alternativa« est pour moi le morceau le plus sympathique. Il est sublime — et je l'avais déjà senti à Carlsruhe.

Vous êtes bien bon de penser à moi, pour me faire connaître vos nouvelles compositions pour Piano. Quant au morceau sur Cellini, je l'ai joué à Brunswick. Il me valut un fiasco — ce qui a encore augmenté mon plaisir, plaisir partagé par Litolff, qui assistait à ce concert comme auditeur. Ce dernier m'a donné les feuilles corrigées de votre chef-d'œuvre de Scherzo. Il y a déjà longtemps que je l'ai étudié.

Je vous enverrai sous peu l'article de Mme la Princesse Wittgenstein, que j'ai traduit pour Brendel. Quant à la signature, il m'a fallu en inventer une, puisque j'avais la conviction intime que vous n'étiez pas l'auteur de cette polémique.

Je vous présente mes excuses les plus humbles pour la »*Flauheit des W. J.*«. C'est par mes mains qu'a passé la correspondance de Singer, dans laquelle j'ai eu le caprice peu justifiable de laisser plusieurs empreintes de ma griffe. J'ajouterai seulement que j'ai agi en cela bona fide; je me rappelle un temps, où des insinuations de ce genre ne vous déplaisaient pas tout-à-fait. Puisqu'il en est autrement à présent, je suis le premier à me rétracter, et je me garderai d'autant plus d'une récidive, que je suis très dégoûté de la plume — de critique. Je laisserai à Hoplit le soin de s'illustrer, et même de se faire canoniser comme »santo« et »chiaro« par ce moyen.

Le son des mots »Weimar« ou »Leipzig« seul suffit pour me donner un accès de fièvre et de rage. Ces misérables ne cessent de me persécuter et de me maltraiter, — j'ai juré que je leur rendrai un jour ce que je leur dois avec usure. Je regrette amèrement mes faiblesses envers David, qui a su en profiter! Ces gens croient maintenant avoir le droit de me mépriser comme homme sans caractère à cause de mes »inconséquences«.

J'aurai grand plaisir à assister à votre répétition à Leipzig. Ce petit voyage me donnera en outre l'occasion de dire mon opinion au docteur Härtel, ce dont je suis bien résolu.

J'attends à Dresde le résultat de mes démarches, dans le but de mettre fin à mes incertitudes civiles. Il me faut avant tout un passeport en règle. Je crains bien que mon désir le plus ardent de quitter l'Allemagne et de m'ensevelir à Varsovie, comme pianiste »aux gages« d'un général russe —. et cela le plus tôt possible — ne rencontre maintenant d'assez graves obstacles et que ce projet n'avorte peut-être entièrement.

Je n'en ai pas encore de nouvelles positives. C'est pourquoi je ne vous en ai point encore parlé.

Je ne me couvrirai point du ridicule de vous envoyer les morceaux dont vous parlez, ce sont des niaiseries qui ont eu la chance de trouver un imbécile d'éditeur. Mais dans le cas où je terminerais bientôt un daguerréotype musical de moi-même (morceau d'Orchestre), je me permettrai de le déposer aussitôt à vos pieds.

200.

An Franz Liszt.

Dresde, ce 6 Mai 1854.

Mon très-cher et illustre maître!

C'est pour m'excuser d'abord du retard que j'ai mis à renvoyer le manuscrit que Mme la Princesse Wittgenstein m'avait confié pour la traduction, que j'y joins ces quelques lignes. Je désirerais ensuite corriger par une quasi-révocation quelques bêtises que mon humeur tapageuse de l'autre jour m'a fait commettre dans ma dernière lettre, il y a huit jours environ, où je vous donnais un compte-rendu assez exact des succès de Berlioz à Dresde.

Comme vous aurez eu, par l'auteur à Weimar, la communication détaillée de ses impressions — de celles qu'il a produites, en tant qu'elles ont rejailli et réagi sur les siennes — pendant son voyage et son séjour à Dresde, j'aurai peu à ajouter à ce chapitre. — Mr. de Lüttichau est encore tout-à-fait charmé de la personne et du génie de Mr. Berlioz comme compositeur et comme chef d'orchestre, et ne renoncera sûrement point à la réalisation de son idée, d'attacher votre ami à l'institut musical de Dresde. Un certain entêtement et une certaine ténacité comptent parmi les qualités principales de ce personnage; elles peuvent devenir également vices ou vertus. La Chapelle qui fit preuve à cette occasion d'une indépendance d'opinion et d'un self-government nouveaux et inouïs jusqu'ici à Dresde, a affermi dans l'esprit de Mr. de Lüttichau la conviction de la sagesse qu'il y aurait à accomplir votre prophétie. Il s'agit avant tout pour le moment de se débarasser de Krebs, chose assez difficile à faire. Mais enfin — Berlioz pourrait très bien entrer à la place de Reissiger, qui déjà depuis longtemps a manifesté le désir de se retirer. Nous espérons tous revoir Berlioz en automne. La mise en scène du »Benvenuto Cellini« n'est plus douteuse. Mr. de Lüttichau l'a votée sans phrase, et il n'y aura même plus de discussion quand le moment sera arrivé de prendre connaissance du livret et de la partition. Quand je dis: — nous espérons — il me faut presqu'ajouter, que je m'exclus de ce »nous«, supposant bien que je me trouverai alors loin de Dresde et de la Saxe en général, — quelque part dans »l'Est«.

Mr. Berlioz a eu la complaisance extrême de m'entendre jouer du piano. Il s'est exprimé avec beaucoup de bienveillance à mon égard, et a eu l'amabilité de me promettre son concours pour m'aider à prendre pied à Paris, si j'y allais un jour. Je crains que cela ne soit pas de sitôt. D'abord il me faudra conquérir une certaine indépendance pour le temps que je passerai à Paris, autant pour avoir cette indépendance elle-même, que pour pouvoir en jouir avec une conscience nette. Quand j'aurai passé un an ou deux à Varsovie ou autre part, en guise d'esclave pédagogue musical, j'espère arriver à une situation qui me le permette.

Dans ce moment-ci je savoure autant que possible l'écho de la musique enivrante de Berlioz, qui m'a fait passer trois semaines que je ne voudrais point voir rayées du programme de ma vie. Au baromètre de mon admiration et de ma sympathie pour les œuvres de ce maître, je puis juger maintenant que j'en ai l'intelligence parfaite. Je le comprends et le saisis dans toute l'unité de son individualité, et les nombreux éclairs de son génie qui m'avaient frappé d'abord, ne luisent plus dans des ténèbres qui se sont dissipées.

Vous ne connaissez pas encore les deux dernières parties du »Faust«. Ah! combien je vous envie! La quatrième partie surtout est magnifique d'imagination, sublime d'originalité.

J'ai promis à Mr. Berlioz de lui arranger la première Ouverture du »Cellini« pour le piano à quatre mains, afin d'être incorporée dans la partition de piano à publier, comme par exemple pour les opéras de Spohr; comme j'ai le temps maintenant, je voudrais me mettre à l'œuvre sans retard. Mais où prendre la partition, si vous n'avez pas la grande bonté de me prêter la vôtre pour une quinzaine de jours au plus?

S'il se présentait un éditeur — je ferais une brochure sur le »Cellini«, pour préparer l'opéra à Dresde. Si vous en connaissez un, et si vous m'y engagez, je suis prêt à le faire. Il est bien entendu que je ne demanderai point d'honoraires. Mr. Berlioz a eu bien du plaisir en se faisant traduire par moi l'article ci-joint d'un journal de Dresde, qui fait grand honneur à l'esprit de son auteur. C'est sur son invitation, que je vous l'envoie.

J'espère de tout mon cœur que l'indisposition, dont vous aviez à vous plaindre, n'a pas tardé à disparaitre et que toute la santé, dont votre énorme activité a besoin, vous est revenue. Je ne puis en dire autant de moi, qui suis — peu gravement, — mais assez constamment souffrant.

Joachim m'a écrit qu'il passerait à dater du 1. Mai une huitaine de jours à Weimar. Vous aurez alors probablement abandonné votre projet de voyage à Hanovre, si vous n'avez pas d'autres motifs d'y aller. Espérant encore apprendre par vous la date de la répétition à Leipzig je signe votre

très-reconnaissant et entièrement dévoué élève.

201.
An Franz Liszt.

Dresde, ce 29 Juin 1851.

Mon très-cher et illustre maître!

J'avais compté vous remercier personnellement des marques d'un bienveillant souvenir que votre dernière lettre m'avait données — en allant vous trouver à Halle, où vous m'aviez indiqué votre présence pour le 17 de ce mois. Voilà qu'une inflammation à la gorge m'est survenue précisément la veille du jour où je comptais partir, et j'ai été même obligé de garder le lit pendant plusieurs jours et de me soigner très-sérieusement pour éviter un aggravement du mal qui, du reste, a passé plus vite que je ne l'espérais. Comme je n'aurai donc pas le bonheur de vous revoir de sitôt, je veux vous faire part du peu que j'ai à vous apprendre en ce qui regarde ma personne.

Je vous prie d'abord, en vous renvoyant la partition de l'Ouverture de »Benvenuto«, de bien vouloir excuser le retard que j'y ai apporté.

L'arrangement à quatre mains m'a pris plus de temps que je ne croyais. Je l'ai refait plusieurs fois avec conscience, et même avec pédanterie. Je n'en suis pas mécontent, puisqu'il est très pratique. Si vous pouviez me faire savoir l'adresse exacte de Berlioz en ce moment (peut-être par Cornelius), je vous serais très-reconnaissant, car je voudrais lui envoyer mon arrangement le plus tôt possible — selon ma promesse.

Mr. Fischer[1], que je viens de rencontrer ce soir au théâtre, n'a pu me donner des nouvelles positives sur la représentation du Cellini dans le courant de l'automne; il en doute même. On fait cependant copier

---

[1] Wilhelm F. (1789—1859), Chordirektor am Dresdener Hoftheater; Freund Richard Wagner's. — Siehe „Richard Wagner's Briefe an Theodor Uhlig, Wilhelm Fischer, Ferdinand Heine." Leipzig, Breitkopf und Härtel, 1868.

la partition de piano. Mr. de Lüttichau, qui sous peu part pour Teplitz où il passera quelques semaines, est, à mon sû, encore fidèle à son engouement pour le compositeur et surtout pour le chef d'orchestre Berlioz. — Vous pensez bien que je n'ai pas manqué d'aller voir Tichatschek à son retour, et de tâcher de l'intéresser au »Cellini«. Quant à ma brochure sur le »Cellini« — j'en ai abandonné, ou plutôt différé l'exécution. J'y étais peu disposé pendant tout le temps qui vient de s'écouler, — je l'aurais écrite d'un point de vue trop individuel, trop indépendant, pour m'en promettre du succès.

Après y avoir réfléchi encore, je préfère aussi la faire paraître comme première livraison de la collection d'articles et d'analyses des œuvres de Berlioz que l'ohl se propose de faire publier par Wigand à Leipzig, qui en outre lui donnera des honoraires, — tandis qu'il me répugnerait de la voir publiée par un libraire à »Weimar«.

Mon avenir est maintenant certain pour un assez grand espace de temps. Quand vous saurez comment, vous ne me croirez pas trop ébloui ni enchanté — mais depuis je suis moins inquiet — et je ne souffre pas trop d'ambitions frustrées. Je viens d'accepter un engagement qui m'a été offert par un riche comte polonais — Mycielski — qui m'emmenera, vers le commencement de Septembre, comme maître de musique pour ses trois ou quatre prodiges de filles, à sa propriété située entre Posen et Breslau. J'aurai quatre cents écus par an, et il va sans dire, tout ce qu'il faut pour y vivre et me rendre à même de remplir ma tâche journalière: donner trois ou quatre leçons le jour et amuser le monde le soir comme pianiste. Comme la famille habite momentanément Dresde, j'ai déjà commencé mon service depuis quelques semaines, en donnant des leçons. J'aurai tout le temps là-bas de travailler solitairement à ma guise, de composer des Trios, Symphonies, etc. à la Rubinstein, avec ou sans inspiration, et j'aurai aussi l'avantage d'oublier et d'ignorer tout ce qui dans le monde musical et non musical pourrait m'ennuyer ou m'agacer les nerfs, et celui de fortifier ma santé en me campagnardisant, tout en fortifiant en même temps mon apathie et mon dégoût de bien des choses — sorte de bien-être dont je commence à jouir depuis peu, et que ne saurait même plus troubler la nouvelle, autrefois si agréable de la décadence d'une de mes bêtes noires.

Pardon de cet abandon dans des flâneries intellectuelles que vous avez si souvent tolérées avec indulgence dans ma conversation épistolaire. Et maintenant parlons d'autre chose que des tribulations intérieures et extérieures de ma carrrière plus ou moins manquée. Je ne néglige point le piano — j'étudie les Préludes et Fugues de Bach, votre Scherzo, vos Études d'après Paganini — et les 33 Variations de Beethoven, Op. 120, pour lesquelles j'ai un faible fortissimo. — Je suis au beau milieu d'une Fantaisie pour Orchestre (si mineur) dans le style de mon ami Raff — je viens de réinstrumenter et de corriger entièrement l'Ouverture de ›César‹ — et je fais des transcriptions successives du ›Tannhäuser‹ à quatre mains — qui tardent à paraitre.

Wagner est assez bon pour me donner parfois de ses nouvelles. Il m'a promis l'envoi de son premier opéra des Nibelungen, aussitôt qu'il l'aura écrit au net — pour que j'en fasse la partition de piano. A mon grand regret je n'ai pu me rendre à son invitation pour le Festival à Sitten. Mais qui aurait bien pu le faire et a eu très tort de ne pas le vouloir, c'est Joachim. Je viens d'apprendre, je ne sais plus par qui, que mon ami, si terriblement tiède comme correspondant, est allé à Vienne, où il passerait, à ce qu'on dit, son congé d'été. Est-ce vrai?

Charles Ritter m'a écrit l'autre jour de Vevey, où il reflète, en sa qualité de nouveau marié, sa lune de miel(?) dans le lac de Genève. Il a été voir Wagner à Zürich et me fait part assez largement de ses impressions au sujet de la musique du »Rheingold«. Avez-vous reçu le manuscrit de son »Alcibiade«?[1] Je m'imagine que cette pièce ne serait pas sans intérêt pour vous; quant à moi, je trouve que c'est un petit chef-d'œuvre, contenant des épisodes admirables. — À propos des Ritter — le cadet m'a beaucoup prié de vous parler de lui et de vous soumettre une demande, concernant la chose qui lui tient le plus au cœur après son mariage. Comme je puis la faire en bonne conscience, je me permets de la motiver par un court avant-propos en sa faveur. Depuis la soirée que vous avez daigné passer dans sa famille l'année passée, il est pénétré de honte et de chagrin d'avoir

---

[1] Ein Schauspiel von K. Ritter.

eu plutôt le malheur que l'impertinence de vous avoir déchiré les oreilles en raclant son violon, et partant de vous avoir donné une opinion si compromettante de sa capacité musicale. Il serait très-heureux s'il pouvait trouver l'occasion de vous montrer qu'il sait mieux faire. Depuis ce temps il s'est mis à étudier son instrument — et il y a quelques mois il m'étonna — c'est un fait — par sa façon intimement musicale et même techniquement merveilleuse de lire à livre ouvert avec moi la deuxième Sonate de Schumann, car je ne m'attendais pas à une telle preuve de talent de sa part. Enfin pour en arriver au point capital — Ritter, qui se mariera très-prochainement à Pillnitz avec une nièce de Wagner, sœur de Johanna, et dont la fiancée quitte la carrière d'actrice, désirerait beaucoup se fixer à Weimar, où, étant musicien passionné et surtout très-enthousiaste de la musique que vous composez et protégez, il trouverait à satisfaire ses goûts musicaux et aurait l'avantage de vous voir et de vous admirer de temps en temps. Pour réaliser ce désir, il lui faudrait seulement trouver un emploi, une occupation à Weimar, car sans cela il lui serait impossible d'y demeurer. — Or, comme il a déjà fonctionné dans l'orchestre de Dresde, il pense pouvoir maintenant viser à une place parmi les 1ers violons de la chapelle de Weimar. Il serait au comble du bonheur, s'il pouvait obtenir cette position, qu'il accepterait à n'importe quelle condition — ce qu'il m'a prié expressément d'ajouter. N'ayant pas le courage de vous adresser lui-même cette sollicitation, il m'a choisi comme intermédiaire. Vous seriez bien bon de daigner me remettre à l'occasion une réponse favorable ou défavorable à la demande de mon jeune ami.

Singer s'est établi depuis quelques semaines à Dresde, où on est mieux pour travailler qu'à Pesth; je ne suis pas fâché de jouir de sa société, que je préfère à beaucoup d'autres, et qui m'empêche de trop m'isoler, de trop m'emmisanthropiser. Il m'a chargé de vous présenter ses respects; il est tout pénétré d'une admiration intelligente et enthousiaste pour vous, ce qui ne contribue pas peu à me le rendre plus sympathique encore. Cependant comme il occupe et absorbe en ce moment le coin réservé dans mon amitié aux juifs, je ne saurais sympathiser encore pour Rubinstein, d'autant plus que la Sonate qui vient d'être publiée, n'engage pas trop à un retour d'affection pour des »*Vergangenheits-Sonaten*«.

Le directeur du »*Gesangverein Orpheus*« à Dresde, Mr. Müller, a manifesté l'intention de faire exécuter votre »*Festgesang*« dans le courant de l'hiver. Je l'ai mis à même d'en étudier la partition et de se raffermir dans la conviction, qu'il serait fort louable de remplacer enfin le »*Festessengesang*« de Mendelssohn par une composition plus digne du sujet et du poète. Mr. M[üller] m'a encore assuré ces jours-ci, qu'il vaincrait l'opposition de quelques »*Liedertüfler*«, ennemis des changements enharmoniques, et que l'exécution aurait certainement encore lieu dans le courant de l'année.

Mr. Gottwald m'a fait le plaisir ce matin, de me donner des nouvelles assez fraiches sur Weimar, sur l'opéra de Schubert, et sur les moments qu'il a été assez heureux de passer chez vous. J'espère que votre précieuse santé se sera reconsolidée parfaitement et qu'il n'y a point à craindre de récidive, maintenant que vous avez si largement payé le tribut à la maladie.

En vous demandant de vouloir bien assurer Mme la Princesse Wittgenstein de mon entière soumission, je vous prie d'agréer les compliments de ma mère, qui désire vous dire ses plus tendres amitiés.

Cornelius vous remettra demain la partition de l'Ouverture de Berlioz.

Familienbriefe aus den Sommermonaten dieses Jahres, die Bülow bei seiner Mutter in Dresden zugebracht hat, weisen auf einen lebhaften Verkehr mit einigen Mitgliedern der polnischen Aristokratie hin, besonders mit der Gräfin Kamienska und ihrer Tochter Helene, die ihren ständigen Wohnsitz in Dresden hatten. Da die beiden Damen ein angenehmes Haus machten, das gern von ihren Landsleuten aufgesucht wurde, mag der junge Bülow dort die Bekanntschaft des Grafen Mycielski gemacht haben, der ihn bat, seinen Töchtern Musikunterricht zu geben, so lange die Familie — gleich vielen andern adeligen und begüterten Familien aus Polen, die alljährlich einige Monate in Dresden zuzubringen pflegten — sich dort aufhalten würde. Bülow entsprach diesem Wunsch, und bald folgte ein Antrag des Grafen, eine feste Stellung in seinem Hause als Lehrer der Töchter und Vorspieler annehmen zu wollen. Trotz des bringenden Ver-

langens sich pekuniär auf eigene Füße zu stellen, würde der
unabhängige Sinn des jungen Künstlers sich schwerlich die
Konzession einer Annahme abgerungen haben ohne den Ge=
danken an Paris und den Wunsch — der von Meister Liszt
angeregt und fest im Auge behalten wurde — sich so bald
als möglich dort als Klavierspieler öffentlich zu bewähren.
Die in Wien gemachten Erfahrungen hatten ihm bewiesen,
daß es in dem von ihm erwählten Virtuosenberufe keineswegs
genüge, die Mendelssohn'sche Vorschrift buchstäblich zu befol=
gen: „Habt Talent und lernt was!" Wenigstens nicht in
den großen Centren, wo Künstlernamen geprägt und in Um=
lauf gesetzt werden — so goldecht ihr Künstlerthum auch sein
mag. Die demüthigende Erfahrung, daß es nicht unbedeutender
Geldmittel bedarf um sich nur Gehör zu verschaffen, brannte
noch fort in seinem Herzen. Trotz aller Meinungsverschieden=
heiten der Mutter in Dankbarkeit und Verehrung ergeben,
fühlte er sich in seinem Zartgefühl verletzt durch den Ge=
danken, ihr neue Opfer zuzumuthen, die Schwierigkeiten ihrer
Lage noch zu erhöhen. Denn, was es hieß, mit verhältniß=
mäßig so beschränkten Mitteln sich in einem Milieu von
Wohlhabenden zu bewegen, wie Frau von Bülow es durch
Namen, Schicksal, Bildung und eigene Wahl Jahrzehnte
hindurch gethan hatte, kann keinem Beobachter entgangen sein,
am wenigsten dem liebenden Sohne. So beschloß er denn
durch zeitweiliges Aufgeben seiner Freiheit die Mittel zu er=
werben, um die Kosten eines Debüts in Paris bestreiten zu
können. „Hans arbeitet unaufhörlich" schreibt Franziska
von Bülow an ihre Tochter nach England, im Juli:
„spricht fast gar nicht. Er komponirt den ganzen Tag
und ist immer geistig thätig und absorbirt; neulich war
er bei Kamienskis; die Tochter ist ungewöhnlich musikalisch
und malt auch — copirt in der Galerie Paul Veronese.
Mit der ältesten Mycielska scheint er sich jetzt zu appriovi=
siren". Später: „Wir haben jetzt ein wenig geselliger gelebt,
Hans wenigstens mit den Kamienskis .... Helene, die
Tochter, malt ihn; sie ist eine sehr bedeutende Künstlerin,
Hans' Portrait ist vortrefflich, ich sagte ihr darüber ›Ah,
vous l'avez deviné‹. Sie macht mir eine Copie, sie arbeitet

sehr rasch und ist sehr fleißig; sie hat etwas künstlerisch Ideales aber keine Spur von Sentimentalität, sondern heiter und gesund in ihrem ganzen Wesen. Sie erinnerte mich vom ersten Augenblicke an die Bayer [Bürck] und Hans findet es nun auch. Ihr Umgang wirkt sehr gut auf Hans, der sehr viel Gefallen und Interesse an ihr findet und auf den die Schönheit und Anmuth der Chodkiewicz ebenfalls wohlthätigen Einfluß übt. Er verzögert deßhalb wohl seine Abreise zu Mycielski; indessen muß er doch nun nächstens fort. Im November will er nach Berlin."

8. August: „Wäre Hans nicht hier, so bliebe ich gewiß nicht in der Stadt. Mycielskis gehen schon in 8 Tagen, er hat aber immer weniger Lust und will keinesfalls vor 4 Wochen fort. Er componirt, spielt gar nicht, geht viel mit Singer und Pohl um."

Weiter: (ohne Datum) „Hoffentlich bist Du glücklich bei schönstem Herbstwetter in Paris angekommen. . . . . . Es ist jetzt ziemlich unruhig bei uns gewesen. Immer Künstler oder sonst Besuch und Allerlei, dazu das Suchen nach Wohnung, das Auflösen wieder einmal von Allem! . . . . Freitag Abends hatte ich polnische Gesellschaft. Dawison kam auch und hat mich ganz für sich eingenommen, keine Spur von Schauspieler, höchst interessant. Hans spielte wundervoll und Alle waren ergriffen und hingerissen. Sonnabend war ich im Theater: Julius Caesar. Du siehst, ich habe ein dissipirtes Leben geführt."

202.

An Alexander Ritter.

[Dresden, erste Hälfte August 1854.]

Lieber Sascha!

Du hast mich mit einem enorm gelehrten Wisch erfreut. Für's erste mache ich Dir mein aufrichtiges Compliment für Deine Instrumentirungs-Kenntnisse; für's zweite melde ich Dir, daß der König von Sachsen am 9ten dieses auf einer Reise in Tyrol tödtlich am Kopfe verletzt worden und in Folge dessen gestorben ist.

Und nun die Landestrauer! Ein paar Monate lang kein Concert, kein Theater u. s. w. Schaurig ledern! Gerade von gestern an, wo das Tannhäuser-Duo Nachmittags und meine Orchesterphantasie Vormittags fertig geworden ist und wir nun früher eingegangenen Verpflichtungen zufolge anfangen wollten, uns mit Methode zu amüsiren, Wein und Natur zu kneipen!

Judith von Hebbel, Zampa, Hugenotten standen hinter einander auf dem Repertoir. — Ja, Kuchen! — Nicht einmal die Ouverturen darf der Prince des Poulets[1] spielen!

Verschwörungswirbel — immer drauf los! ganz gut so. Es-Hörner klingen übrigens nicht hart. Denke gefälligst an das Scherzo der Eroica! Überhaupt an die ganze Eroica. Am besten ist's immer für Musikstücke in welchen die Orchestration vorzugsweise auf dem Blech beruht, zwei Hörner in einer, das dritte und vierte in verschiedenen Tonarten zu schreiben. Schreibe zwei B-Hörner, eines in Es und eines in H* durchgängig — Cornets à pistons

---

* Bei dem H-Horn hast Du die Terz Es und die Septime A vorzüglich zur Disposition. Für das Trio wäre ein E-Horn gut wegen des fis-gis (ges-as). Wie die Cornets geschrieben werden, weißt Du wohl; klingen eine Octave tiefer als die Trompeten — bei nämlicher Schreibweise.

---

[1] Hünerfürst, Dirigent populärer Symphonie Koncerte in Dresden.

gebrauche paarweise. Bei ihrem durchdringenden, eher gemeinen als gesanglichen Charakter — gieb ihnen das Rakoczymotiv im Trio und anderwärts — und den Trompeten das Hunyadi-Thema. Vergiß nicht für tiefe Blechinstrumente zu sorgen. Ophicleide, nicht Tuba. Nimm deren sogar zwei, eine in B. Schreibe ferner D-Clarinetten, die sind vorzüglich für Militärmusik.

Es ist hübsch, daß Du so fleißig bist — ich bin's jetzt auch dergestalt gewesen, daß ich ausruhen muß. Mach so fort — was eigenes und meinen Marsch verarbeite so insolent als möglich — bei der Instrumentirung ließen sich noch andere Reminiscenzen aus dem Rakoczymarsch hineinbringen.

Von Deinem Bruder habe ich auf eine lange Epistel, die ich Bevey poste restante adressirt hatte, noch keine Antwort erhalten. Was macht er? Mich interessirt so ungemein Alles, was er treibt und wie er sich hat. —

Singer läßt Dich vielmals wieder grüßen. Im Tonkünstlerverein wollen wir oder sollen wir nächstens das Trio von Volkmann und das Tannhäuserduo spielen — wenn's Ihro Majestät die Landestrauer gütigst erlaubt. —

Aus Zürich habe ich wenig trostreiche Nachrichten. ER ist sehr verstimmt und bis zum Todtschießen mißmuthig. ER muß in sehr mißlichen äußeren Umständen sein — Liszt sprach mir von Wechseln. Heize doch ein wenig ein, damit — vielleicht durch Johanna — IHM für den Augenblick wenigstens geholfen werde.

An Liszt werde ich Deine Empfehlungen ausrichten, sobald ich ihm schreibe. Von Berlioz habe ich heute einen ungemein herzlichen und liebenswürdigen Brief bekommen.

Fräulein v. Harder's Bild auf der Ausstellung ist ein Meisterwerk und unbestritten das Beste, was sich in dem Trödelladen auf der Terrasse vorfindet.

Schreib bald einmal wieder — wenn Du was zu besorgen hast, versichere ich Dich prompter und reeller Bedienung. Wolle mich angelegentlich Deiner liebenswürdigen Braut Fräulein Wagner empfehlen.

Adieu.   Dein
                                   Peltast.

203.
An Richard Pohl.

Dresden, 9. September 1854.

Lieber Freund!

Es ist ja famos von Dir, daß Du so rasend zukunftsfleißig gewesen bist! Gratulire und freue mich auf das Erscheinen dieses achthändigen Arrangements.[1] Werde sie sogar kaufen, wenn ich bei Kasse bin — wie ich mir neulich zum ersten Male, im Ekel vor dem Musikalienhandel, Joachims prachtvolle Stücke gekauft habe, die mit Klavier und Geige, Op. 5.

---

[1] Berlioz' „Fest bei Capulet" aus „Romeo und Julie"; zu 8 Händen arrangirt. (Klemm in Leipzig.)

Deine Frau ist vom 1. Oktober an in Weimar engagirt. Davon schreibst Du mir nichts? Ich habe es aber vorgestern aus einem Briefe Liszt's an Sascha Ritter erfahren, den er ebenfalls — als Violinspieler — in die Großherzogl. Sächs. Hofkapelle in Weimar angeworben hat. Die Hochzeit Ritter's mit Fräulein Franziska Wagner findet am 12. dieses in Pillnitz statt. Fräulein Johanna Wagner ist wieder dazu hergekommen und war vorgestern Abend bei uns, als wir Musik machten und Du von Rühlmann, Fürstenau, Hübler, Schlieck[1], sowie von mir herzlich vermißt wurdest. Am 20. ungefähr begiebt sich das neue Ehepaar nach Weimar und dort werden sie also nicht lange auf die Ankunft eines älteren zu warten haben. Es kann somit zum Winter ganz wohnlich in Weimar werden. Du wirst also mich in Dresden nicht vermissen.

À propos, in dem Briefe an Sascha äußerte Liszt, er wisse Deine Adresse nicht und werde Dir durch Brendel Nachricht geben von dem Engagement Deiner Frau, die sich hoffentlich den Sommer über erholt und gekräftigt hat. —

Ich habe Dir einen ganzen Haufen Neuigkeiten mitzutheilen; kannst sie auch für das Feuilleton der Brendel'schen benutzen — wird sogar gut sein — (bei dieser Gelegenheit: sei so gütig, meiner nicht mehr in der Brendel'schen zu erwähnen — außer Du wolltest mir den Spaß machen, meine Todesnachricht ein wenig vor dem Souper mitzutheilen) und den Betheiligten lieb.

Volkmann, mit dem ich noch correspondirt habe und

---

[1] Königliche Kammermusiker in Dresden.

dessen Sonate ich Dir zur freundlichen Besprechung mir
zu empfehlen erlaube, da sie bei wiederholter Durchsicht
keineswegs ledern erscheint, sondern sehr viel Schönes enthält — das Adagio ist trotz seiner Kürze sehr bedeutend
— desgleichen die Durchführungssätze der Allegri — hat
bei Spina eben zwei Hefte herausgegeben unter dem Titel
„Buch der Lieder" Op. 17. Bei Rozsavölgyi kommen
nächstens sogar Tänze von ihm heraus; bei Mechetti wird
sein Op. 1 in theilweis verbesserter Auflage demnächst erscheinen. — Doch hat er es schon satt, „Sächelchen" zu
produciren und will wieder an „Sachen" sich machen. Er
hat mir zweimal schönste Grüße an Dich aufgetragen.

Von Hector Berlioz habe ich unterdessen auch zwei
Briefe erhalten — der eine sehr schmeichelhaft bezüglich
meines Arrangements, das gedruckt wird, sobald sich
Brandus wieder ein wenig restaurirt hat. Ich theile Dir
das über ihn persönlich Interessante mit.[1] — — — — —

Nun aber das Wunderlichste, Überraschendste. Was
der Singer für — »sus« hat — das ist unglaublich! Bekommt einen Antrag nach Amerika — den er aber vorläufig
noch nicht angenommen, sondern auf ein Jahr vertagt hat.
— Metze Fortuna hat Capricen! Transatlantische Aussichten — wenn ich eine solche Perspektive hätte, würde es
anders um mich stehen.

Von Wagner könnte ich Dir schreiben — doch das ist
besser mündlich (persönlich) als schriftlich für Dich zu erfahren. Zu Dir reisen kann ich nicht — es fehlt mir weiß

---

[1] Die sich hier anschließenden Stellen aus Briefen Berlioz'
fallen aus, weil die Briefe in ihrem vollen Wortlaut unmittelbar
folgen.

Gott an Geld und an — Humor. Ich machte mir gern
das Vergnügen. — Nächsten Montag Tonkünstlerverein.
— Trio von Volkmann. — Tannhäuser-Duo — seit 14
Tagen in Schott's Händen. — Meine Orchesterphantasie
ist seit vier Wochen fertig und entzückend schön — testa=
mentsmäßig. Tannhäuser-Prozeß[1] im Einschlummern —
hindert nichts. —

Ende nächster oder Anfang künftiger Woche hoffentlich
Probe mit der Kapelle in Thieme's Hotel von meinen
Orchesterstücken.

Das Medaillon hätte ich längst geschickt, doch fehlte es
an einer Schachtel.[2] — Du erhältst es mit diesem Briefe
oder an der nächsten Tage einem. Theater mit Goethe's
„Iphigenie" eröffnet (prachtvoll). Gestern „Idomeneus"
(doch schön), heute „Judith".

Lebewohl, lieber Hoplit.

Ich werde noch so ein bischen um den Briefrand herum
schreiben. Erst vor ein paar Tagen erhielt ich fünf Num=
mern der Neuen Zeitschrift zusammen. In der Wuth über
die frühere Nichtzusendung hatte ich angefangene Artikel
zerrissen.

Nun noch eine sehr große Bitte — nicht für mich, wie
Du Dir denken kannst. Gräbener hat mir drei Streich=
quartette geschickt, in denen viel Werthvolles und Bedeuten=
des. Sie verdienen einen Verleger zu finden, um nur den
Komponisten bekannt zu machen. Würde sich Peters nicht
durch Deine Vermittelung entschließen, wenigstens das

---

[1] Von Wagner gegen seinen Verleger Meser.
[2] Rietschel's Medaillon von Liszt.

Klaviertrio zu drucken? Versuche es, ihn dazu zu bestimmen. Bei Härtel ist ein Klavierquintett von G. früher erschienen. Du thust ein gutes Werk, Dich für Gräbener zu interessiren. Ich habe über keinen Verleger zu disponiren, der meiner Empfehlung eine Wirkung geben würde.

Da es nicht gelungen ist Hans von Bülow's Briefe an den französischen Meister Hector Berlioz aufzufinden und sie aller Wahrscheinlichkeit nach nicht mehr existiren, so mögen die beiden folgenden an Bülow diese Lücke ausfüllen.[1]

Hector Berlioz an Hans von Bülow.

28 Juillet 1854.

C'est une charmante surprise que vous m'avez faite, et votre manuscrit est arrivé d'autant plus à propos, que l'éditeur Brandus, qui grave en ce moment »Cellini«, avait déjà choisi un assez obscur tapoteur de piano pour arranger l'ouverture.

Votre travail est admirable; c'est d'une clarté et d'une fidélité rares et aussi peu difficile qu'il était possible de le faire sans altérer ma partition. Je vous remercie donc de tout mon cœur. Je vais voir Brandus ce soir, et lui porter votre précieux manuscrit. J'ai beaucoup travaillé depuis mon retour de Dresde; j'ai fait la première partie de ma trilogie sacrée: »le Songe d'Hérode«. Cette partition précède l'embryon que vous connaissez sous le nom de »Fuite en Egypte«, et formera avec l'»Arrivée à Saïs« un ensemble de seize morceaux, durant en tout une heure et demie avec les entr'actes. C'est peu assommant, comme

---

[1] Mit freundlicher Bewilligung von Herrn C. Levy in Paris, dem Verleger der »Correspondance inédite de Hector Berlioz 1819—1868«, welcher sie entnommen sind.

vous voyez, en comparaison des saints assommoirs qui assomment pendant quatre heures.

J'ai essayé quelques tournures nouvelles: l'air de l'»Insomnie d'Hérode« est écrit en »sol« mineur sur cette gamme, déterminée sous je ne sais quel nom grec dans le plain-chant:

Cela amène des harmonies très sombres, et des cadences d'un caractère particulier, qui m'ont paru convenables à la situation. Vous avez été bien taciturne en m'envoyant le paquet de musique; j'eusse été si heureux de recevoir quelques lignes de votre main!

Mademoiselle votre sœur a passé dernièrement à Paris, mais si vite, que, quand on nous a remis la carte qu'elle a laissée à la maison un matin de bonne heure, elle était déjà partie pour Londres.

Veuillez, je vous prie, saluer de ma part madame votre mère. Ne viendrez-vous pas à Paris? Je pars dans quelques jours pour Munich, où je resterai trois semaines. Plus tard, vers Novembre, je retournerai encore en Allemagne et peut-être vous reverrai-je à Dresde.

Rappelez-moi au souvenir de Mr. et Madame Pohl et serrez la main à cet excellentissime Lipinski.

Hector Berlioz an Hans von Bülow.

1er septembre 1851.

J'ai été bien enchanté de votre aimable lettre et je me hâte de vous en remercier. Je ne suis pas allé à Munich. Au moment de partir, une place est devenue vacante à l'Académie des beaux-arts de notre Institut, et je suis resté à Paris pour faire les démarches »imposées« aux candidats. Je me suis résigné très franchement à ces terribles visites, à ces lettres, à tout ce que l'Académie inflige à ceux qui veulent »intrare in suo docto corporo« latin de Molière); et on a nommé Mr. Clapisson.

A une autre fois maintenant. Car j'y suis résolu; je me présenterai jusqu'à ce que mort s'ensuive.

Je viens de passer une semaine au bord de l'Océan, dans un village peu connu de la Normandie; dans quelques jours, je partirai pour le Sud, où je suis attendu par ma sœur et mes oncles pour une réunion de famille.

Je ne compte retourner en Allemagne que dans l'hiver. Sans doute, Liszt a raison en vous approuvant d'avoir accepté la position qui vous était offerte en Pologne; en tout cas, il ne faut pas perdre de vue votre voyage à Paris, si vous pouvez le faire avec une complète indépendance d'esprit, eu égard au résultat financier des concerts. Je me fais une fête de vous mettre en rapports avec tous nos hommes d'art dont les qualités d'esprit et de cœur pourront vous rendre ces rapports agréables.

Vous savez si bien le français, que vous pourrez comprendre le parisien; et vous trouverez peut-être amusant de voir comment tout ce monde d'écrivains danse sur la phrase, comment ceux qui osent encore accepter le titre de philosophes dansent sur l'idée.

Je serai tout à vous à mon retour, et fort désireux de connaitre les compositions d'orchestre dont vous me parlez. Ma partition de »Cellini« ne saurait trouver un critique plus intelligent ni plus bienveillant que vous; laissez-moi vous remercier d'avoir songé à faire, dans le livre de Mr. Pohl, le travail qui s'y rapporte. Au reste, cette œuvre a décidément du malheur; le roi de Saxe se fait tuer au moment où on allait s'occuper d'elle à Dresde ... C'est de la fatalité antique, et l'on pourrait dire à son sujet ce que Virgile dit sur Didon: »Ter sese attollens cubitoque adnixa levavit: Ter revoluta toro est.«

Quel grand compositeur que Virgile! quel mélodiste et quel harmoniste! C'était à lui qu'il appartenait de dire en mourant: »Qualis artifex pereo!« et non à ce farceur de Néron qui n'a eu qu'une seule inspiration dans sa vie, le soir où il a fait mettre le feu aux quatre coins de Rome. ... preuve brillante qu'un homme médiocre peut quelquefois avoir une grande idée.

Hier, on a rouvert l'Opéra. Madame Stoltz a fait sa réapparition dans le rôle de la Favorite. En la voyant entrer en scène, je l'ai prise en effet pour une »apparition«. Sa voix aussi a subi du temps l'irréparable outrage. La nouvelle administration de l'Opéra avait fait un coup d'État et retiré leurs entrées à tous les journalistes; cette pauvre Stoltz va avoir fait une rentrée inutile. Il y a eu conseil, au foyer, de toutes les plumes (d'oie) puissantes, et nous avons decidé, à l'unanimité, qu'il fallait déclarer à l'Opéra la »Guerre du Silence«. En conséquence, on ne dira pas un mot de sa réouverture ni du début de madame Stoltz, jusqu'à ce que la direction revienne à de meilleurs sentiments.

Je travaille à un long »feuilleton de silence« qui paraitra la semaine prochaine et qui m'ennuie fort. Adieu, je me suis un peu délassé à vous écrire.

204.

An Franz Liszt.

Dresde, ce 19 Septembre 1854.

Mon très-cher et illustre maître!

Vous ne sauriez m'en vouloir de mes taciturnités périodiques, qui sont bien involontaires au fond et proviennent d'une part de mes préoccupations quelque peu hypocondriaques, d'autre part d'une aridité de faits et de sentiments, dont je souffre par intervalles, quand je ne suis point éclairé des rayons d'un soleil immédiat, direct, — présent. Vous ne sauriez soupçonner dans ces silences — même le plus faible relâchement des sentiments de respect, d'enthousiasme et de la plus profonde reconnaissance, dont vous me savez pénétré envers vous. C'est dans cette foi que je puise le courage de me représenter à vos yeux chaque fois que je sens le besoin de me secouer de mon apathie dans laquelle me plongent mes deux pires ennemis: l'isolement et le manque de cette nourriture d'esprit vivifiante, par laquelle vous m'avez gâté en m'y accoutumant à Weimar et partout où j'ai joui du bonheur de vous revoir, de vous parler, de vous entendre.

Les quelques lignes ne prétendent pas encore vous adresser un adieu temporaire — car ce ne sera que dans huit ou quinze jours que je me rendrai enfin à ma nouvelle destination à Posen — et je me permettrai encore de vous donner ma nouvelle adresse, lorsque je ne nagerai plus dans l'incertitude quant à sa précision grammaticale et suffisante pour les exigences de la poste. C'est surtout pour vous donner un signe de mon existence que je vous écris aujourd'hui — en vous demandant la permission de mettre votre illustre nom sur le Duo que nous venons d'achever ensemble, Mr. Singer et moi, sur des motifs du *Tannhäuser*, en vous le dédiant. Vous ferez deux heureux en nous l'accordant. Je sais très bien que ce n'est qu'un faible et indigne hommage que de vous offrir cette composition; mais il vous a déjà fallu subir tant d'hommages de ce genre, que le nôtre pourra peut-être disparaître dans le nombre des honnêtes et modérés. Schott vient de nous écrire qu'il publiera sans retard ce morceau et qu'il a même acheté notre premier Duo sur des mélodies Hongroises de Rozsavölgyi. Votre silence passera pour une réponse affirmative. Pohl est arrivé depuis quelques jours à Dresde pour faire ses paquets et pour procéder à l'emballage de son mobilier. Je suis sûr que le changement de résidence lui sera utile et salutaire sous tous les rapports, et que vos conseils le dirigeront dans la bonne voie et empreindront à ses occupations le cachet de fermeté et de dignité de journaliste-artiste dont il est beaucoup plus capable que certain autre grand talent d'écrivain dont vous »disposez« (?) à Weimar.

Vous avez couronné tous les voeux de Mr. Ritter — au-delà de ses espérances les plus hardies. Il n'ambitionnait qu'une place à l'orchestre de Weimar, d'abord sans appointements. Je ne saurais vous exprimer combien il vous en est reconnaissant, combien il est »feu et flammes« pour vous. Il vient de partir ce matin avec sa femme, qui ne vous déplaira pas, je crois. Elle est éminemment intelligente et même intéressante et vient de renaître vierge de toute odeur de coulisses depuis son mariage. Depuis longtemps mon ami Sacha, en s'abandonnant à son influence, a changé radicalement à son avantage. Il vous remettra de ma part le précieux talisman[1] que vous avez bien voulu me prêter pour mes premiers débuts de pianiste, et que j'ai eu la négligence de ne pas encore vous restituer en baisant la main qui le reportera. Je me

---

[1] Ein Ring.

suis permis aussi de vous envoyer à cette occasion mon manuscrit de la Fantaisie pour Orchestre, dont vous avez vu les deux tiers lors du rendez-vous que vous m'aviez donné à Leipzig.

Je ne sais si je pourrais vous demander humblement d'en faire faire un essai par l'orchestre de Weimar. Mais je serais très heureux de satisfaire ma curiosité quant à l'effet que cela pourra faire comme ›Ohrenmusik‹. J'ai fait copier ici toutes les parties d'orchestre et je vous les enverrai quand bon vous semblera.

L'autre jour j'ai eu un énorme rafraîchissement de cœur par l'apparition très subite et inattendue de Joachim, qui s'est arrêté quelques heures à Dresde pour me voir avant de poursuivre son voyage à Pesth, où il est attendu depuis des mois entiers. Quelle nature d'élite! Dans les meilleurs moments de ma vie je l'ai pris pour modèle. Il passera dix jours à Pesth, quatre à Vienne et sera de retour à Hanovre vers le 8 ou 10 du mois prochain.

L'opéra de Berlioz est de nouveau ajourné ›in infinitum‹. La première station de cette éternité se nomme ›le printemps de 1855‹. On ne peut pénétrer dans ces mystères de paresses et d'intrigues théâtrales. Cependant il n'y a pas à désespérer encore.

J'ai déjà annoncé que vous viendriez à Dresde lors des représentations du ›Cellini‹, et qu'alors vous feriez aux artistes de l'orchestre la fête de leur faire connaître vos poèmes symphoniques, dont les programmes ont été répandus autant qu'il m'a été possible. — Le moment présent ne serait pas bien choisi pour cette exécution musicale. Le règne du deuil et mille autres choses empêcheraient ou ralentiraient la réalisation de votre projet — qui, du reste, a vivement intéressé et enchanté toute la jeune génération d'artistes.

Quant à la partition du »Cellini«, j'irai la remettre à Mr. Pohl au moment de mon départ, pour qu'il vous la rende. J'ai été jusqu'ici d'une impuissance atroce pour ce travail, mais je n'y renonce pas encore. Maintenant je vais me mettre à faire quelques extraits de l'instrumentation, etc. pour m'orienter dans la partition, afin de pouvoir y travailler à Posen en connaissance de cause.

Gutzkow décoré! Mais c'est magnifique! Sous peu il ressemblera (par la force de sa volonté) à s'y méprendre à son »prédécesseur« Goethe.

Mr. Müller, le directeur de l'»Orpheus« à Dresde, est bien résolu à faire exécuter le »*Festgesang*« dans le courant de l'hiver. Il vous écrira bientôt, probablement, à ce sujet.

Wagner est dans une situation affreuse! J'ai remué Hambourg — en vain. J'espère encore que sa nièce lui prêtera, non pas une planche — mais un tuyau de salut. Il avait compté sur Hülsen — sans Hülsen!

J'ai été beaucoup plus prolixe que je ne vous en menaçais d'abord. Adieu, mon très-cher maître, croyez à l'éternelle reconnaissance, au plus chaleureux enthousiasme et au plus profond dévouement de votre

Hans.

205.

An Franz Liszt.

Dresde, 26 Septembre 1854.

Mon très-cher et illustre maître!

Si je me permets de vous importuner de nouveau sitôt après ma dernière lettre, c'est uniquement pour vous prévenir de la prochaine arrivée à Weimar d'une de vos anciennes connaissances, qui me charge de vous demander la permission de vous présenter ses hommages, jeudi entre 9 et 10 heures du matin, étant obligé de repartir de Weimar le même jour.

Mr. Maréchal, de Metz, ayant eu le bonheur de vous voir — il y a neuf ans, je crois, dans la maison de son père qui a fait votre portrait, et chez lequel vous avez logé durant votre séjour à Metz — ne voudrait pas quitter l'Allemagne sans vous revoir et vous serrer encore une fois la main.

C'est un charmant artiste, dont je regrette infiniment de n'avoir fait la connaissance qu'à la fin de mon séjour à Dresde. Il a passé six mois ici pour copier plusieurs tableaux de la galerie, entre autres la Madone Sixtine, et il est chargé par le gouvernement de faire un compte-rendu des chefs-d'œuvre du musée de Dresde. Mr. Maréchal qui ne s'est voué à la peinture que depuis huit ans, est aussi distingué dans un autre art, la musique, qu'il a étudiée très-sérieusement, en grande partie sous la direction du comte Durutte. Il possède une voix délicieuse de ténor de salon et chante à merveille la musique allemande, italienne et française — Schubert, Rossini et la romance. Il connaît à fond les partitions des Symphonies et des Quatuors de Beethoven — et je lui serai toujours reconnaissant des moments musicaux, que j'ai passés avec lui et qu'il a assaisonnés de son talent.

Si ça ne vous gênait pas trop, vous seriez bien aimable d'accorder à Mr. Maréchal le plaisir d'une demi-heure de conversation avec vous. Il veut repartir par le convoi de onze heures pour Francfort, de sorte qu'il n'a pas d'autre heure à vous proposer que celle que je vous ai nommée.

Avant huit jours au plus tard, j'aurai quitté Dresde et je serai parti pour Chocieszewice près Kröben, Grand-duché de Posen. Peut-être ferai-je une excursion à Berlin au mois de Novembre, surtout dans le cas où la solitude me pèserait trop — je suis, hélas, de ces natures faibles et un peu passives qui ne sauraient se passer de la compagnie des autres, ni de toutes sortes d'impressions et d'émotions, pour être encouragées et inspirées à la productivité et même à la plus simple activité intellectuelle qui demande de l'abstraction. Ce sentiment d'isolement, qui pourrait bien devenir funeste pour moi, malgré ses avantages, que je ne méconnais nullement, sera probablement redoublé par l'entourage de Chocieszewice. Vous désirez ravoir la partition de »Cellini«. Je vous remercie de me l'avoir prêtée si longtemps, et vous l'enverrai par Mr. Pohl — qui est tellement absorbé par ses préparatifs de démenagement qu'il est devenu invisible et inabordable même pour ses amis et Commurl's [1].

Pour le reste — je n'ai absolument rien de nouveau à vous apprendre; — les tristes nouvelles sur la situation de Wagner vous seront aussi bien connues qu'a moi — et malheureusement il n'y a que la représentation du »Tannhäuser« à Berlin qui puisse le tirer d'embarras. — Je saisis cependant encore cette occasion pour vous exprimer le vif enthousiasme avec lequel j'ai lu le dernier numéro de la gazette de Brendel. De quelle poésie vous avez arrosé le prélude du *Fliegende Holländer*«! Comme ça m'a reproduit sous les couleurs les plus fraîches tout le plaisir que j'ai eu autrefois à entendre cet ouvrage à Weimar! Comme cela m'a fait oublier toute la misère de la vie présente et prosaïque!

206.
An die Schwester.

Dresden, 2. Oktober 1854.

Liebe gute Schwester!

Sei nicht böse, daß ich Dir nicht früher auf Deinen Brief geantwortet habe. Es hat mir so mancherlei den Kopf sehr unnützer Weise verrückt, und es kostete mich gewaltige Anstrengungen, bevor ich den herzhaften Entschluß fassen konnte, mich in mein Exil zu begeben, mich nach meiner

---

[1] „Murls" Mohren hießen damals in Weimar die Schüler Liszt's, welchem Verein der Meister als Padischah präsidirte.

künftigen Infel Jerfey deportiren zu laffen. Nun werde ich definitiv übermorgen oder fpäteftens Donnerftag Abend nach Chocieszewice (das „C" fpricht man nicht aus) abreifen. Übrigens brauchft Du Dir die Adreffe nicht zu merken, denn es ift doch am räthlichften, daß wir mit einander durch Mama's Vermittlung correspondiren. An mir foll's gewiß nicht fehlen, unferen Briefverkehr fortzuführen. Freilich werde ich Dir nur wenig von meiner Pofener Exiftenz zu melden haben — außer hier und da ein Lebenszeichen — wenn mein Gehirn nicht ganz verfchimmelt. Wer weiß ob ich dort immer Muth und Luft zum Arbeiten — zum Componiren haben werde — und das ift doch im Grunde meine einzige Hoffnung. Ich bedarf fo fehr der äußeren Anregung, der Welt, des Umgangs mit Naturen, die mir imponiren und die mich lieb genug haben, mir hier und da ein tüchtiges Ermunterungsfignal zur Erweckung meines Selbftvertrauens zu geben. Mir bangt etwas vor der Geiftes- und Herzensöde, die mich bedroht.

Dagegen Du von Deiner Seite kannft mir intereffante Briefe fchreiben — aus Paris — und vielleicht findeft Du an mir doch einen dankbareren Empfänger als an Generalin K. u. f. w. Es freut mich fehr für Dich, daß Du die eigentliche Welt im Mittelpunkte der verfeinerten Menfchheit kennen lernft und fo ohne alle perfönliche Préoccupationen. Genieße diefen Aufenthalt fo gut Du kannft, das will auch fagen — fo maßvoll als möglich. Ich habe immer der Mama zugeredet, Dich dort zu laffen. Es kann Dir ungemein viel nützen. Laß nur Alles auf Dich einwirken, was Dich fympathifch berührt, und vergiß Dich nicht im Confumiren des Gebotenen; es hat etwas

Häßliches, sich nur als ein verzehrendes Individuum bewußt zu sein. Wenn es Dir also mit einigem guten Willen und einer leisen Selbstüberwindung irgend möglich ist, so widme ein wenig Zeit der Ausbildung Deiner Anlage zum Zeichnen und vielleicht Malen. Jeder gebildete Mensch muß das Bedürfniß fühlen, etwas zu schaffen, das durch seine Außenseite das sinnliche Auge selbst wohlthuend berührt, also sein eignes zuerst — und sei es nur eine saubere zierliche Abschrift. Bei der Gelegenheit — erlaube mir, Dich noch einmal in Deinem eignen und gesellschaftlichem Interesse zu bitten, möglichsten d. h. energischen Fleiß auf eine günstigere Umwandlung Deiner Handschrift zu verwenden und dahin zu streben, daß z. B. Deine Briefe — wie sie sich durch sehr erkennbaren Fonds von Gedanken und Empfindungen auszeichnen — nun auch in tabelloser stylistischer Formung und endlich in der äußeren Darstellung, der Handschrift, ein anmuthigeres, harmonischeres Gepräge erhalten.

Du meinst, ich mißbrauche wieder mein brüderliches Privilegium der Hofmeisterei. Bedenke aber, ich predige Dir nicht Moral, sondern gesunde Vernunft und angenehme Gestaltung des Lebens.

Es wird mich also, ich wiederhole es, Alles außerordentlich interessiren, was Du mir zunächst über die Eindrücke Deines Auges in Paris schreiben wirst — über Architektur — Plätze, Gebäude, Straßen, Denkmäler — über Malerei — die Hauptwerke der berühmtesten Meister verschiedener Schulen u. s. w., — was Du hörst in Gesprächen über ein neues Werk der Literatur u. s. w. das Aufsehen erregt. Kurz, es wäre mir sehr angenehm, bevor ich selbst nach Paris komme, was doch, so die Vorsehung will, binnen Jahresfrist geschehen muß, ein briefliches Daguerreotyp von der Weltstadt — der geistigen Weltstadt — zu erhalten. Ich werde übrigens nicht so glücklich harmlos dort leben können wie Du — die 400 Thlr. die ich mir durch ein ganzes Jahr sauerster Mühe und musikalischer Nervenaufreibung verdienen werde, dürften dann jedenfalls von den Kosten meiner ersten beiden Concerte in Paris sofort verschlungen werden, wobei es noch nicht sicher ist, daß ich papierne Lorbeern mitbringen werde, nicht einmal genug um mit Papilloten von Journallobartikeln mein Haupt zu coiffiren. Doch sprechen wir nicht davon. Vielleicht kommt mir einmal ein Glück im Schlafe. Doch freilich wär's bald Zeit.

Mama legt hierbei einige Zeilen ein. Sie hat unglaublich viel Mühe gehabt, ein kleines Quartier zu finden — da sie sich jetzt sehr einschränken muß. Sogleich nach meiner Abreise zieht sie da ein — ich glaube in die große Reitbahngasse. Schreibe ihr doch nicht so selten — Deine Briefe erfreuen sie — wenn sie irgend weiß, daß Du etwas Anregung und Annehmlichkeit hast. Sie ist so herzensgut; ich beklage, daß ich ihr nicht mehr sein kann, als ich es eben meinen eigenthümlichen Stimmungen nach vermag.

Meine staatsbürgerlichen Angelegenheiten haben mir noch viel Scheererei gemacht. Es entscheidet sich nun endlich, daß ich als Sachse angesehen werden muß, da mich Preußen nicht haben will.

Ich kann Dir heute nicht mehr schreiben. Empfiehl mich angelegentlich Mrs. Joy. Ihren Auftrag vergesse ich nicht, doch möchte ich vorher wissen, ob sie aus den Opern von Wagner zum Gesang oder zu zweihändigem oder vierhändigem Klavierspiel Einzelnes zu haben wünscht.

Joachim hat mir hier durch kurzen Besuch auf seiner Durchreise nach Pesth zu seinen Eltern eine rasende Freude gemacht. Ist wohl — hat mir aufgetragen Dich zu grüßen.

Morgen packe ich, und übermorgen mich.

207.
An Franz Liszt.

Dresde, le 6 Octobre [1854].

Mon très-cher et illustre maître!

Je ne saurais vous exprimer toute ma reconnaissance pour l'aimable lettre que j'ai encore eu le bonheur de recevoir de vous avant mon départ.

Je vous en remercie un peu à la hâte, ayant déjà un pied dans la voiture du chemin de fer pour Breslau, d'où il me restera à faire encore dix lieues en diligence. Ce n'est pas au bout du monde, comme vous voyez.

Wagner, en m'envoyant, il y a quelques jours seulement, la dernière partie de la partition de son »Rheingold« — qui est un tel chef-d'œuvre de calligraphie qu'elle pourrait être admise en cette qualité à une »exhibition« — m'a chargé de vous faire parvenir sans trop de retard l'œuvre entière. Le temps me manque pour profiter de sa permission et prendre connaissance de cette dernière partie de ce sublime ouvrage et pour exécuter son ordre de faire relier la partition entière, afin qu'aucune feuille ne s'égare.

Le copiste Mr. Wölfel, auquel Wagner voudra faire probablement finir sa copie commencée et terminée jusqu'à la page 82 — a été chargé d'attendre maintenant le renvoi des trois quarts restants de la partition de votre part.

J'ajoute à cet envoi les parties d'orchestre de ma »Fantaisie« que vous avez eu l'amabilité de me demander.

Madame Laussot[1], que j'ai assez fréquentée depuis son arrivée à Dresde, m'a prié de vous dire de sa part qu'elle n'aurait point tardé à vous remercier de tout son cœur des bontés que vous avez eues pour elle à son dernier séjour à Weimar, et des impressions ineffaçables que lui a laissé la matinée musicale de la semaine passée — impressions pour lesquelles je l'envie plus que je ne saurais dire — mais qu'elle avait encore sur sa conscience une commission pour Mme la Princesse Wittgenstein, qu'elle n'a encore pu faire. C'est du reste une excellente propagandiste.

Mr. Singer est reparti pour Pesth, pour tâcher de s'y guérir radicalement de sa maladie qui l'a fait beaucoup souffrir. Il reviendra probablement dans quatre semaines et fera alors une tournée dans le nord de l'Allemagne. Je vous suis reconnaissant de ce que vous ayez bien voulu agréer la dédicace de notre Duo sur le »*Tannhäuser*«, et d'une humeur si téméraire à la suite de cette faveur, que j'ai la hardiesse d'en implorer une autre.

---

[1] Mme L., später Gattin des Schriftstellers Karl Hillebrand. Siehe Band I S. 12.

A toute règle il y a des exceptions — confirmant la règle — et il y a certains sujets — certaines personnes, en faveur desquelles on peut en faire.

Or, il y a une amie à moi à Dresde — une jeune comtesse, Hélène de Kamieńska, un génie en peinture et en musique, enfin une personne tout exceptionnelle sous tous les rapports — vous la connaissez vous-même et vous lui avez parlé à Leipzig lors de la représentation de la ›Geneviève‹ de Schumann — elle se rappelle mot pour mot le discours spirituel que vous avez prononcé à cette occasion. Eh bien! cette dame désire de toute son âme avoir une ligne de manuscrit de votre main — non pour un album de montre, mais comme un bijou tout à elle. Est-ce que vous seriez peut-être disposé à faire une telle exception, et oserais-je vous demander une feuille pour cette compatriote de la Princesse?

Ne vous fâchez pas trop, je vous en prie, de cette demande indiscrète de ma part.

208.
An die Mutter.

Chocieszewice, 10. October, 1854.

Praescriptum: Du kannst den Brief ohne mütterliches Besorgnißherzklopfen lesen: er ist in keinerlei Weise in meine Stimmung vom 7. Oktober getaucht.

Geliebte Mutter!

Ich wünsche und hoffe sehr, daß Du Dich zur Zeit besser und comfortabler befindest als ich.

Die gestrige Nacht — des Schlafes hat mich noch nicht vollständig von den zwei vorhergehenden abscheulichen Nächten der unruhigsten Locomotion erholt.

Die Fahrt von Dresden nach Breslau des Nachts ist abscheulich — 1½ Stunde Aufenthalt in Görlitz, ¾ Stunden desgl. in Kohlfurt. — Breslau ist — en bloc — eine recht schöne Stadt. Die Bevölkerung aber eminent begoutant. Reines Palästina. Geschmacklose Eleganz. Vorherrschende Typen von Juden- und Jüdinnengesichtern, die vollkommene Variationen des einen Breslauer Judenthuma's sind. Der obere Theil der Physiognomie zuweilen schön — der untere grundhäßlich und sehr widerlicher Teint. Ich besuchte den Organisten Hesse (Freund von Spohr) und den Pianisten Karl Schnabel, fand beide nicht zu Hause. Der alte Mosewius, Universitätsmusikdirektor, bekannt durch seine Analyse der Bach'schen Passion, war dagegen sehr erfreut durch meinen Besuch, führte mich in die Universität, wo er mir die Aula und einen anderen musikalischen Concertsaal zeigte — in dem Liszt einst gespielt — die musikalische Bibliothek enthüllte u. s. w. Er war genau bekannt gewesen mit General Bülow-Dennewitz, erzählte mir auch von dessen Compositionen.

Ferner besuchte ich die Pianofortefabrik von Bessalié — der recht brauchbare Concertflügel baut und sich anständig benahm. Henselt war vor wenigen Wochen bei ihm gewesen — hatte ihm seinen Beifall in den Resonanzboden geschrieben.

Im Theater sah ich »Robert le diable« und zwar bis auf die musikalische Leitung — eine recht erträgliche Vorstellung von Seiten der Sänger und des Orchesters. Sehr freundliches Haus von außen und innen; auf einem prachtvollen Platze. Sehr anständige Beleuchtung. Anfang um 7 Uhr, was mir sehr angenehm war, da ich nicht wußte wie ich die Zeit bis zum Abgange der Post nach Rawicz — Abends 11 Uhr — todtschlagen sollte. Im „weißen Adler" war ich abgestiegen, um nicht auf der Straße zu liegen, und fand es gut und billig. Dagegen mußte ich von Breslau nach Rawicz — so enorm viel Überfracht bezahlen, daß ich mich ziemlich à sec befand, für die Extrapost von Rawicz, wo ich Morgens 6 Uhr ankam. Nach vielen Schwierigkeiten, die mir dieser Stand der Dinge verursachte, erlangte ich von der besonderen Freundlichkeit der Postbirectrice, daß man auf meine Zusicherung: Graf Mycielski werde bei meiner Ankunft mich lösen, mir endlich die Beförderungsmaterialien unterbreitete. Eine nichtswürdige Fahrt, an die ich denken werde. Horribler Weg — heftige Kälte — Bürgerwiesenorkan — ich kam gegen ½11 Uhr in Chocieszewice förmlich b. h. in aller Form zerschlagen an. — Mit meiner bisherigen Traitirung bin ich so wenig zufrieden, daß, wenn sich bei der Zurückkunft des Grafen, der mit seinem Töchterdreigestirn und der Gouvernante vor mehreren Tagen zu Verwandten verreist ist, und der täglichen resp. stündlichen Zurückerwartung seiner bis dato noch nicht entsprochen hat — nicht Vieles von Grund aus ändert, ich länger als vier Wochen diese horreurs nicht aushalte. Vier Wochen will und kann ich sie genießen. — Das Schloß ist großartig. Die Speisesäle und Salons — königlich — von fabelhafter Flächen- und Höhenausdehnung. Aber es gehören slavische Glieder dazu um diese Kälte auszuhalten, gegen welche die Magenerwärmung selbst während ihrer Dauer kein Gegengewicht gewährt. Mein Zimmer hat durch die Überschwemmung in seinen Wänden gelitten — doch ist es nicht allzufeucht. Es ist für sich allein so groß, wie die beiden Zimmer, die Du jetzt in der Reitbahngasse bewohnst, und noch ein Stück Raum. Man versichert mir, der Ofen reiche hin, es vollständig durchzuwärmen. Ein Monstresopha, mit Monstretisch — beide unendlich grob und unbequem, obwohl neu, ein Schreibtisch ohne Fächer, eine Commode, ein Nachttisch und ein ebenfalls nicht ideales Bett, sowie vier Stühle constituiren das Ameublement, das sich in der ungeheuren Raumausdehnung völlig verliert. — Ich biete Dir an, Deine unplacirten Möbel bei mir zu beherbergen.

Ein der deutschen Sprache sehr wenig mächtiger, alter polnischer unsauberer Hausknecht besorgt meine Bedienung, die sich ungefähr mit den Functionen eines Gefängnißwärters — quantitativ und auch qualitativ — auf gleichem Niveau erhält. — Ich werde in diesem Bezuge meinem durch einen kleinen Gang getrennten Nachbar und „Collegen", einem ganz gutmüthigen, aber sehr mäßig (sächsisch) gebildeten jungen Menschen von Maler, einem gewissen Herrn Schreiber (aus Dresden) gleich erachtet. Während des gestrigen ersten Tages war mir noch keine Gelegenheit gegeben, dagegen zu protestiren. Überhaupt muß ich des Grafen Ankunft abwarten.

Die nächste Umgebung des Schlosses ist schön — Parkanlagen, die ein wenig an das Pavillonsrechteck im Dresdner großen Garten erinnern. „O Hünerfürst!"

Dann hat man aber die ächteste polnische Bauernwirthschaft — eine Reihe von Dörfern, in denen lauter Stockpolen wohnen, wo keine einzige Silbe deutsch gesprochen wird. — Man ist also von jedwedem Verkehr gänzlich abgeschnitten. Des Sonntags kommt ein wandernder Flickvirtuose in die Gegend, dem man die Restauration thronentsetzter Frackknöpfe und die constitutionelle Heilung vorgefallner Risse zwischen einzelnen Tuchschichten anvertrauen kann.

Ob man einen Raseur findet, ist mir noch unenthüllt. Das soll mich am wenigsten schmerzen. Bei der Kälte kann ein Bart nur erwärmen. Verschiedenes Andere brauche ich aber dringend. — Zuerst einige Thaler für das Porto unfrankirt anlangender Briefe, denn es scheint mir am sichersten, hierin die französische Sitte zu beobachten — dann zwei paar Handschuhe, gris clair mit schwarzen Näthen von Ammann — 7½ — er kennt meine Nummer oder vielmehr Größe, denn die Nummer ist ungleich — ein kleines Fläschchen Haaröl und eine kleine scharfe Scheere. Das ist vorläufig Alles.

Meine Adresse ist conform mit meiner Reise am sichersten: Chocieszewice bei Kröben per Breslau Rawicz bei Graf Mycielski.

Habe die Güte und lege zu den erbetenen Gegenständen — noch zwei Packete russische Papiercigaretten (Spiglasoff) von Philipp an der Kreuzkirche — das Packet zu 12½ Sgr.

In Allem was ich Dir bis jetzt der Reihe nach mechanisch fragmentarisch geschrieben, liegt durchaus nichts zu Bedauern meiner Lage sonderlich Einladendes. Das kommt.

nun aber jetzt hinzu. Das ist der Mangel eines Flügels, und die längere Dauer eines solchen Mangels würde mich allerdings in allerkürzester Frist vertreiben dürfen. Der Sekretär und Intendant des Grafen, der im Besitze des mir von letzterem zur Benutzung für die Composition in mein Zimmer versprochenen alten Instrumentes ist, scheint nicht Willens zu sein, dasselbe für mich herzugeben. Die Gräfin, die von jener süßlich herablassenden Freundlichkeit ist, welche mir ungemein disconvenirt, äußerte, geglaubt zu haben, ich würde mein Instrument selbst mit hierher bringen. Wie das sich gestalten wird, ist mir noch unklar. Ich werde mir wahrscheinlich aus der Umgegend eines miethen müssen. Es soll deren geben.

Das Diner gestern war um 2 Uhr — Theestunde 8 Uhr — womit ich in der Zeit und der Qualität der Comestiblen zufrieden war. Die Gräfin hatte Besuch von Verwandten — eines älteren Cousins, mit dem ich mich ziemlich viel unterhalten habe, der Gelegenheit hatte, meine Kenntnisse rc. zu würdigen und sich artig benahm. Hatte Chopin genau gekannt und viel gesehen in Paris. Ferner ein Bruder der Gräfin, noch ziemlich jung — langweilig-gelangweilt aussehend — dessen Frau ferner, eine junge nicht hübsche aber nicht unliebenswürdige Dame, die das gute Gedächtniß hatte, mich vor vier oder drei Jahren in einer Gesellschaft bei einer polnischen Dame in der Halbegasse gesehen zu haben.

Nach Tische hatte ich die Schwäche, der Aufforderung etwas zu spielen im kalten Salon, mit ganz eingefrornen Fingern, Folge zu leisten. Die Hausherrin begleitete mich mit Conversation, die Männer, namentlich der alte Cousin

— waren artig und bewunderten mich. Nach dem Thee begab ich mich noch unaufgefordert in ein geheiztes Gesellschaftszimmer, um Conversation zu machen und mich zu freier und ungezwungener Haltung und Bewegung einzuexerciren.

Ich erwarte bezüglich aller Dinge, die sich ändern müssen, die Ankunft des Grafen — was ich der Gräfin zu sagen habe, lasse ich ihr durch die Stieftöchter bestellen.

Wie geht es Dir? Bist Du wohl nach Hause gekommen? Was der Mensch bei manchen Dingen für Zähigkeit im Leiden besitzt! Wie viel es braucht, um die Maschine ernstlich aufzureiben!

Wie war es am Sonntag? Erzähle mir von dem Diner bei Kamienskis. Oder lieber kein Wort. Oder doch, — so viel Du magst.

Ich bin vorläufig durchaus nicht Muthes, an jemand Anderen zu schreiben als an Dich. Doch vielleicht später bitte ich Dich, hier und da die Vermittlung meiner Correspondenz gütigst zu übernehmen.

Hast Du Dich ein wenig eingewohnt? Wie steht es mit Deiner Bedienung? Hat man die Cäsarmusik zurückgebracht? Es wäre mir ungemein wünschenswerth von einer zweiten Aufführung zu hören, damit die Herren Kapellisten etwas weniger unmenschlich musicirten.

Grüße Fräulein Dräseke[1] vielmals. Ich hätte gestern Abend mit ihr gern geplaudert.

---

[1] Tochter des Bischofs, Tante des Komponisten Dräseke, eine geistig rege, auch literarisch — durch metrische Übersetzungen Byron's — thätig gewesene Persönlichkeit.

Leb herzlich wohl, geliebte Mutter, und laß möglichst umgehend von Dir hören.

Mein „College" versichert, die Postverkehranstalt sei sehr regelmäßig und zuverlässig. Wollen's hoffen. Haben Dich die anderen Polinnen besucht?

209.
An die Mutter.

Chocieszewice, 19. October 1854.

Geliebte Mutter!

Gestern Nachmittag, als ich eben meine neunzehnte Klavierstunde gegeben, erhielt ich Deinen ersehnten Brief. Ich danke Dir vielmals dafür, wie auch für die freundliche Sendung Alles von mir benöthigten. Ich antworte Dir umgehend — weil bis zur Ankunft meines Briefes in Dresden sehr viel Zeit vergeht. In den Nachmittagsstunden reitet nämlich ein Kutscher mit der Brieftasche nach Kröben, von wo er die angekommenen Sendungen des Abends zurück bringt. Erst des anderen Tages geht die Post von Kröben nach Rawicz, und so kann es denn nicht anders geschehen, als daß drei bis vier Tage verstreichen, ehe das Schreiben seinen Bestimmungsort erreicht. Weit geringer ist natürlich der Aufenthalt mit den hierher adressirten Briefen.

Mit drei Thalern hast Du mir schon zuviel geschickt, man braucht hierselbst keine Börse, kein Portemonnaie — der einzige „Silberklang" ist „Musik". Das ist wahrhaftig eine Annehmlichkeit und würde Dir besonders gefallen. Für mich hat es einen entschiedenen Neuheitsreiz.

— Die einzige Ausgabe, die ich bis jetzt hatte, war die einer polnischen Grammatik, die mir des Grafen Sekretär, Herr Baranowski, ein in seiner Art und seinen beschränkten Geisteskreisbewegungen ganz angenehmer artiger Mann, besorgt hatte. Die Übungen lokaler Wohlthätigkeit gegen ein zahlreiche Besuche abstattendes Bettlervolk überlasse ich dem Meistbietenden, dem Herrn über 20 000 Morgen, Besitzer einer Besitzung, die gegenwärtig eine Million unter Brüdern werth ist, dem Beneidenswerthen, der den ihm durch die Überschwemmung angerichteten enormen Schaden von 20 000—30 000 Rthlr. (er sagt 40 000) mit Gleichmuth verschmerzen kann. — Bleiben noch übrig die Ausgaben für Flickschneider, Raseur und eventuell Schuster.

Der Graf hat ein wenig Ordnung jetzt in die Dinge gebracht und benimmt sich — bis auf Weiteres — unberufen — recht anständig. Ich werde jetzt sehr gut bedient durch einen „Landsmann", einen aus Dresden mitgebrachten Wenden, der nicht sächsisch spricht und ganz exemplarisch ordentlich ist. Ein Kleiderschrank ist mir vom Tischler gezimmert worden. Sobald der Graf sie gelesen, erhalte zunächst ich die Zeitungen — ›Indépendance‹ und ›Charivari‹ — von deutschen leider nur die „Schlesische Zeitung", aber Dienstags „Kladderadatsch". Die Reisekosten will er mir zurückerstatten, hat es aber noch nicht gethan — ich glaube übrigens nur das Personenfahrgeld. — Ferner hat er mich gebeten, Gesangunterricht zu ertheilen — vier Stunden wöchentlich — die er natürlich extra bezahlen wird — aber bis jetzt war ich trotz fleißigen Schlafens und Essens von dem musikalischen Schulmeistern so angegriffen, daß ich mich noch nicht habe entschließen können, darauf einzugehen.

Ich muß Dir in aller Kürze eine Skizze meines einförmigen täglichen Lebenslaufes geben. Da ich mich stets eine, manchmal bis zwei Stunden vor Mitternacht zur Ruhe begebe, so erwache und erhebe ich mich auch gewöhnlich nicht später als 7 Uhr. Von 9—11 habe ich zwei „Musik"stunden zu geben und, neben Czerny'schen Übungen, Döhler's Tarantelle und Willmer's Schwalbenetüde einzuschulmeistern. Das ist eine strapaziöse »robota« (Arbeit). Eine der persischen Nationalstrafe analoge Tortur — da die falschen Töne so constant in mein Ohr träufeln wie die Wassertropfen auf den Schädel eines persischen Verbrechers. Die mittlere „Comtesse" übrigens giebt sich hier in Chocieszewice bei weitem mehr Mühe als in Dresden und zeigt mehr Intelligenz und Energie als Fräulein Elisa, der ich heute noch ihre »mollesse slave« vorgeworfen habe. Sie hat entschieden den bescheidensten Mangel an Talent. Grenzenlos ist mein Leiden mit der jüngsten, der dreizehnjährigen, der ich zu einer Geburtstagsfreude des Papa eine Quadrille über Motive aus „Martha" eintrichtern muß. Gewissermaßen ist Fräulein Marie übrigens die vernunftbegabteste; sie gesteht offen ein, sie habe keinen Beruf zum Klavierspielen, auch sehr große Abneigung dagegen, bei ihrer Überzeugung von ihrem gänzlichen Talentmangel und trotz des absurden Zwanges der Eltern ist sie verhältnißmäßig gutwillig, aber kein Gehör ist da, kein Sinn für Rhythmus, keiner für Melodie.

C'est vraiment une corvée.

Von 11—12 promenire ich bei schönem Wetter — und bis jetzt hat es daran nicht gefehlt — im Park, oder ich erhole mich an meinem Schreibtisch durch Lesen irgend welchen

Buches. Berlioz' »Soirées d'Orchestre« — der erste Band
von Gervinus' „Literaturgeschichte des deutschen Mittel-
alters" u. dergl. — Außer an Dich habe ich noch keine
Correspondenz eingefädelt. Von 12—2 Uhr spiele ich auf
dem neuen Flügel von Rönisch, der sehr trefflich ist, mit
ziemlicher Vehemenz Klavier. Um 2 Uhr dinirt man, sehr
gut, quantitativ zum Theil sehr mäßig — Freitags »maigre«
— und plaudert in des Grafen Zimmer beim Kaffee einige
nutzlose Worte französcher Phrasenconversation. Bis 4
gehe ich wieder spazieren um mich zu erwärmen — denn
man friert hier barbarisch, und der Graf prohibirt jedes
ernstlichere Einheizen als der Gesundheit nachtheilig —
womit er vielleicht recht hat — aber das Gewöhnen an
die physische Temperatur scheint bei mir noch langsamer
vorwärts zu gehen, als an die psychische. Von 4—5 spiele
ich wieder für mich, 5—6 Unterricht, 6—7 „componire"
ich meist — um 7 Uhr ist Souper — warm, und darauf
Thee, der aber auf eine höchst ungemüthliche Weise in
einem kalten, enorm hohen Salon an einer langen Tafel
eingenommen wird — nachdem folge ich meist einer Einladung der Gräfin, in dem Pianosalon noch ein wenig
Musik und Conversation zu machen, weil ich es vortheilhaft finde, »à défaut d' hommes musicaux« — manne-
quin's vorzuspielen, aus denen ja doch die liebe Mehrheit
des Publikums besteht. Gegen $1/_2 9$ Uhr aber, wenn ich
wieder in meinen vier Wänden angelangt bin, befinde ich
mich ziemlich „caput" und tauge zu nicht viel mehr als
Zeitungen zu lesen — die ich, in Ermangelung jedes
näheren persönlichen Interesses unter meiner Umgebung,
mit dem Heißhunger einer alten brillentragenden Abonnentin

der Tante Voß mit Haut und Haar verzehre. Bis jetzt habe ich noch keine Indigestion davon gehabt.

Einen alten Kasten von Flügel habe ich in meinem Zimmer, seitdem Herr Baranowski durch eine Wunde an der Hand verhindert ist (auf lange, wie es scheint) der Tonkunst zu fröhnen. Zum Componiren ist er tauglich genug, rein gestimmt und restaurirt — zum Spielen ganz unbrauchbar.

Zu Klagen über meinen gegenwärtigen Zustand habe ich keinen augenblicklichen Anlaß. Es ist eben eine Verbannung, eine Strafe für den zeitweiligen „Nihilisten", daß er in das Paradies der completen Negation aller Interessen gekommen ist. Wenn diese Negation sich auch auf mein öfteres Hals- und Kopfweh ausdehnte, wär's gut. Lange — ohne Unterbrechung — halte ich's aber ganz gewiß nicht aus. Meine Reise nach Berlin, so gegen den 10.—15. November gilt hier als etwas Abgemachtes; sie ist mir in jeder Beziehung nöthig. Ich übe mit Hinblick auf diese Excursion jetzt aus allen Kräften mein Instrument. Im December will ich dann ein Concert in Posen geben — oder — mehrere (während des Landtags), da bin ich sicher gute Geschäfte zu machen und Graf M[ycielski] hat mich seines größten Beistandes versichert.

Anfang nächsten Jahres: Breslau. Ob es etwas mit Hamburg wird, frägt sich. Zuerst Berlin. Aber wie? Doch davon später.

Wann wird Johanna Wagner's Freundin[1] nach Berlin gehen?

---

[1] Helene Kamienska.

Nein — begraben mag ich mich nicht lassen und winkte mir nach Jahresfrist die schönste Auferstehung! Mein „College", ein Herr Schneider, ist ein ganz guter und als solcher „gemäßigter" Sachse. Ich werde mit ihm englische Sprache treiben, deren Elemente er schon kennt. Nächsten Sonntag wollen wir 1½ Meilen machen, um in ein städtisches Nest Kobylin zu kommen. — Seine Stellung ist übrigens hier doch sehr inferieurer Natur gegenüber der meinigen, schon weil er nicht französisch spricht.

Einliegenden Zettel bitte ich nächstens an Isa mitzubefördern. — Am 25. steht fremder Damenbesuch hier in Erwartung. Eine Gräfin Potocka mit Töchtern u. a.

Fräulein Dräseke habe ich ernstlich und absolut — nicht relativ — grüßen lassen.

Nochmals schönen Dank für Deinen Brief und Bitte um recht baldige, recht ausführliche Nachrichten. Deine Einsamkeit ist nichts im Vergleich mit der meinigen und die schlechte Postverbindung verzögert so den Verkehr.

P. S. Fräulein Dräseke empfehle ich bringendst Bauer's „Rußland und das Germanenthum". Ich habe viel Vergnügen davon gehabt — es hat mir über die ersten sehr schauerlichen Tage hinweg geholfen. Es ist so meisterhaft kräftig und männlich und „frei", d. h. also auch parteifrei geschrieben, und so ganz anders als Ihr Beide Euch denken werdet, daß — ich Recht habe, es Euch zu empfehlen.

210.

An die Schwester.

Chocieszewice, 19. Oct. 1854.

Liebe Schwester!

Du bist in Paris und ich auf dem Lande in Posen — auf dem plattesten Lande, das sich erdenken läßt — in einem kalten Schlosse, wo ich täglich drei peinigende Klavierstunden mit der mir eignen erschwerenden Bülow'schen Gewissenhaftigkeit zu geben habe, und der Perspektive, nach Verlauf eines Jahres die Mittel zu erhalten, ein oder zwei Concerte sorgenfrei zum etwaigen Besten meines künstlerischen Rufes in der Stadt zu geben, die Du jetzt so glücklich bist, Deinen Wohnort zu nennen. — Ich bin bereits zwölf Tage hier thätig und leidend, und die Macht der Gewohnheit hat mich die schauerliche Öde des Anfangs überwinden, in mein nicht sehr beneidenswerthes Schicksal mich mälig finden lassen.

Heute bringe ich mich mit einer Bitte in Erinnerung, die Du sehr gefällig wärest, recht bald zu erfüllen. Es giebt in Paris ein Vaudeville, betitelt »la corde sensible«, worin eine Romanze gesungen wird, deren Titel gleichfalls »la corde sensible« ist. Der Preis wird 1—2 frcs. sein, und Du thätest mir einen großen Gefallen, recht bald in einer Musikalienhandlung Dich darnach umzuschauen, diese Romanze für eine Stimme mit Klavierbegleitung zu kaufen und alsbald als Rolle verpackt an Mama nach Dresden zu schicken, die die weitere Besorgung übernehmen wird. — Wenn Du an meiner Stelle wärst, so würdest

Du Dich viel besser befinden; erstlich würden Dich manche ökonomische und agronomische Angelegenheiten mehr interessiren, dann hättest Du an den drei Töchtern einen ganz charmanten Umgang u. s. w. Ich kann nichts besseres thun, als mich gänzlich isoliren, und doch verkommt man auf diese Weise. Für mich giebt es keine andere kurze angenehme Aufregung, als die Anzeige der Speisestunde dem an guter Küche sich gefallenden Magen — und die Übergabe eines Briefes oder die Einhändigung der französischen Journale für mein — Herz. Nur Dienstag ist ein Festtag: „Klabberadatsch". Aber keine Unterhaltung mit einer lebenden Seele, in der man nicht die Mühe, die Lippen zu öffnen, des Preises nicht verlohnend erachtete. Der Graf und seine Frau sind relativ gebildet, aber oberflächlich glatt sich äußernd.

Arbeiten ist das Einzige, was man treiben kann. Aber man muß zu meinen Arbeiten arbeitslustig aufgelegt und aufgeregt sein, und das ist selten der Fall.

Mitte November hoffentlich geht es nach Berlin, um mich dort gründlich ein paar Wochen zu erholen und neue Spannkraft zur Erduldung dieses Exils, schlimmer als das der Insel Jersey, zu erlangen. Schreib bald und viel, gute Isidore.

Dein treuer Bruder
Hans.

211.

An Richard Pohl.

Chocieszewice, 11. October (neuen Styls) 1854.
Epilogisches Vorwort: Der Brief ist enorm ledern; hast
also kein Amüsement in dessen Lesung.

Als mir es Karl[1] einst erzählte — in einem seiner
letzten Briefe — daß er zuweilen an seine Freunde Blätter
schreibe und Bogen, die er bald darauf nicht mehr abzu=
senden gesinnt sei und — vernichte, hielt ich das für eine
»blague«.

Ich habe mich jetzt aus eigner Praxis überzeugt, daß
dergleichen sehr möglich ist. In meiner kaum vierzehn=
tägigen Einöde ist es mir schon manchmal begegnet, daß
ich meine Zuflucht zu einem einseitigen Beginn vermeint=
lichen Verkehrs mit meinen Bekannten nehmen zu müssen
glaubte, um mein Hirn vor gänzlichem Verborren zu
schützen. Haarsträubendes Zeug ist dabei auf Papiere
gekommen, die sich zur Sühne ihrer Schuldenlast bald
darauf zu Fibibussen hergegeben und zur Flamme erlöst
haben. Und waren es auch nicht tausend und drei — so
war Dein Name doch mit dabei. An Dich hatte ich im
tollen Übermuth Dinge geschrieben, die ich nicht gut ab=
schicken konnte und die nur der mir an „Radikalismus=
Verworfenheit" ebenbürtige „Karl" zu goutiren vermögend
gewesen wäre. Ich erzählte Dir nämlich einen fingirten
Traum, dessen Heros Du warst. — Die Scene spielte in

[1] Ritter.

Dresden; die „Vision" behandelte jenen denkwürdigen Abend, an welchem Du mit zwei Beschnittenen kneiptest und schließlich noch —————————.

Die Folgen waren traurig, aber nicht überraschend. — Die ganze Historie wurde episch von Tante Brendel in der kleinen Zeitung unter der Form von „Anregungen" dem Publikum eröffnet. Du triumphirtest schließlich als Märtyrer durch die Folgen Deines „Opfers" für eine neue und große Idee. — Hierbei mag es sein Bewenden haben, — ich möchte nichts weiter davon verrathen — ich könnte Gefahr laufen, von Euch exkommunicirt zu werden.

Wenn Einer sich langweilt, so langweilt wie ich jetzt mich langweile auf diesem verwünschten, öden polnischen Schlosse, in der ruchlosesten, plattesten, unschönsten Gegend gelegen — einer wüsten Insel in jeder Hinsicht vergleichbar — dann ist es erlaubt zu — leider — kurzem Zeitvertreibe über das Heiligste blasirt zu werden und das letzte reflektirte, wirklichkeitsferne Interesse als letzte „Marotte", als letzten „Sparren" über Bord zu werfen.

Zum Arbeiten war ich gar nicht disponirt. Zudem spannte mich das Lectioniren bisher auf eine Weise ab, daß ich der auf die drei Stunden Ohrenquälerei erfolgenden täglichen Erschöpfung nichts anderes entgegen zu setzen wußte, als drei Stunden furioses Klavierüben eigener Hand und einige Sprachstudien. — Mein nächstes und fast einziges Ziel ist gegenwärtig möglichste Vervollkommnung meiner Klaviertechnik, Zusammenstellung eines aus allen „anständigen" Elementen reunirten Virtuosenrepertoirs, das ich mit fatalistischem Gleichmuth beherrsche. In diesen Bestrebungen werde ich unterstützt durch einen ganz

vortrefflichen Flügel — — — — Liszt's Transcription der
Bach'schen Orgelpräludien und Fugen, eine der glänzendsten
seiner Arbeiten in diesem Felde — habe ich mir jetzt sehr zu
Gemüthe und Finger gezogen — überhaupt die verhältniß-
mäßige Nothzüchtigung der klassischen Muse mir zur Aufgabe gemacht.

Mein an Dich durch diese inhaltlosen Zeilen um so
wehmüthigerer und dringenderer Wunsch geht nun dahin,
recht ausführliche copiöse Nachrichten von Deinem Treiben
in Weimar, und Weimar's Treiben in Deinem Augenglase
zu erhalten — um mir bei Empfang solchen Schreibens
auf einen kurzen Augenblick dann einbilden zu können, ich
sei hier nicht komplet begraben.

Liszt's Schlußartikel über den „Holländer" habe ich
vor ein paar Tagen noch durch meine Mutter erhalten —
und ihnen viel freudige Bewunderung gewidmet. Noch
mehr werden sie mich fesseln, wenn ich sie im Original
lesen werde. —

Bei der Gelegenheit habe die Güte — Liszt mit meinem
devotesten Gruße eine in meinen letzten Zeilen an ihn
gerichtete Bitte, um ein mit einem Federzuge seiner Hand
geziertes Blatt, in Erinnerung zu bringen und — enorm
dankbar wäre ich Dir, wenn Du es einrichten könntest,
dieses Blatt in Deinem Antwortbriefe an mich, der bald
erfolgen möge, mitzusenden. Mes amitiés à Sacha und
seiner Frau, wie der Deinigen — praeponendis postpositis
— meine devoteste Empfehlung. Ich hoffe, der letzteren
wird es bleibend in Weimar gefallen und sie eben so viel
Anregung ihres Talents finden, als es ihr daran in dem
Moraste Dresden gebrach.

Schön, daß Du die »Soirées d'orchestre« [Berlioz] noch übersetzen willst. Die Wiederdurchlesung dieses für eine Menge künstlerischer Dogmen evangeliumswerthvollen Buches hat mir hier ein paar Stunden angenehm gekürzt, wenn ich von Czerny'schen Etüden — — — abgerackert, meine vier Wände genügend angeflucht hatte.

Wie steht's mit der Orchesterfantasie?

Was hört man von Berlioz? Wie steht's mit der Tannhäuseraffaire in Berlin und den neuen Fabeln, die man darüber in Zeitungen liest. Zeitungen lese ich sogar ziemlich regelmäßig — — — Gestern erhielt ich von Singer die unfrankirte Meldung seines eventuellen Engagements in Weimar. Doch ist es noch nicht außer Frage, glaube ich?

In Breslau sah ich »Robert le Diable«. Die Aufführung war gar nicht schlecht. Orchester sehr erträglich, nur Direktor unter dem Krebs. Gesangskräfte viel besser als in Leipzig. Lohengrin wird nächstens in B[reslau] einstudiert. Fahre dann natürlich — wenn Wege fahrbar.

Fahre wohl, einstweilen, und berichte bald Gutes und Neues

Deinem treu ergebenen Peltast.

212.

An die Mutter.

Chocieszewice, 29. Oct. 1851.

Geliebte Mutter!

Du solltest mir öfter schreiben. Ich bin jetzt bald vierzehn Tage ohne alle Nachricht von Dir und Dein

Stillschweigen ist nicht geeignet, mir meine hiesige Einsamkeit zu erheitern, oder vielmehr erträglich zu machen.

Der Hauptreiz meines hiesigen Aufenthaltes besteht zwar gerade in dieser Zusammenhangslosigkeit; doch auf die Länge bedarf ich wieder einmal der Erinnerung, daß ich mich nicht der vollkommensten Verlassenheit erfreue.

Bei der Langsamkeit, mit der hier die Tage und Stunden für mich schleichen, dünkt mich dieser Zeitraum eine Ewigkeit. In meinen neulichen Brief hatte ich auch einen Zettel an Isidoren eingelegt. Es wäre mir unangenehm, wenn derselbe sollte abhanden gekommen sein.

Im Ganzen hat sich mein hiesiges Leben jetzt etwas angenehmer gestaltet, und ich hoffe, es kann auf diesem Wege noch fortschreiten.

Die alltägliche Einförmigkeit des hiesigen ultraländlichen Wüstenlebens wurde neulich durch die angenehme Oase eines interessanten Besuches durchschnitten. Herr oder Graf v. Potworowski mit seiner Frau und zwei recht liebenswürdigen Töchtern brachte zwei Tage hier zu. Diese Familie verlebt in der Regel den Winter in Dresden und wird Anfang künftigen Monats wieder ihren Aufenthalt dort nehmen. Sie sind sehr befreundet mit Frau v. Chodkiewicz und hatten durch diese brieflich schon mehrfach von mir gehört. Es hat mir wirkliches Vergnügen gemacht, mich vor ihnen als Klavierspieler glänzen zu lassen. Man war außerordentlich enthusiasmirt und Frau v. Potworowski freut sich sehr darauf, Deine Bekanntschaft zu machen, — wird Frau v. Chodkiewicz initiativ ersuchen, sie Dir vorzustellen. Die älteste Tochter, Fräulein Leonie, ist ein selten charmantes Mädchen von einer distinguirt unregelmäßigen

Schönheit und mit einer prachtvollen Stimme, sowie entschiedenem musikalischen Talente begabt, so daß ich wirklich — trotz der abgeschmackten Piècen, die sie sang, — Vergnügen an meinem mir hier gegebenen, wohl ersten und einzigen Concerte empfand. Der Vater warf der Gräfin Mycielska, wie diese mir gestern unter vielen Entschuldigungen mittheilte, vor, daß sie mich ihm kurzweg als Mr. Bülow vorgestellt, während ich doch der freiherrlichen Familie v. Bülow angehöre.

Die Gräfin befleißigt sich — unberufen — immer mehr exquisiter Liebenswürdigkeit gegen mich, il y a de quoi, du reste. Ich habe es wohl zum Theil meinem, mit großer Höflichkeit verbundenen, entschiedenen Auftreten zu danken. Ein Beispiel, das mir gerade einfällt. Eine meiner Eleven wollte neulich nicht spielen, klagend über kalte Hände. Die Gräfin stellte ihr vor, wie ich am Tage meiner Ankunft nach zwei Reisenächten dennoch so freundlich gewesen wäre, und auf ihre Aufforderung den Gästen etwas vorzuspielen, — trotzdem ich noch gänzlich erfroren gewesen sei — »très joliment« gespielt hätte. Worauf ich der Gräfin auf das letzte Wort ihres Satzes entgegnete »pas même, Madame«. Jetzt befleißigt sie sich einer anderen Terminologie, wenn diese auch durchaus nicht an die Skala verrückten Enthusiasmus streift, wie bei meiner ältesten Schülerin, Comtesse Elisa. Die spricht von dem »effet vraiment magique« meines Spiels und wie sie niemals geglaubt hätte, von Musik so entzückt werden zu können, so daß die Mama immer vorzuschlagen pflegt, ehe ich spiele, ein Glas Wasser und »des sels« für die Tochter in Bereitschaft zu halten, um für etwaige Ohnmachten versorgt zu sein.

Ich mache übrigens in der Technik Fortschritte. Ich übe regelmäßig 2—3 Stunden sehr gewissenhaft auf dem sehr vortrefflichen Flügel.

Beethoven's 32 (C moll) Variationen (das »cheval de bataille« von Madame Heinrich), Chopin's reizende aber schwierige Barcarole und mehreres Andere habe ich in der vergangenen Zeit gehörig einstudiert und auswendig gelernt.

Ich habe jetzt ein anderes Zimmer bekommen, das nicht an Feuchtigkeit leidet und im »corps de logis« selbst befindlich ist, so daß ich im Winter nicht nöthig haben werde, die bei Regen und Schnee sehr unangenehmen zwanzig Schritte durchs Freie zu machen um an mein Tageplagewerk zu gelangen.

Am 9. November ist des Grafen Geburtstag — da werden eine ganze Schaar Verwandte, Bekannte und Nachbarn über Chocieszewice hereinbrechen, und wahrscheinlich mehrere Tage hier hausen. Mein Magen nimmt an solchen Besuchen natürlich ein lebhaftes Interesse. Gestern hatte der Graf eine Jagd veranstaltet und eine Menge Theilnehmer aus der Umgegend dazu geladen. Ich mußte die Leute durch mein Klavierspiel amüsiren und ich that es ohne Umstände — weil ich bei der Gelegenheit diejenigen Stücke repetire und exercire, die mir, für mich selbst allein wiedervorzunehmen, nachgerade fade geworden sind, und deren Innehabung mir doch für meine Concertpublikümmer unumgänglich ist — les Patineurs, Sonnambula, Luciafantasie u. dergl.

Mit meinem bedauernswerthen Schicksalsgenossen, der an allen Conversationen bei und nach Tische keinen Theil nehmen kann, lese ich täglich eine kleine Stunde Englisch, wobei ich das, mir von der Fürstin Wittgenstein einstmals geschenkte, Literaturhandbuch benutze. Ich lese und verstehe viel besser als er, aber er kann ein wenig sprechen, was ich gänzlich unvermögend bin. Er heißt übrigens „Schreiber" nicht „Schneider". Ich hatte ihm Unrecht gethan.

Endlich heute, Sonntag Nachmittag, erhielt ich Deinen Brief. Vielen Dank dafür. Ich erklärte mir die Verzögerung schon durch Deine Migräne, von der es recht häßlich ist, daß sie Dich so gar nicht verläßt. — Ich antworte so umgehend darauf, als es möglich ist.

Zum Frühstück erhalte ich eine kleine Portion Kaffee, die ich sehr verweißen muß, um sie zu zwei Tassen auszudehnen, sehr gutes Butterbrod und zuweilen ein ebenfalls sehr vorzügliches briochenartiges Gebäck. — Wenn wir um zwei Uhr speisen, so kann ich es recht gut von 8 Uhr an ohne erneuerte Zumirnahme aushalten. Verzögert sich dieses aber, was manchmal geschieht, so wird mir allerdings etwas wüst im Magen, und ich bin in diesen Tagen so energisch gewesen, für diesen Fall ein zweites Frühstück zu beanspruchen.

Nach Trepp und dem Café Reale habe ich indeß häufig qualvolle Sehnsucht. Ich würde mit Vergnügen ein paar Stunden Weges machen, um in eine „Cukiernia" zu gelangen.

Isidore soll doch in Paris bleiben, da sich die Sachen so verhalten. Ich glaube, die „Ausstellung" des nächsten Jahres läßt meiner Reise dahin kein günstiges Horoscop stellen. Es wird unmenschlich theuer sein — man wird keine Wohnung finden und überhaupt in jeder Hinsicht nicht aufkommen können.

Einstweilen werde ich es wohl ein Jahr hier aushalten, so weit ich das jetzt zu beurtheilen im Stande bin — freilich, wohlgemerkt, nur unter der Voraussetzung häufiger — periodischer — Ausflüge. Die baldige Reise nach Berlin ist für mich die erste Lebensbedingung; wann ich sie unternehmen kann, wird freilich von Dir abhängen. Zuerst muß ich im Opernhause auftreten, wo ich keine Kostenagitation zu der anderweitigen hinzuzufügen habe. Dann wird man weiter sehen. Schreibe nur dringend an Louisen wegen Gräfin Dönhoff. — Posen, das doch nach Berlin erst an die Reihe kommen kann, muß auch noch wegen der günstigen Zeit des Landtags in diesem Jahre abgemacht werden.

Über mein Ausruhen magst Du beruhigt sein. Leider bin ich meiner durch das Lectioniren immer erneuten Abgespanntheit so verfallen, daß ich zum Componiren aus purer physischer Trägheit keine Aufgelegtheit habe.

Zur ersten Lohengrinaufführung will ich nach Breslau reisen — das nimmt mir einen Tag und zwei Nächte weg, und kostet wenig Geld. — Die Reise nach Berlin über Gostyn, Lissa, Glogau kostet etwa 12 Thlr.

Die Einsamkeit ist mir manchmal fürchterlich, so namentlich Sonntags Morgen, wo ich mit Absicht keine Musik mache, als etwa der Gesellschaft vorspielen.

Sei so gut mir nächstens die unterdeß angekommenen musikalischen Zeitungen und ein neues Cigarrenpacket zu senden. Wenn ich die »Indépendance« lese und eine „Spiglasoff" rauche, versetze ich mich in die angenehme Erinnerung an die Margarethenstraße 6[1].

---

[1] Kamienski's Wohnung.

Ich habe mich angeboten, Sonntags in der nahen Dorfkirche Orgel zu spielen. Es scheinen aber Schwierigkeiten dabei obzuwalten. Man muß hier bei allen außergewöhnlichen Plänen ungemein straff und zähe hinterher sein, wenn etwas durchgesetzt werden soll.

An Liszt habe ich nicht geschrieben, weil ich ihm ganz und gar nichts mitzutheilen hatte.

Singer ist wirklich in Weimar engagirt. Es macht mir wahrhaftig jetzt Spaß, daß ich in Weimar allein schlechter Behandlung aufgehoben bin.

Heute Nachmittag habe ich zum Tanze Polken aufgespielt, hernach aber selbst mit Fräulein Elise, die mir durchaus die Polka einstudieren wollte, polkirt, »tant bien que mal«. Vielleicht lerne ich aber hier tanzen! Lieber wäre es mir zu pfeifen und die Anderen darnach tanzen zu lehren.

Eine Insolenz hat vor einigen Tagen der Landrath des Regierungsbezirkes gegen Chocieszewice begangen. Um Fräulein B. den Aufenthalt hier als Gouvernante zu gestatten, hat er verlangt, sie solle ein Befähigungszeugniß von der königl. Regierung sich zu verschaffen suchen. Um ein solches zu erlangen, müsse sie eine Darstellung ihres Lebenslaufes und ein amtliches Zeugniß über ihre sittliche und politische Führung einreichen und zwar binnen 14 Tagen, widrigenfalls ihr untersagt werde, als Gouvernante bei Graf Mycielski zu fungiren! Natürlich hat Mademoiselle B. sich bei der Gesandtschaft in Berlin über diese unglaubliche Anmaßung beschwert und Protektion nachgesucht, da ihre Pässe u. s. w. in vorzüglichster Ordnung sind.

Wie findest Du einen solchen „inqualifiablen" Fall von Polizeiwillkür?

Der Diener, von dem Du sprichst, ist in der That ganz vorzüglich.

Vorigen Sonntag machte ich mit Herrn Schreiber eine anständige Fußpartie nach dem 1¼ Meile entlegenen Städtchen „Kobylin", ein Judennest von 2000 Einwohnern. Mittag waren wir zurück, hatten kleine Einkäufe gemacht und — Juden gesehen.

Ende Oktober berichtet Frau von Bülow ihrer Tochter über die ersten Eindrücke, die Hans von seiner neuen Umgebung empfängt und meint: „der ganze Zuschnitt ist princier, was auch sein Angenehmes hat; sein Name, seine ungewöhnliche Bildung, feiner Verstand und gutes Französisch, stellen ihn auch besser, als es sonst der Fall wäre.".

17. Nov. 1854. „Ich bin in großer Ungewißheit über Hans und erwarte täglich Briefe; er war das letztemal so niedergeschlagen, wie er mir schrieb, aber meist so liebenswürdig und brav, Gott wolle ihm Glück verleihen!"

„Ich war Sonntag im Theater, „Pitt und Fox", ein Lustspiel, wurde gegeben, Dawison und die Bayer spielten; ersterer ist der erste Schauspieler, für den ich mich interessire, noch dazu ein Jude. Aber beides ist er eben nicht. Er war an einem Abend bei uns und ich finde ihn einen selten bedeutenden Menschen; er kannte Hans." ———

Und aus späterer Zeit:

„Von Hans sind die Briefe besser; die Einsamkeit wird ihm schwer; doch wenn die Stunden nicht seine Nerven zu sehr angreifen, so ist ein wenig Ruhe ihm vielleicht zuträglicher, und daß er genöthigt ist, sich nicht gehen zu lassen und mit jungen Damen umzugehen, kann unserem liebsten Jungen nicht schaden."

213.

An die Mutter.

Chocieszewice, 5. November 1854.

Geliebte Mutter!

Soeben habe ich Deinen Brief erhalten, und meiner jetzigen Gewohnheit gemäß, setze ich mich noch den Abend hin, Dir zu antworten.

Von Isidore habe ich zweimal Nachricht erhalten, obwohl sehr unvollständige — sie hat mir nämlich zwei Nummern der Gazette musicale unter Kreuzband geschickt. Das ist eine sehr praktische, wohlfeile Art der Correspondenz, wo es sich nur darum handelt, ein Lebenszeichen von sich zu geben; aber nach meinen zwei letzten Schreiben, die nicht unbrüderlich waren, hätte sie mehr thun können, als eine bloße Adresse kritzeln. In meinen letzten Zeilen hatte ich ihr bereits warm zugesprochen, doch ja ihren Aufenthalt in Paris sich zu Nutze zu machen und mir Nachricht zu geben von all' dem Vielen — und beträfe es auch nur die rohen Häusermassen — was mich zu erfahren interessiren könnte. Zweimal habe ich ferner gefragt, ob Mrs. Joy zum Singen oder Spielen eine musikalische Liste von mir haben will, und darauf erwidert sie ebenfalls nichts. — Finde ich morgen einen Augenblick Zeit, um einen Zettel an sie einzulegen, in dem ich sie nochmals bitte, von ihrem Pariser Aufenthalte einige geistige Nahrungssäfte zu ziehen und auf Einiges, das ich mich erinnere gelesen zu haben, deutlich hinweise, so werde ich es jedenfalls thun; wo nicht morgen, dann ein ander Mal d. h. natürlich sehr bald.

Was die Noten betrifft, die ich von ihr verlangt habe, so ist das die Romanze »la chaine anglaise« für Mlle. Kamieńska, die ich nächstens mit einem Albumblatt von Liszt überraschen werde. Du kannst es ihr vorläufig sagen, das schadet nichts. Gestern erhielt ich von meinem Pesther Freunde Eugen v. Soupper[1], der jetzt in Weimar ist, einen Brief — auf dessen letzte Seite Liszt einen freundlichen Gruß geschrieben hatte, indem er mir das Gebetene nächstens zu senden versprach.

Warum schreibst Du mir nichts über die Krondiamanten[2]? Ich kenne die Oper nicht. Soll amüsant — also erlaubt sein. Ich freue mich auf Donnerstag, da höre ich einmal wieder eine Saite klingen. Es wird ein kleiner Ball sein. Dazu kommt ein Orchester von Kobylin: Contrabaß, zwei Geigen und eine Flöte.

Was man bescheiden wird! Heute früh fuhr ich in einem schlechten Wagen (offen und in jeder Hinsicht ländlich primitiv) mit Herrn Schreiber, der ein gar nicht übler Bursche ist, nicht unkünstlerischen Fadens, nach dem Judenstädtchen Kobylin. Mit uns im Coupé saß der erste Commis — des Kochs, der kein Deutsch versteht und mit dem ich ein paar — von meiner Seite — gräßlich kauderwälsche Brocken polnisch diskurirte. In Kobylin besuchten wir die katholische und protestantische Kirche und assistirten sogar eine Weile dem office. Dann kauften wir uns Federmesser à 3 Ngr., Chokolade, blaue Dinte u. s. w.,

---

[1] Koncertsänger, Landsmann Liszt's.
[2] Von Auber.

zuletzt gingen wir in eine Conditorei, wo wir in vorhergefaßter Absicht mitgenommene deutsche und französische Zeitungen lasen, dazu Kuchen aßen und uns einbildeten, wir säßen bei Trepp und der Dreckdamm vor dem Fenster sei die Schloßgasse, und die polnischen (in der Regel thierisch häßlichen) Bauernweiber seien die schönen Polinnen, die man um Zwölf aus der katholischen Kirche kommen sieht u. s. w. — Bald darauf traten auch einige geputzte Damen in das Kuchenlokal und führten eine interessante Diskussion, ob man die Schweine mit kranken Kartoffeln füttern könne.

Eine Protestantin meinte ja, eine Katholikin nein, eine Jüdin, die in dem Worte „kranke Kartoffeln" vielleicht eine Anspielung auf sich vermuthet hatte, lief davon.

Der Rückweg war interessant. Unsere Fuhre war mit allerlei Einkäufen störendst beladen worden, bei einer nahen Meierei lud man uns aber noch ein todtes Schwein auf — als Rücklehnpolster und Sitzkissen. Wir haben zu Thränen gelacht und uns köstlich unterhalten. Mittags befleißigte ich mich pikanter Darstellung unseres Erlebten. Nous avions une société charmante; d'abord pour compagnon de voyage un garçon cuisinier, avec lequel nous avons parlé polonais — puis le cadavre d'un cochon, avec lequel nous n'avons pas fait la conversation polonaise — mais qui nous a servi de sopha etc. Der Graf meinte, das würde bei der Kälte uns angenehm erwärmt haben. Ich muß von Neuem lachen, c'est champêtre! c'est champêtre!

Der Graf hat mir das Reisegeld noch nicht zurückerstattet, folglich habe ich auch nicht zum Lohengrin nach

Breslau fahren können. Ich wollte es ihm jetzt nicht abverlangen — der Moment wird sich schon von selbst geben. Aber ich brauche nun in dem Falle längeren **Hierbleibens** (mit der Reise nach Berlin versteht's sich von selbst) wieder einige Thaler und wäre Dir sehr dankbar für bald mögliche Zusendung — rekommandirt.

Kamieńskis — bei Damen im Plural sagt man skie — sind verrückt, montiren erst sich selbst, dann Dich u. s. f. Erst die **Hauptstadt**, dann die **Provinzialstädte**. Umgekehrt wird ein Schuh draus und kein festsohliger.

Gräfin **Mycielska** (!!!) und der Graf ski haben Anderes zu thun, als mir bei meinen Concerten unter die Arme zu greifen. Ihre zeitweiligen Gäste können und wollen keinesfalls für einen ihnen fremden Pianisten etwas thun, der sie ferner um ihre Protektion weder bitten kann noch will. Fürst **Sułkowski** kommt am 9. November — vielleicht interessirt der sich zufällig für mich etwas näher, obwohl ich's nicht glaube. Was kann ich **anfangen** (und das ist doch die Hauptsache) ohne Fonds, ohne das zu einem ersten Concerte in Berlin nothwendige — wenigstens disponibel (für den extremsten, aber zu berücksichtigenden Fall) vorhandene — Kapital? Wenn die Schumann mit Joachim das Concertpublikum in Berlin novembrisirt, ist's vollends nichts mit mir armen verlassenen Schlingel. Und ich halte es auch hier aus. Es ist ein tristes, ödes Leben — aber diese enorme Indifferenz, an der die Ironie fast von einer gewissen Bonhommie (bon-enfantic) verdrängt wird, und die ich gegen meine ganze hiesige Umgebung athme, hat ihr Wohlthätiges —

man lernt sich vollkommen be- und einschränken und den
Reiz eines vegetabilisch gewohnheitlichen Daseins schätzen.
Ich bin zufrieden am Abend, wenn ich meine „Wirthin"
oder „Prinzipalin" am Tage einmal — weniger gesehen
habe, da sie mir in Sprache und ihrem ganzen Wesen die
Nerven irritirt und somit meinen manchmaligen Liebens-
würdigkeits-Bestrebungen den Beigeschmack der Tugendhaftig-
keit anleimt — bin zufrieden, wenn meine Schülerinnen
mäßig unsauber und mäßig trivial (im „Ausdruck") auf
dem armen Piano gewirthschaftet haben, — bin zufrieden,
wenn Mlle. B., »qui est bête comme une oie«, wie der
Graf mit mir sympathisirend meint, und Herr v. Baranowski bei Tische mäßigen Unsinn über die politischen
Fragen geschwatzt haben. Daß ich glücklich bin, wenn
ich gut gegessen, wenig gefroren, gut geschlafen habe, versteht sich von selbst. Gestern Nacht hatte ich das chevale-
reske Vergnügen einer Mäusejagd. Die Morgensonne be-
leuchtete meinem Raben Hermann das ehrenvolle Resultat
des gefallenen Wildes.

Der Graf ist geizig, aufschneiderisch, aber im Grunde
ein Mensch von sehr viel bon sens, verhältnißmäßiger,
sehr verhältnißmäßiger Humanität, und wie gesagt sehr
gesunden Ansichten z. B. in der Politik. Er hat in seinem
Äußeren jenen geistreich-sinnlichen pli, der mir an Lem.
Spaß machte, ähnlich wie der Kopf einer zutraulichen Katze
— ich kann nicht anders sagen — jenes thierisch-intelligente
Element, das über das feinmenschlich-stupide durch seine

Naturwahrheit imponirend erhaben ist. Er verehrt den „Klabberadatsch" mit Verstand und Enthusiasmus, und mein Herz sonnt sich, wenn er sich darüber ausläßt. Er läßt sich von dem spiritus packen, und das ist schon sehr viel; wenn ich einen witzigen Einfall habe, ist er hauptsächlich mein Publikum und zwar wie ich's liebe, nicht äußerlich bewundernd, aber sichtlich und innerlich consumirend.

Wohin verirre ich mich?

Madame Laussot's Buch »Comédies par Alfred de Musset« ist ausgelesen und hat mir manchen angenehmen Augenblick bereitet. Meinen Gruß der Geberin. Desgleichen Frl. Träsele; werde ihr einen Trauermarsch für Korniloff widmen. Wie so könnte ich jetzt nach Warschau? Welche châteaux en Espagne oder Pologne! Das ist einerlei.

Kannst Du mir „Richard II." deutsch schicken? Wir haben ihn englisch zu lesen begonnen, und er ist schwer.

Lies doch ums Himmels willen! Wenigstens die Revues, Deutsches Museum, Grenzboten! Was bringt die Beilage zur Augsburger? Halte mich ein bischen au fait von dem, liebe Mama! — Lipinski? — Die Czartoryska[1] beconcertirt die Überschwemmten in kürzestem.

---

[1] »Madame la Princesse Czartoryska, musicienne parfaite par le savoir et par le goût, distinguée, pianiste en outre . . . . Après une quintette de Hummel, qu'elle venait d'exécuter avec une supériorité magistrale, quelqu'un me dit:
»Décidément il n'y a plus d'amateurs!« — »Oh!« . . . . répondis-je, »en cherchant bien . . . . vous en trouverez peut-

Schon annoncirt. Ich will mich wenn möglich morgen zu Briefen nach Berlin ermannen.

Leb' wohl, kürze Dir die Zeit mir viel zu schreiben!

15. November.

Im Grunde ist das Leben hier gräulich unerquicklich und interesselos. Man vegetirt. So groß ist jedoch die Macht der Gewohnheit, daß es mir geradezu unbequem vorkommt, nach Berlin zu reisen, und ich vielmehr vorziehen würde, hier sitzen zu bleiben, wo man mit den gewohnten Funktionen die Tage nur so wie Garnknäuel abwickelt. Am Sonntag ist der Namenstag von Frl. Clinka — ich will ihr die Dedication einer Mazurka, die ich mit den noch unvollendeten Notturno's Schott anbieten will, verehren.

Der Graf war mit einigen Gästeresten vorgestern zum Besuch auf das benachbarte Gut des Herrn v. Stablewski gereist — heute Mittag sind sie zurückgekehrt — gestern wurden sie erwartet. Daher kam es, daß wir gestern um 6 Uhr, heute um 4 Uhr dinirt haben. Diese unregelmäßige Lebensweise mißbehagt mir im höchsten Grade. Wenn man nicht nach eigener Laune commandiren kann, so muß man in der Tagesordnung wenigstens eine gemeinsame feste Regel haben, von der nicht abgewichen wird.

Liest Du noch den Klabberabatsch? Er war ununterbrochen vorzüglich, namentlich die letzte Doppelnummer.

Schreibe bald, liebe Mutter, habe nochmals Dank für

être .... même parmi les artistes. Mais en tout cas la Princesse est une exception.«
Berlioz »Mémoires« vol. II pag. 198.

Deine viele Fürsorge und Theilnahme. Im nächsten Briefe hoffe ich im Stande zu sein, Dir Näheres über meine Abreise u. s. w. mitzutheilen.

Dein dankbarer Sohn
Hans.

214.

An die Schwester.

Chocieszewice, 6. November, 1854.

Isidore! Isa! Isidore!

Es ist wirklich unverzeihlich und unverantwortlich von Dir, daß Du auf meine wiederholten Bitten mich dennoch keiner Zeile würdig erachtest. Was könntest Du mir Alles nicht aus Paris schreiben, was mich als Paris noch nicht kennenden Menschen und als Hans von Bülow speciell interessiren dürfte, müßte! Und wenn Du mir nur vom rohen Eindruck der Häusermassen, ich wollte sagen, vom Eindruck der hohen — rohen Häusermassen schriebest, die an und für sich ein so mannigfaltiges historisches Interesse haben, das wäre doch schon etwas, und ich würde Dir dafür wahrhaftig mehr Dank wissen als für die Zusendung zweier Nummern der abgeschmacktesten Musikzeitung, wie sie als solche in Deutschland keine gleiche hat. Nicht blos so unendlich stupid, auch so abgeschmackt langweilig, so ledern war der Inhalt dieses papiernen Geschenkes, an dem die Adresse von Deiner Hand ohne Widerstreit noch das Interessanteste war. Bedenke doch, welch ein Glück Du genießest, wie viele Deiner Altersgenossinnen — von mir z. B. ganz abgesehen, Dich darum beneiden würden, in der Stadt zu leben, die der Mittelpunkt nicht blos der civilisirten, auch der uncivilisirten Welt ist. Und wenn Du kein Theater, kein Museum sähest u. s. w., welch immenser Stoff bliebe Dir dennoch übrig in Straßen, Palästen, Gärten, Plätzen u. s. w. Selbst vom Fenster aus, welch interessantes Panorama — die Physiognomieen der Vorübergehenden, die Toiletten der Herren und Damen — ich spreche in vollem Ernste. Selbst das würde mich fesseln!

Ich habe schon verschiedene Male durch Mama und eigenhändig Dich um Antwort auf die Frage gebeten, ob Mrs. Joy zum Gesang oder zum Klavierspielen eine musikalische Liste von mir haben will, und Du hast noch nicht darauf geantwortet, so daß es mir unmöglich war, das Verlangte zu schicken! Sollte die französische Romanze, von der ich Dir schrieb, wirklich nicht bei Brandus — Boulevard des Italiens — zu haben sein? Wer weiß, wann Du wieder nach Paris kommst! Sperre doch Auge und Ohr auf! Lies, sieh, höre! Es ist wahrhaftig der Mühe werth. Tagebügle und schreibe mir einmal einen gescheuten Brief!

Du siehst, ich bin heute sehr grob und ungehobelt — aber seit vier Wochen ennuyire ich mich wie ein Mops, und von 70 Klavierstunden, die ich gegeben habe, ist es erlaubt, einige Abspannung zu empfinden.

Nimm mir meine üble Laune nicht übel und laß Dir einiges rathen.

Nach Versailles wirst Du doch einmal verirrt werden! Das Museum dort sehen! Horace Vernet's Bilder aus der Napoleonischen Geschichte (Schlacht bei Jena u. A.) — Die Kriegsthaten der Franzosen in Algier von — ich habe vergessen wem, die Portraits von Robespierre, Mirabeau — auch Voltaire — das ist doch der Mühe des Augenaufschlags werth!

Sehr schön soll die Spartacus-Bildsäule im Tuileriengarten von Foyatier sein. Hast Du sie gesehen? Warst Du im Louvre? Wohl zu beachten: Murillo's Madonna von Engeln getragen — Portrait Philipp II., wasserschöpfendes Kind mit dem heil. Augustin. Tizian's: Christus bei Tische — Rafael's Madonna — Christus den Johannes beim Kopfe fassend. Caravaggio's wahrsagende Zigeunerin. —

Gros: Napoleon im Pestspital zu Jaffa.
Géricault: Rettungsfloß mit Schiffbrüchigen. } Neuere.
David: Portraits.

Warst Du in der Gobelinfabrik — berühmte Gemäldetapisserieen?

Die plastische Abtheilung des Louvre soll auch prachtvolle Stücke enthalten: Borghesischer Fechter — Melpomene u. s. w.

Warst Du im Invalidendom? Hast Du das Kaisergrab gesehen?

Warst Du denn noch kein Mal im Theater? In welchem aber? Schreib doch davon. Was liest Du für Zeitungen? Ist der Figaro amüsant?

Wie sieht Berlioz aus? Ist er vergnügt?

Warst Du bei Jouvin, »gantier« (1 rue Rougemont), bei Guerlain, »parfumeur« (13 rue de la Paix), bei Julien, »pâtissier« (Boulevard des Italiens), »Pâte-Paris, gâteau du soleil«. —? Sieh Dich da um und

»dis-moi de leurs nouvelles«. Der beste Wegweiser für Paris ist: les quartiers de Paris par St. Fargeau. Das mußt Du anschaffen lassen. Ich kaufe Dir's übers Jahr ab.

Sehr amüsant und zur Kenntniß des Pariser Lebens beitragend sollen sein: Les petits-Paris, einzelne kleinere Broschüren »Paris viveur — Paris restaurant — Paris bohême — Paris boursier« u. s. w. chez Tarido, éditeur, galerie de l'Odéon.

Bist Du in keinem Cabinet de lecture abonnirt? Was treibst Du eigentlich den Tag über? Schildere mir, wie Du lebst, und laß bald reichlich von Dir hören — sonst verliere ich nun auch die Geduld und lasse — Dich nicht einmal mehr grüßen. Du vernachlässigst Einen zu arg. Genieße nur die schöne Stadt, wo sich der erbärmlichste Bettler besser amüsiren kann, als ich armer Teufel hier auf dem wüsten Lande in Posen. Abieu einstweilen, liebe, aber sehr unschwesterliche Schwester!

Leb wohl!
Wie immer
Dein treuer Bruder.

215.

An die Mutter.

Chocieszewice, [Mitte November 1854].

Geliebte Mutter!

Vielen Dank für Deine lieben Briefe und die damit verbundenen Sendungen, die ich richtig erhalten habe, sowohl das Packet mit Wäsche und Cigarren als die 30 Thaler.

Seit vorgestern haben wir Winter, so winterlich als möglich. Schneegestöber, Kälte, Sturm. Es wird seine Schwierigkeiten haben, bei der Reise nach Berlin von hier fortzukommen. Ein geschlossener Wagen findet sich, glaube ich, gar nicht im gräflichen Stallgebäude vor. Da wird ein schöner Tag abzupassen sein, wenn gleich nur gegen zwei Stunden mit den gräflichen Pferden bis nach dem Städchen Gostyn zurückzulegen sind, von wo dann mit Post über Lissa nach Glogau und von dort nach Berlin mit Eisenbahn ganz bequem zu fahren ist.

Meine Finger sind noch so erfroren, daß es mit dem Schreiben gar nicht fortgeht, oder vielmehr vorwärts geht, um mich eines Restes Sachsenthums rühmlich zu entäußern. Seit gestern — Sonntag — Abend bin ich wieder in mein altes großes Zimmer installirt worden, das ich am Mittwoch Abend gegen eine kleine Kammer im Nebengebäude hatte vertauschen müssen, da die Beherbergung einer unerwartet großen Anzahl von Geburtstagsgästen die ungetheilte Verfügung über die Räume des Schlosses zu deren Gunsten erheischte. Es war mir die vier Tage nicht sehr heimlich zu Muthe; die bodenlose Verwirrung im ganzen Hause, die unregelmäßige Lebensweise (einmal wurde um 5, ein andermal um 6, den dritten Tag sogar $1/_27$ Uhr gespeist) und dazu die Nöthigung, in eleganter leichter Kleidung zu verschiedenen Tag- und Nachtzeiten durch 50 Schritte des abscheulichsten Weges mich in das Schloß zu schleichen, hatten mich am Sonnabend so herunter gebracht, daß ich, bald nachdem ich mich zu Tische niedergesetzt hatte, von einer unerhörten Migräne mit ohnmachtähnlichem Schwindel der Art gepackt wurde, daß ich nichts Eiligeres zu thun hatte als mich sofort zu Bett zu bringen. Gestern Mittag stand ich erst wieder auf, und den Nachmittag befand ich mich in zunehmender Besserung. —

Ich habe gestern keine Zeit zum Weiterschreiben finden können. Es war des Abends im höchsten Grade ungemüthlich in meinem Zimmer — rauchige Lampe — ungenügende Heizung u. s. w. Ich habe den Tag durchweg spielend verbracht. Vier Tage habe ich ohne Instrument zu meiner Verfügung verleben müssen. So habe ich denn gestern angefangen wieder zu exerciren und zwar ununterbrochene drei Stunden auf enragirte Weise. Nach Tische benutzte ich zum ersten Male das Billardzimmer und ergab mich einem Spiele, das durch seine Motion zweckmäßig mit dem Klavierspiel contrastirt, und das Herr Schreiber so freundlich war mich zu lehren. Vier Unterrichtsstunden — drei Klavierrasestunden — zwei Stunden Billard — des Abends ein wenig Salonconversation und wieder geklimpert — so vergeht ein Tag, ohne daß man am Abend das Bewußtsein gehabt hätte, ihn verlebt zu haben.

Die Gesellschaft, welche zum „heiligen Theodor"[1] hierher gekommen, war, wie schon gesagt, sehr zahlreich — aber meistens eben lauter Verwandte, zum Theil auch Mycielski genannt. Fürst Sutkowski mit seiner Frau geb. Mycielska, Nichte des Grafen Theodor, des Fürsten Schwager Graf Wodzicki, der wie seine Frau geb. Sutkowska etwas viel distinguirteres hat als der Fürst. — Graf Plater — Herr

---

[1] Namenstag des Grafen.

v. Stablewski — u. s. w., kurz ein 40—50 Menschen — Männer, Frauen, selbst Kinder. —

Schon wieder habe ich einen Tag vorübergehen lassen, ohne diesen Brief zu beenden und abzuschicken. Erstlich war aber dieser Tage der Postverkehr völlig unterbrochen und — dann vermochte ich es nicht, mich an den Schreibtisch zu bannen. Seitdem ich einmal weiß, daß es nun bald nach Berlin geht und daß dort im Grunde eine große Frage für mich ihrer Entscheidung entgegengeht, habe ich keinen Augenblick Ruhe mehr, und ich träume wachend am hellen Tage nur von Concertprogrammen, und allerlei Nebendingen betreffend meine Concert- und Salontoiletten, die einer „durchgreifenden Reorganisation" bedürfen. Durch eine dreiwöchentliche Kleiderschranklosigkeit, so wie die Entbehrung flickschneiderlicher Dienstleistungen ist mir mancher Schaden in diesem wichtigen Punkte erwachsen! Was mir das Alles den Kopf warm macht!

Heute war ich am Klaviersessel übrigens ziemlich mit mir zufrieden. Es ist positiv, daß ich hier durch regelmäßiges ordentliches Exerciren unleugbare Fortschritte gemacht habe. Mein muthmaßliches erstes (Salon)-Concertprogramm, das ich mir heute vorgespielt, hörte sich glatt herunter an. 1. Präludium (C moll) für Orgel von Bach (für Piano transcribirt von Liszt) nnd die 32 Variationen von Beethoven C moll. — 2. Patineurs von Liszt. — 3. Berceuse, Etude, Barcarole von Chopin. — 4. Die größere Lucrecia-Fantasie von Liszt. Zum zweiten Concert hätte ich wieder eine interessante Reihe von Stücken: 1. Präludium und Fuge A moll für Orgel von Bach (für Piano von Liszt). — 2. Sonate von Beethoven F moll oder A dur. — 3. Ballade oder Scherzo von Chopin. — 4. Rossignol-Paganini-Etude, Walzer von Liszt. — 5. Sonnambula — zweite Lucrecia oder Lucia oder Sommernachtstraum von Liszt. — Zum dritten würde es mir noch nicht an Neuem fehlen.

Im Theater, wo ich nun allerdings zuerst spielen müßte, hätte ich das Beethoven'sche Concert und die drei bewährten Orchester-Klavierpièchen von Liszt als Paradepferde vorzureiten.

An Redern werde ich wohl keinen sonderlichen Beschützer haben. Es kommt mir sehr unsicher vor, ob ich durch dessen Bekanntschaft dazu gelangen werde, mein Licht vor Sr. Majestät leuchten zu lassen — dem ich übrigens natürlich die russische Volkshymne vorspielen müßte.

Umsonst will ich im Opernhause auch nicht spielen, weil man doch im schlimmsten Fall für die weiteren Concerte gefaßt sein muß. — An Schlesinger will ich nun zuvörderst schreiben und fragen, wann die Schumann im Verein mit Joachim ihre Soiréen zu veranstalten Willens ist, damit sie mir nicht in die Quere kommt und ich nicht ins Blaue hinein von hier abreise, unnöthig Geld verschwendend.

Nimm mir es nicht übel, daß ich mich schriftlich »sans façon« über alle diese Dinge gerade so auslasse, wie ich es mündlich zu thun gewohnt war. Da ich mich aber zu einer geregelten Tage„bügelei" nicht verstehen kann und hier in diesem verwünschten Schlosse nicht die geringste Gelegenheit zu einer Mittheilung ist, so mußt Du denn schon mütterlich dulden, daß meine wenig tragfähige Zunge einen Theil ihres Gepäckes an die Feder expedirt.

Wo soll ich in Berlin wohnen? Ich habe vergessen wie das Hôtel garni heißt, wo die Tieck'sche Friederike mich beherbergen kann.

Liszt hat mir vorvorgestern geschrieben, einen Brief der sehr wenig Worte, so viel wie gar nichts — aber dabei ein sehr zierliches, charmantes kleines Manuscript für Helene Kamieńska — enthielt. Etwas Hübsches war jedoch noch darin. L[iszt] will nämlich in einem der Stadthausconcerte die Cäsarouvertüre machen. Da müßtest Du die Güte haben und von Dresden Partitur und Orchesterstimmen nach Weimar senden. Du wirst Lipinski wohl unterdessen gesehen und von ihm erfahren haben, daß man meine Arbeit keiner zweiten anständigeren Aufführung werth erachtet. Auch wird der Cäsar nicht mehr auf dem Repertoir sein. — Bei Gelegenheit — will ich denn doch der Dresdner Kapelle zu wissen thun, daß wir quitt sind. Katzenmusik gegen Katzenmusik! Sage das doch Lipinski.

Nun muß ich Dir eigentlich noch erzählen, wogegen sich bisher meine Feder gesträubt: daß ich am 9. und 10. vor dem großherzogl. Polenthum gespielt habe und daß mein Auditorium sich sehr anständig dabei benommen hat. Man hörte mäuschenstill, andächtig zu und machte mir ein klein wenig Gegenvergnügen durch die Art des Beifalls. Das Bezeichnendste desselben war wohl — daß man offen und »piena voce« mein Talent über das der Landsleute Wieniawski und des so ungemein bei den Polen beliebten Kontski (der ein großer Charlatan und — auch Techniker ist) stellte. Man befleißigte sich allgemein großer Höflichkeit gegen mich, die ich allerdings systematisch dadurch provocirt hatte, daß ich die Tage vorher, wo schon Gäste angelangt waren, gleich nach den Mahlzeiten verschwand, am Mittwoch sogar durch völlige Abwesenheit glänzte und einem ungemein câlinen Besuch des Grafen, der als Abgesandter erschien, die Opposition unbestimmten, unausgesprochenen Mißvergnügens entgegensetzte. Auch an den Vormittagen, wo die Gesellschaft unter sich musicirte, blieb ich aus — und nun hatte man bei meiner Anwesenheit doppelte égards für mich.

216.
An die Schwester.

Chocieszewice, 16. November 1854.

Liebe Isidore!

Du mußt mir wieder einen Gefallen thun — aber gleich! — In der Gazette musicale von Brandus (Boulevard des Italiens) ist in den letzten zwei Wochen des December 1853 oder, was wahrscheinlicher, in den ersten Wochen des Januar eine Nummer, welche eine Correspondenz aus Berlin, von Rellstab unterzeichnet, enthält, an deren Schlusse meiner Wenigkeit erwähnt wird mit dem Ausdruck: »cet homme là vous a le diable dans les doigts« — was zwar nicht sehr gut französisch aber schmeichelhaft für mich ist. Könntest Du mir diese Nummer, die gewiß einzeln zu haben ist, ausfindig machen, und mir unter Kreuzcouvert zuschicken?

Erfahre ich nun endlich etwas von Dir — nach drei Briefen, mit denen ich Dich beglückt habe?

217.

An die Schwester.

Chocieszewice, 19. November 1854.

Liebe Schwester!

Damit Du Dir ein Beispiel nehmest, sammle ich feurige Kohlen auf Dein Haupt und beantworte Deinen gestern erhaltenen langen Brief ohne weiteren Verzug. Die Raschheit der Antwort muß Dich ohnehin für den im Vergleich mit dem Deinigen sehr mageren Umfang meines Schreibens entschädigen. Ich habe Dir schon gesagt, und Du wirst es mir nach dem flüchtigen Bilde des — leeren — Rahmens polnischer Landeinsamkeit glauben, daß in Chocieszewice keine Mittheilungen zu geben, daß deren nur zu empfangen sind.

Ich habe bereits meine 103te Musikstunde gegeben und die 103te Papiercigarette verraucht — ich bin so heruntergekommen, daß ich zum Zeitvertreib dergleichen Thaten aufzähle. Seit einer Woche habe ich aber eine Ressource gewonnen, an die ich vorher gar nicht gedacht und die ich jetzt mit Leidenschaft täglich einige Stunden cultivire: das Billardspiel, in dessen erste Elemente mich mein Landsmann und Leidensgenosse, Herr Schreiber, der Zeichnenlehrer, eingeweiht hat. Das ist eine höchst angenehme Geschicklichkeitsübung und bei dem seit dem 10. November völlig eingetretenen Winter und ununterbrochenem Schneegestöber, eine gesunde Bewegung, ohne daß man das Zimmer zu verlassen braucht.

Ob und wann ich nach Berlin reise, wird sich im Laufe dieser Woche herausstellen; ich erwarte täglich Briefe von dort, die mir mittheilen, ob ich einige Chancen haben und keine allzugroße Concurrenz treffen würde. Ich werde keinesfalls vor vierzehn Tagen reisen — freilich dürfte man nicht in die Weihnachtszeit hineinplautzen. Ich wünschte sehr eine bejahende Antwort zu erhalten, denn ich bin gerade jetzt gut „bei Fingern", auf Bach, Beethoven, Chopin, Liszt vortrefflich eingepaukt. — Antworte mir aber in jedem Falle hierher, bis ich Dich von Berlin etwas wissen lasse. Das ›Journal des Débats‹, was mich weit mehr als die Musikzeitung interessirte, habe ich leider nicht erhalten. Da Du so liebenswürdig bist, mir solche Kreuzband-sendungen öfterer zuzuwenden, so bitte ich Dich, mir jeden Artikel von Berlioz alsobald zu schicken. Was Musikzeitungen anlangt, so lies erst das ›Sommaire‹ und entscheide dann, ob Du glaubst, daß es mich inte-ressirt. Sende mir auch bei Gelegenheit ein paar Num-mern der Witzblätter ›Corsaire‹ und ›Figaro‹. Cha-rivari wird hier gehalten, hat sich aber verschlechtert, monotonisirt.

Wann findet die Aufführung der Berlioz'schen ›Tri-logie Sacrée‹ statt? Wie heißt das Concert, worin sie gehört werden soll?

Du hast Unrecht, wenn Du glaubst, der Brief der Fürstin an Liszt's Töchter sei keine so vorzügliche Em-pfehlung als ein Schreiben des Vaters. Ganz im Gegen-theil. Schon deßhalb, weil die Gouvernante der Kinder (eine Madame Patersi — glaube ich) die Erzieherin der Fürstin Wittgenstein selbst gewesen ist und deren unbegrenztes Vertrauen besitzt, wie sie ja auch von ihr in diese Stellung etablirt worden ist.

Hast Du Liszt's Mutter besucht? Mache der alten Dame, mit der Du deutsch sprechen kannst, weil sie sehr gern österreichisch lokalisirt, ein wenig den Hof. Laß Dich von Liszt's Töchtern (Erlkönig's Töchtern?), die ich mir genau zu silhouettiren bitte, zu ihr führen.

Der Discours, zu dem Dich mein Verlangen nach der »Corde sensible« veranlaßt, hat mich ungemein amüsirt. Hier die Auflösung des Räthsels: die alte Frau v. Kamieńska wünschte diese ihr bekannte und in Dresden nicht auffindbare „Moranze" von ihrer Tochter singen zu lassen und bat mich, ihr diese »horreur« zu besorgen. Deßhalb sollst Du auch den geschwärzten Wisch nach Dresden an Mama senden.

Wenn übrigens die Musik dieser Romanze wirklich so ungemein gemein und trivial sein sollte, so bitte ich mir umgehend ein zweites Exemplar davon aus. Ich studiere dann die Geschichte einer meiner Schülerinnen ein, die ich zuweilen auch im Gesange „schurigle"[1] — und das wird dann dem Papa, dessen Ohren nur derartiger Musik sich erschließen, eine große Freude machen. Also! —

Hierbei eine Notenliste nebst meiner gehorsamsten Empfehlung an Mrs. Joy. Es interessirt mich, was Du mir über sie schreibst und obgleich Du schon vielfachen Enthusiasmus für viele Frauen an den Tag gelegt hast, so kommt mir dieser, ich weiß nicht warum, solider und begründeter vor.

---

[1] Anspielung auf Isidoren's früheren Lehrer, der Schurig hieß.

Wenn Dir innerlich in Paris so wohl ist, warum schreibst Du an Mama von Zurückkunft? Du solltest Dir mehr französische Leichtigkeit im Umgang aneignen (wie kämpfe ich stets darnach!) — und von allen Leuten die eigenthümliche, also gute Seite heraussuchen und ihr Spielen auf dieser Saite procociren. Madame Berlioz wird auch ihre gute Seite haben.

Gehe morgen an dem ersten Saale des Louvre vorüber und gleich in den zweiten. — Schicke mir jeden bedruckten Zettel, um den es sich irgend verlohnt. — Sage Berlioz „viel Schönes", frage ihn, ob ich die Ouvertüre zum „Römischen Carneval" noch einmal (sie ist von Pixis unpraktisch arrangirt) vierhändig bearbeiten solle — und für die Ouvertüre zum „Corsaren" möchte er so gut sein, sich meiner zu bedienen, dem eine solche Arbeit, namentlich hier, Zerstreuung gewähren würde.

Frage ihn doch, wie viel mich meine ersten Concerte in Paris wohl kosten würden, wo ich zuerst spielen müßte u. s. w. und specificire mir das ebenso genau wieder, als Du Dir es von ihm mittheilen lassen mögest. Hierdurch leistest Du mir einen großen Dienst! Die Aufträge an Arnims werde ich nicht vergessen.

Leb wohl für heute, geliebte Schwester — sei recht vernünftig, laß alles Schwärmen für „Wundersames", was es nicht giebt — dann lebt sich's leichter, heitrer.

218.

An Franz Liszt.

Chocieszewice le 20 Novembre 1854.

Mon très-cher et illustre maître!

Que vous êtes bon! Mille grâces de ce petit chef-d'œuvre de manuscrit que vous venez d'octroyer à ma très indiscrète prière. Franchement j'aimerais autant, ou plutôt je préférerais le — garder pour moi, cet autographe, qui est tout ce qu'il y a de plus autographe, car chaque note y est empreinte du cachet caractéristique de la dernière époque de votre style. C'est d'une délicatesse si exquise, d'une grâce si subtile! Mais — puisque je l'ai demandé pour Mlle de Kamieńska, qui n'est pas sans mériter une telle faveur comme encouragement *ihrer guten Gesinnung*, j'aurai l'honnêteté de le lui transmettre avec la bienheureuse nouvelle, que vous irez la voir pendant votre prochain séjour à Dresde. Elle jouit du reste déjà du bonheur de vous connaître; elle assistait entre autres, avec sa mère, au souper à l'hôtel de Bavière, qui suivit la première représentation de la sublime horreur, du chef-d'œuvre mesquin, qui est à peu près — inconnu — sous le nom de l'opéra *Genovefa*.

Pardon si je relève l'allusion que vous faites dans vos très aimables lignes à un second autographe que vous m'auriez envoyé par la même occasion; sans vouloir être indiscret, je vous avoue que je tremble à l'idée qu'il ait pu se perdre; car l'enveloppe dont l'adresse me paraît écrite de la main de Hoplit, n'en renfermait qu'un seul: »l'appassionato« en fa dièze majeur.

La perspective d'une exécution de mes deux morceaux d'Orchestre sous votre direction m'a causé et me cause encore bien des moments de plaisir. J'ai écrit à Dresde pour qu'on vous envoie la nouvelle partition de l'Ouverture de »César« avec les parties d'orchestre, qui sont assez correctes — à part quelques légères erreurs dans la partie du premier Cor et de la seconde Clarinette. Vous avez reçu les parties d'orchestre de la Fantaisie depuis longtemps, n'est-ce pas?

Que je serais heureux d'apprendre que ce dernier morceau, d'après la répétition, vous paraisse capable de produire un résultat quelconque, s'adressant à l'ouïe de l'auditeur! Est-ce qu'il vous intéresserait de parcourir les lignes que Wagner m'a écrites au sujet de cette dernière partition? Je vous les enverrais alors. Malgré beaucoup d'indulgence et d'amabilité, son dernier mot n'est pas aussi favorable que le vôtre. Le reproche principal qu'il me fait — touchant la cacophonie harmonique — a cependant élicité une humble protestation de ma part contre son accusation de m'être éloigné du sérieux dans l'art avec une indifférence frivole en jouant à l'excentricité et aux coups de cravache à l'adresse de »Pelistim«[1] (*Ohrfeigen für feige Ohren*). Je crois

---

[1] »Pelistim«, alttestamentarischer Ausdruck für „Philister". Raff, in der später ausgeführten Absicht eine Oper „Samson" zu komponiren zu der er selbst den Text dichtete, trieb damals hebräische Sprachstudien, und einige derartige Ausdrücke wurden von den jungen Künstlern scherzweise gebraucht.

néanmoins qu'il a raison de blâmer fort l'avant-dernier accord de septième (ou plutôt »*den falschen Dreiklang*«: fis—a—c; dis *ist eine Vorausnahme*) dont le crescendo aboutit à l'harmonie finale sur la tonique. Est-ce que vous seriez aussi d'avis de changer cette harmonie en celle que j'emploie au commencement de l'introduction?¹

Est-ce que vous avez jeté un coup-d'œil sur le manuscrit du Duo sur le »*Tannhäuser*«? Veuillez avoir la bonté de m'en dire occasionnellement votre opinion sans restriction!

Il est possible que je succombe encore à la tentation de donner des concerts à Berlin cet hiver. Dans ce cas je ne m'y rendrais pas plus tard que d'ici à huit ou quinze jours. Johanna Wagner m'a offert à plusieurs reprises de faire une exception en faveur de mes concerts — en y chantant. Permettez-vous que je joue à Berlin votre »Caprice Turc« — en supposant que j'aie l'avantage de l'accompagnement d'un orchestre, et dans ce cas — oserais-je vous demander de bien vouloir envoyer les parties d'orchestre (la partition est encore entre mes mains, ainsi que celle de la Rhapsodie Hongroise) à Schlesinger? Je me permets de vous soumettre ci-joint le répertoire dans lequel je puiserai. Je n'ai choisi que des morceaux que je sais parfaitement bien par cœur. — Les six

---

¹ Wahrscheinlich ist hier das später umgearbeitete und unter dem Titel „Nirwana" veröffentlichte „symphonische Stimmungsbild" gemeint. In der gegenwärtigen Fassung des Werkes ist die oben angeführte Stelle nicht vorhanden.

semaines que je viens de passer dans un exil — intolérable à la longue, — ont du moins profité à mon exécution de piano et de — billard. Mon métier de maître d'école agit tellement sur mes nerfs, qu'il me rend incapable de tout travail sérieux. Lorsque je serai un peu plus aguerri par l'habitude, j'espère qu'il en sera autrement. Je viens de donner ma 104ième leçon et je vous assure qu'avec mon naturel de gros pédant (gros comme pédant seulement), c'est une corvée de serf que de faire étudier aux mêmes individues pendant quatre semaines sans interruption, des morceaux en rapport avec leurs capacités respectives, comme les Hirondelles de Willmers — la Tarantelle de Döhler — et le Quadrille Martha de Strauss, morceau favori du papa.

»Il faut que j'empêche mon cerveau de moisir«, — comme dit Machiavel, — et c'est surtout dans ce but que j'entreprendrai de temps en temps des excursions, soit de plaisir, soit de peine; il va sans dire, que je compte mes tournées de concert dans le nombre des dernières. La vie de campagne en hiver offre peu de charmes, surtout dans la partie du grand duché de Posen, la moins favorisée par la nature que l'on puisse s'imaginer, — terrain plat et uni, pas l'ombre d'un accident dans toute l'étendue de l'horizon. Quoique le château ne se soit encore désempli d'hôtes plus ou moins passagers, je n'ai rencontré encore personne, dont j'aurais été tenté de faire la connaissance plus intime. Ce n'est pas cependant que je n'y aie vu des personnages très comme il faut, comme par exemple Mr. de Stablewski, le comte Potworowski et sa famille, le comte de Wodzicki, dont la femme est la sœur du prince Sułkowski. Quant à X., c'est un individu-chasseur qui tient le juste-milieu entre un garçon-boucher et un garçon-coiffeur.

J'abuse de vos précieux moments par un bavardage, qui vous prouvera peut-être que mon cerveau commence déjà à »moisir«.

Merci pour la lettre qui a présenté ma sœur à Mesdemoiselles vos filles. Ma sœur m'écrit que la Trilogie Sacrée de Berlioz sera exécutée dans un concert prochain, et qu'à l'inauguration de l'Exposition une Ouverture, qu'il a composée pour cette fête, sera jouée également.

Veuillez me redonner prochainement de vos nouvelles, très-cher maître, soit directement, soit par Hoplit, qui ne daigne plus correspondre avec moi; je suis si curieux d'entendre quelques mots sur le »Faust« et mille autres sujets de moindre importance.

219.

An die Mutter.

Chocieszewice, 25. Nov. 1854.

Geliebte Mutter!

Ich habe Deine Briefe erhalten; doch wie gewöhnlich bei der miserablen Posteinrichtung zuweilen 4, ja 6 Tage nach der Ankunft in Kröben.

Ich habe nun beschlossen, heute, Sonnabend Nachmittag, abzureisen über Posen, wo sich Tyszkiewicz aufhält, den ich morgen früh besuchen will und der mir vielleicht für ein später dort zu gebendes Concert behülflich sein könnte.

An Johanna Wagner habe ich seit zehn Tagen geschrieben, desgleichen an Rellstab — mit der Bitte meiner Ankündigung.

Schlesinger und Kisting, dessen Flügel ich spielen werde, sind bereits ebenfalls von meinem Kommen in Kenntniß gesetzt.

Meine Unentschlossenheit, Zaghaftigkeit betreffs der Reise nach Berlin hatte wahrlich andere Gründe als den überwundenen Standpunkt angeborner Trödelsucht. Ich bewege mich zwischen Extremen — einmal fürchterliche Courage — das andere Mal endlose Apathie und Niedergeschlagenheit. Und nun der Hauptpunkt — Geld!

Der Graf — der kürzlich für die erste Kammer gewählt worden ist, aber der Bestätigung durch den König erst bedarf — wird gegen den 1. December ebenfalls nach Berlin kommen. Vorgestern war er auf dem Ball und kaufte von Sutkowski 2 Pferde für 1000 ℛℳ. In derselben Nacht wurde ihm eine Tochter geboren — man kann nun weder Flügel noch Billard auf eine Zeit lang benutzen und es ist grimmig scheußlich in dieser polnischen Wüstenei.

Am Dienstag mußte ich 1 ℳ 20 Sgr. vierteljährliche Steuer entrichten! Um meinen Paß zu erhalten, mußte ich auf meine Kosten einen Expressen nach dem 3 Meilen entfernten Rawicz senden. Das sind nicht die einzigen derartigen Annehmlichkeiten gewesen! Seit Anfang der

Woche fluche ich nach der Wäscherin, die mich immer warten und endlich sitzen läßt. Nichtswürdiges Landleben! Nichtswürdiges Land! Nichtswürdiges Leben!

Entschuldige die abscheuliche Schrift. Ich wollte nicht eher schreiben, bis ich nicht als gewiß annehmen durfte, daß ich abreisen würde. Für den ersten und zweiten Tag muß ich in einem großen Hotel (Meinhardt's Hotel) absteigen. Ich versichere Dir aus Erfahrung — dieser Luxus ist unumgänglich, muß sein. Nach so kurzem Aufenthalt als möglich will ich suchen, im Fall es mit dem Concertgeben nicht allzu riskirt ist, ein billiges Quartier zu finden, zuerst bei [Tieck's] Friederike anfragen.

Wenn ich nicht bei Hof, nicht im Theater spielen kann (wo ich Vorrichtungen lokal-akustischer Natur verlangen kann, die dem Klavierspiel günstig sind), so reise ich nach wenigen Tagen wieder nach Chocieszewice, um nicht unnöthigerweise Geld zu verthun. Ich hoffe nicht, daß es so schlimm sein werde, als mir Schlesinger auf das Entmuthigendste mittheilt. Wäre es der Fall — so komme ich zu Weihnachten auf ein paar Tage nach Dresden, um mich wieder zu erholen.

Ich muß einmal wieder Musik hören, andere als mein eignes Geklimper!

Von Berlin schreibe ich Dir, sobald ich nur etwas zu melden habe.

Ich bin neugierig, wie es mir diesmal gehen wird! Entschuldige gütigst das elende eilige Gekritzel — bei dem mir einfällt, daß mir Isidore vor 8 Tagen einen langen Brief geschrieben, den ich auch sogleich beantwortet.

Lebe einstweilen wohl, liebe, gute Mutter.

Vielen Dank für die Eröffnung des Credits bei Ernst, ich werde leider bald davon Gebrauch machen müssen.

An Liszt ist längst geschrieben!

Längst in doppeltem Sinne.

220.

An die Mutter.

Berlin, 30. November 1854. Abends.

Geliebte Mutter!

Ich hätte auf dem Lande bleiben sollen, mich dort „redlich zu nähren", anstatt in die Fremde zu gehen, wo ich alte Erfahrungen auf's Neue durchzumachen haben werde.

Was für eine abscheuliche Reise habe ich gehabt, zwei Nächte und anderthalb Tage damit verbracht!

Und wenn ich nicht auf der Fahrt von Lissa nach Glogau Postillone und Conducteur so enorm betrinkgeldert hätte, so war mir die angenehme Perspective, noch eine Nacht in Glogau zuzubringen, wie ich bereits in dem polnischen Erzwinkelnest Gostyn hatte thun müssen.

Die Folge ist, daß ich mit Unterstützung der rauhen stürmischen Schneeluft des Berliner Wetters bei meinen ersten Ausgängen eine entsetzliche Grippe gewonnen habe — und daß ich mich seit vorgestern immer crescendo schlecht befinde. Heute ist wohl der Culminationspunkt meines Catarrhs eingetreten und ich hoffe, daß ich von morgen an meine unzähligen Gänge zum Theil wieder zu Fuße werde unternehmen können.

Einen „enguignonnirteren" Menschen als mich, kann es unmöglich — unter den Pianisten — geben.

Frau Schumann — vorläufig ohne Begleitung Joachim's — kommt am nämlichen Tage als ich an. Sie giebt am 4ten December ihr erstes Concert. Sonst sind im Augenblick keine anderen Concurrenten anwesend.

Hülsen, dem ich sogleich meine Karte schickte mit der Anfrage, wann ich ihn besuchen könnte, war von äußerst knapper Höflichkeit gegen mich. Er sieht übrigens seinem im Klabberadatsch bei der Tannhäusercaricatur gegebenen Bilde frappant ähnlich, welche Bemerkung ihm jedoch nicht geäußert zu haben ich mir vorwerfen muß.

Gräfin Dönhoff hat noch nichts von sich hören lassen, obgleich ich sie bat, mir zu melden, wann ich ihr meine Aufwartung machen könne. Graf Redern hat meine Karte erhalten und noch nichts darauf erwidert. Das ist eher zu entschuldigen, da die Hoffeierlichkeiten der Vermählung ihn jetzt sehr beanspruchen.

Friederike Schwabhäuser (Wilhelmstraße 43b) war sehr freudig überrascht durch Nachrichten von Dir — hat leider kein Zimmer mehr frei.

Ich habe umher gesucht, aber nichts gefunden. Ich bleibe vorläufig in Meinhardt's Hotel, unter den Linden Nr. 68 III Tr., wo es nicht übermäßig theuer zu sein scheint. Namentlich bei meiner augenblicklichen Indisposition wäre es mißlich, zu delogiren.

Johanna Wagner — die mir sehr ermuthigend geantwortet hatte, alsogleich zu kommen, war neulich sehr freundlich, wiederholte mir alle ihre liebenswürdigen Versprechungen, sagte, sie hätte mit Meyerbeer und Graf Redern wegen meiner Mitwirkung im Hofconcert gesprochen — hatte aber darauf ausweichende Antwort erhalten. Bei dem gestrigen Hofconcert war übrigens große Cour (im weißen Saale), und es war die angenehme Aussicht für die Vortragenden, Kartenspiel und Conversation mit Musik zu begleiten. Comtesse Kamieńska war ebenfalls sehr artig und — mit Recht — dankbar für das interessante Liszt'sche Manuscript.

Von meinen hiesigen Bekannten Kroll u. A. hat noch keiner es der Mühe werth gefunden, mir einen Gegenbesuch zu machen. Nur Herr v. Kolb besucht mich häufig, begleitet mich bei meinen Ausgängen und entzieht mich so einer deprimirenden Einsamkeit.

Einen Flügel habe ich heute gefunden (Eck in Köln — klangvolles Instrument) — Kisting hatte nichts vorräthig. Rellstab, Truhn, Marx und die Zimmermann habe ich bereits aufgesucht. Der erstere hatte meine Ankunft gestern mit einigen — Buchstaben — angekündigt. In seinen persönlichen Meinungen ist er übrigens ein — Bulldogge. Mit solcher Nichtswürdigkeit habe ich noch Niemanden von Leuten wie Spontini und Berlioz (namentlich ersterem) reden hören, als heute ihn. Ich schaffe mir ein geduldiges Trommelfell an.

Nachdem ich mir mehrere Tage den Kopf zerbrochen, ob ich nicht besser, vernünftiger dran thäte, wieder nach Chociszewice zurückzugehn — habe ich diesen selbstmörderischen Regungen doch keine Folge zu leisten beschlossen und mich für nächsten Mittwoch zu einem Concerte ermannt.

Bote und Bock werden meine Geschäfte besorgen.

Ich nehme das Liebig'sche Orchester (was die Schumann auch nimmt — und das, wie mir Rellstab und alle Anderen sagen, fast ebenso gute Symphoniesoiréen als die Kapelle giebt) und den Saal der Singakademie. Ich muß beide pränumerando bezahlen — 75 und 50 Thlr. = 125 Thlr. Ich lasse zwei Ouvertüren spielen und spiele selbst das Beethoven'sche Concert, nebst einem Manuscript von Liszt mit Begleitung, die Wagner hat mir aufs heiligste versichert zwei Nummern zu singen. Die gesammten Unkosten werden sich auf 150 Thl. belaufen.

Auf andere Weise kann ich kein Concert in Berlin geben — wenn ich anständigermaßen, meiner nicht unwürdig, hier debütiren will. — Darf ich nun die 100 Thlr. von Ernst entnehmen, die Du mir gütig zugesichert? Ist er prävenirt davon?

Schlage ich nicht durch, so soll es der letzte Versuch sein. An Marpurg (Theaterkapellmeister in Königsberg) und an Tyszkiewicz in Posen schreibe ich morgen, anfragend, ob ich dort ein Concert geben könnte, bei dessen Arrangement sie mir behülflich wären.

Ich hoffe, im schlimmsten Falle bleiben mir noch die Rückreisekosten nach Chocieszewice. Der Kopf dreht sich mir übrigens herum, als ob er von Windmühlrädern getrieben würde. Diese Laufereien und Unkosten an »time« und »money«, die mir bevorstehen!

Es ist mir aber schließlich doch zur fixen Idee geworden, ein Concert in Berlin zu riskiren mit Orchester — auf eine anständige Art mich in der Stadt hören zu lassen, wo ich doch vorzugsweise mein Publikum zu suchen haben würde.

Wäre ich nur erst den gräulichen Husten und Schnupfen los, der diesmal mit einer ganz tollen Vehemenz in mir wüthet.

Du mußt mir diesmal noch helfen! Es soll das letzte Mal sein, und ich will dann geduldig mich in Posen oder »ailleurs« herumplagen. Ich bin also so gewissenlos, die 100 Thlr., die Du mir versprochen hast, zu beanspruchen. Entweder, oder! Aber eingeschüchtert wieder von hier abzureisen, wäre zu unrühmlich! Den Versuch muß man doch noch wagen! Die Überschwemmungsconcerte, die übrigens bis zum gegenwärtigen Momente wütheten, wo man den Berlinern nur mit dergleichen kommen durfte, sind ziemlich im Abnehmen begriffen.

Sende mir doch gütigst die Cäsarei mit allen Stimmen u. s. w. hierher — baldigst. Wenn einmal das Orchester bezahlt werden muß, mache ich mir den Spaß.

Stahr ist hier, aber krank, konnte mich neulich nicht annehmen.

Die Schumann spielt diese Woche in Breslau, ich habe sie noch nicht gesehen, Bargiel wird mich bei ihr protegiren. Der scheint mich sehr zu schätzen und auch von meinem wirklichen Interesse für ihn gerührt zu sein.

Schreibe mir sofort, geliebte Mutter, entschuldige die schlechte Schrift und die Stylverwirrung.

Den Circus und die „Bummler von Berlin" habe ich mir angesehen, um mich ein wenig zu zerstreuen, da mich bis jetzt noch Niemand eingeladen.

Die königl. Schauspiele und Opern sind gegenwärtig nur zum Daheimbleiben einladend.

Hoffentlich kann ich Dir im nächsten Schreiben etwas bessere Nachricht geben.

221.

An die Mutter.

Berlin, 8. December 1854.

Geliebte Mutter!

Es ist vorüber seit 36 Stunden. Ich habe Dir aber gestern nicht geschrieben, weil ich die Kritik abwarten wollte und weil die Kamieńska (mein guter Engel) heute Mittag nach Dresden abreist und Dir nebst meinen subjectiven Anschauungen und Expectorationen über mein Concert ihre eignen mündlich mittheilen wird. Sie werden und dürfen zum Theil rosiger als die meinigen erscheinen.

Tröste Dich nun aber, bevor Du dieses liest, mit meiner Versicherung, daß ich guten Humors und voll Zufriedenheit mit mir selbst bin, was die Hauptsache ist.

D'abord — die finanzielle Seite — Erschrick nicht! 160 ℳ betragen die Unkosten. 38 Billette à 1 ℳ haben sich verkauft. Ich habe also 122 ℳ drauf zu zahlen.

Vieuxtemps hat für seine drei Concerte hier zusammen 300 ℳ aus der Tasche geben müssen. Cela revient au même.

Du hast mir ein großes Opfer gebracht; ich sage Dir aber, ich nehme es ohne Bereuen an.

Ich habe sehr gut gespielt, mit enormer Ausdauer und zur Freude aller genialeren Kunstkenner.

Die erste Kritik erschien gestern Abend in der Kreuzzeitung. Sie war vortrefflich und da der König das Blatt liest, so muß er die ganze Spalte (für das Feuilleton dieses Blattes ziemlich ausführlich) lesen und also auf meinen Namen und mein Talent aufmerksam, vielleicht begierig werden. Ein Resultat.

Soeben aber ließ ich mir die Tante Voß heraufbringen. Rellstab hat sich retraktirt. Er fährt über meinen Vortrag des Esdur-Concertes, das ich meisterhaft gespielt, her, und macht mich, mit égards, herunter. Er spricht mir Zartheit und Ausdruck im Adagio ab, während ich doch meine Freunde — wie sie mir in herzlicher Ergriffenheit nach dem Concert gestanden — gerade durch diese Eigenschaften bis zu Thränen gerührt habe.

Truhn sagte mir die Umwandlung vorher. Er versicherte mir, Rellstab sei verrückt geworden und in allen seinen gegenwärtigen Recensionen reite er auf dem Ausdrucke „Verirrungen" umher. Diese prophétie war so wahr, daß Truhn zwei Flaschen Champagner gewonnen hat gegen Jemanden, mit dem er nach dem Concerte darüber wettete. Das freut mich! Auch Johanna Wagner bekommt ihren Antheil an „Verirrungen".

Kossak, der gefürchtetste aller Kritiker, der tüchtigste, geistvollste — der für Königsberg, Breslau, Köln u. a. Orte referirt, war dagegen entzückt, und trotzdem er ungeheuer beschäftigt ist, hat er mich gebeten, ihm nächsten Sonntag privatim vorzuspielen. Ich freue mich darauf. Kossak war der, der Otto Goldschmidt zerschmetterte, indem er ihm am Schlusse einer langen Abfertigung den Vorschlag eines Wettkampfes machte, wo er sich erbot, als Dilettant sämmtliche Vortragsstücke von Goldschmidt mit mehr Technik, Geist und Effekt à vista zu spielen und ihm zu allerletzt den Rath gab, sich doch lieber mit der bescheideneren Rolle eines Mehlwurmes zu begnügen:

(Mehlwürmer bilden die Lieblingsspeise der „Nachtigallen").

Die Schumann war so uncollegial, am Tage meines Concerts ihre große Soirée mit Joachim anzukündigen, die am 11ten stattfindet.

Ein zweites Concert mit Orchester kann ich jetzt in der Weihnachtszeit natürlich nicht geben, überhaupt kein zweites — außer in dem Falle, daß Joachim so liebevoll ist, mit mir zu spielen — was möglich ist, wenn er sich nicht mit Clara Schumann vollkommen verheirathet hat. Vielleicht spielt mir auch Vivier[1]. Die Unkosten eines Concertes sans orchestre betragen 50—75 ℳ, je nach dem Saale.

Stahr wird über mich in die „Weimar'sche Zeitung" zuerst, dann anderswohin schreiben. Bruno Bauer war ganz verzückt über mein Spiel von Bach. Emil Naumann machte mir enthusiastische Complimente, natürlich unächter Natur. Aber er mußte sie eben machen.

In der Probe habe ich übrigens fast noch schöner gespielt. Das Liebig'sche Orchester, das mich sehr gut unterstützte, legte nach jedem Stücke die Instrumente aus den Händen und applaudirte mit feuriger Wärme. Die Leute sagten mir Dinge, die mich prächtig erwärmten.

Zu Posen hat mir Kullak, haben mir auch Andere ungemein gerathen. Ich werde die nöthigen Verbindungen dazu anknüpfen.

Die Johanna ist ein Engel. Du hättest sie geküßt und umarmt, wenn Du sie mit mir gesehen hättest, d. h. wie sie mit mir war.

---

[1] Hornist.

Deine beiden Briefe habe ich erhalten. Tausend Dank für alles Liebe.

Eine halbe Stunde vor dem Concertanfang erhielt ich einen lieben, lieben Brief von Liszt, durch den ich mich gehoben und gestärkt fühlte — ungemein.

Ich kann Dir nicht aussprechen, wie wohl mir der Ausdruck herzlicher Sympathie von all den jungen Künstlern hier thut, die ich hochachte und auf deren Urtheil ich etwas gebe. Ich werde ein ganz andrer Mensch. Ich habe hier so viele schöne Freundschaftsverhältnisse mit Leuten, die in demselben Element, wie ich, leben, und die durch größere Ruhe und intelligente Gefaßtheit wohlthätig an-, nicht aufregend auf mich wirken.

Marx hatte mich neulich zu Tisch geladen. Er hat mir da halb und halb merkwürdige Propositionen gemacht. Kullak scheidet aus dem Conservatorium aus. Ich soll mir es überlegen, ob ich als Klavierspielprofessor an seine Stelle treten will.

Es ist keine staatliche, aber doch halbofficielle musikalische Stellung — pecuniär schwankend. Dennoch verdient es Überlegung.

Es läßt sich da leichter zu etwas kommen, als durch polnische Landschulmeisterei. Heute oder morgen früh gehe ich zu ihm. Ich schreibe Dir binnen 24 Stunden genauer darüber.

Jetzt muß ich mich eilen, den Brief fertig zu machen. — Spener'sche und ministerielle Zeitung geben mir auf der einen Seite große Elogen, auf der anderen ein paar Backenstreiche, doch nicht à la Wiener Presse.

Die Nationalzeitung bringt erst morgen ihren großen

Artikel von dem blinden Gumprecht, einem enorm gescheuten und wohlwollenden Musikkritiker.

Das Concert kostet 132 ₰, nicht 122 ₰, wie ich eben von Bock erfahre.

Zwei Briefe von Universitätsgenossen kommen mir in diesem Augenblicke zu. Der eine ist Referendar in Danzig, der andere in Posen. Vielleicht können mir diese alten Freunde zu weiteren, eventuellen Unternehmungen behülflich sein.

Ein wenig erkältet bin ich noch, namentlich huste ich.

Morgen früh schreibe ich wieder. Sei also mit diesen flüchtigen Zeilen heute zufrieden. Wenn Du wüßtest, wie abgehetzt ich die Zeit über war (am Dienstag habe ich 3 Stunden lang die Stadt durchfahren müssen), würdest Du mir nicht übel nehmen, ferner nicht mehr nach Privatquartier gesucht zu haben.

Lebe wohl, theure Mutter!

Bald mehr, Bestimmteres hoffentlich.

Wann kommt Giacomo hierher zurück?

222.

An die Mutter.

Berlin, 14. December 1854.

Geliebte Mutter!

Ich werde wohl bald von hier abreisen, nach Posen zurück, weil ich hier unmenschlich viel Geld verthue. Ich habe aber wenigstens bis jetzt das Resultat gehabt, acht recht vergnügte, wenig getrübte Tage verlebt zu haben.

Stündlich erwarte ich Nachricht aus Königsberg um zu erfahren, ob ich dort im Theater spielen kann, was in dieser Stadt empfehlenswerther ist als selbst in Breslau, wo Clara Schumann ihre zwei Concerte auch im Theater gegeben hat.

Muthe mir nicht zu, Dir geordnet zu schreiben — ich bin so übermäßig von allerlei präoccupirt und habe so gar wenig Zeit. Die ersten Morgenstunden erhalte ich Besuche von jungen Künstlern und Freunden, die so liebenswürdig sind, mir die eben erschienenen günstigen Artikel über mich ins Haus zu bringen. Truhn hat kurz aber enthusiastisch über mich geschrieben und den durch die Schumann provocirten Vergleich zu meinem Siege ausgebeutet. Ein sehr geistreicher Recensent, der Selbst-Redacteur seines Blattes „Phönix" ist, hat eine ganze Reihe theils absurder, theils interessanter Arabesken über mich heute gezeichnet. Da der Dr. Klein mit Johanna Wagner befreundet ist, so erhält wahrscheinlich die Kamienska von ihr dieses Blatt zugeschickt, und es wird Dir dort vorgelesen werden.

Bei Meyerbeer habe ich eine Karte zurückgelassen mit dem Ersuchen, mir die Stunde zu bestimmen, wann ich ihn sprechen kann.

Joachim war sehr nett gegen mich, ging während des gestrigen Concertes immer an meinen Platz, von wo aus ich die Schumann applaudirte, und sprach mit mir während der Pausen. Sie hat die Kreutzersonate roh gespielt, dagegen ein großes Klavierstück von Schumann mit solcher Auffassung, Klangfülle und Energie, daß ich wahrhaftig in reine Bewunderung aufgelöst wurde. — An ein zweites Concert, glaube ich, ist für den Moment nicht zu denken. Joachim muß noch einmal mit der Schumann spielen, und dann ist Weihnachten vor der Thüre. Schade! Schade!

Schade! Wir Beide hätten mit der Beethoven'schen Sonate auch hier mehr gemacht. Sie ging viel schöner in Erfurt damals.

Antwort aus Königsberg, und von hier wegen Hofconcert — das sind die beiden Erwartungen, die mich jetzt noch hier, unter dem Nützlichkeitsgesichtspunkte festhalten.

Nächsten Donnerstag werde ich in der „Liebertafel" zum Ehrenmitgliede vorgeschlagen und — angenommen. — Dieser Verein gibt mir nun schon speciell eine Anregung zum Componiren. Aber in den Provinzialstädten Dresden u. dgl. und in Chocieszewice — wo soll man da Ermuthigung zu Praktischem hernehmen?

Marx sprach ich neulich nur flüchtig. Er schien des Gespräches Wendung auf die bereits in meinem letzten Briefe erwähnte Angelegenheit zu vermeiden und das würde mit dem Gerüchte übereinstimmen, das mir mannigfaltig zu Ohren gekommen, Frau Schumann werde am Conservatorium den dritten Platz zwischen Stern und Marx an Kullak's Stelle einnehmen.

Gestern Morgen spielte ich bei Dr. Fürst — wo man übrigens sehr artig gegen mich war. Dr. Kossak hatte mich gebeten, ihm neuere Compositionen von Liszt im Zimmer vorzuspielen.

Nun das Interessanteste, was ich Dir zu erzählen habe und was so spät kommt — weil bei meinem embrouillirten Hirne die Feder mechanisch dem Gedanken vorauseilt.

Am Freitag Abend fand ich eine Einladung zu Graf Redern vor, am andern Tage Morgens 9 Uhr die von ihm componirten Fackeltänze von 80 Mann Militärmusik

in seiner Hausflur anzuhören. Ich komme im einfachen
Rock hin »sans façon«. Wer sitzt im Frühstückszimmer?
Prinz von Preußen — Prinz Friedrich, dessen Sohn
Prinz Georg und ein Mecklenburgischer Prinz. Ich wurde
Allen vorgestellt und sprach mit ihnen längere Zeit. Nach
dem Ende des Militärspektakels wurde ich gebeten im
Salon etwas vorzuspielen. Der Prinz von Preußen hatte
sich leider bereits gedrückt. Auf Veranlassung des Prinzen
Georg, der sehr musikalisch gebildet ist, überhaupt von
einer ganz charmanten Liebenswürdigkeit in der Unter-
haltung — spielte ich die »Patineurs« und machte viel
Effect damit. Die Hoheiten stellten sich um den Flügel,
wo ich ihnen einige der „unglaublichsten" Passagen noch
einmal zu ihrem Staunen repetiren mußte.

Gestern (Dienstag) Morgen erhielt ich Deinen Brief,
aber leider nicht viel Erfreuliches in ihm. Es hat mich
verletzt, wie Du mir über Joachim und Clara Schumann
schreibst. Die letztere hatte ich leider — ganz unabsichtlich
— etwas vornehm behandelt, und sie hat sich so darüber
gekränkt, daß mir Joachim freundschaftliche Vorstellungen
machte und ich nun beschloß das Möglichste zu thun, um
mein unwillkürliches Unrecht wieder gut zu machen.

Ich glaube annehmen zu dürfen, daß Du selbst über
diese Dinge beim Empfang meiner Zeilen anders denkst
als im Augenblick, wo Du mir geschrieben.

„Die ignobelsten Feinde des Menschen: Neid und
Furcht", sie attakiren mich auch häufig, aber stets habe ich
sie mit meinem inneren Truppen-Kern siegreich zurück-
geschlagen, und wenn ich auch fest entschlossen bin, meinen
Weg zu machen, nicht rücklings schauend, so werde ich

niemals ein Mittel dazu ergreifen, deſſen Gebrauchs-
Geſtändniß mich vor meinen alten Freunden — und ich ver-
ſichere Dir, ich habe nur die ehrlichſten Leute zu Freunden behalten — erröthen machen müßte [1].

Geſtern war ich bei Meyerbeer, der mir die zwölfte
Vormittagsſtunde beſtimmt hatte. Wir converſirten glatt
und angenehm drei Viertelſtunden. Er verſprach mir auch,
im Falle ſeiner Abweſenheit, für meine Einladung zu dem
großen Carnevals-Hofconcert — wahrſcheinlich im Januar
— zu ſorgen. Übrigens ſei es ſehr möglich, daß in dieſen
Tagen ſich ein Hofconcert arrangiren ließe. (Das wäre
mir nun freilich unmittelbarer angenehm.) Die Sache
würde aber gewöhnlich ſo à l'improviſte befohlen, daß er
ſelber meiſt erſt am Abend vorher davon avertirt würde.
Er iſt im Augenblicke rheumatiſch und darf das Zimmer
nicht verlaſſen.

Bei Graf Redern war ich des Morgens. Er habe am
Sonntag den Majeſtäten von mir geſprochen, und dieſelben
ſeien vollkommen disponirt, mich zu hören. — Abwarten
alſo — doch nächſten Dienstag iſt der ſpäteſte Termin
meiner Abreiſe. Montag will ich Roger womöglich noch
hören, der mir bis jetzt eine nur vom Hörenſagen bekannte
Größe iſt.

Die Voſſiſche kannſt Du doch leſen. Geſtern ſagte
mir Jemand, ich werde darin von Rellſtab doch, trotz

---

[1] Welcher Art die Bemerkungen geweſen, auf welche hier Bezug
genommen wird, läßt ein Brief der Mutter aus jener Zeit, an Iſi-
dore, erkennen: „Joachim ſpielt mit der Schumann in Berlin!
Hans iſt bei Alledem vortrefflich; ſo edel, ſo groß von Charakter
und Geiſt, daß es mich nur um ſo mehr kränkt." —

mancher Ausstellungen, ein „Solitär unter den modernen Virtuosen" genannt.

Heute speise ich bei Ernst, musicire vorher mit Charlotte von Bülow. Um 4 Uhr muß ich in ein Symphonie-Concert von dem hiesigen Hünerfürst — aber potenzirt — (Entree 5 Sgr. ohne Tabakrauch) Liebig, dessen Orchester mich neulich accompagnirt, um die Preissymphonie von Ulrich[1] (Schüler Dehn's, Freund von Cornelius) zu hören. Joachim geht mit. Abends will ich ins Schauspiel, wo man Calberon's »Médico de su honra« giebt — dann in eine Gesellschaft zu Geheimräthin Storch, die meine ihr gegebenen Freibillets verschenkt und ihre Plätze bezahlt hat, was ich entschieden anständig finde.

Warum hast Du mir die Musik zum „Cäsar" nicht gesendet? Ich hätte sie wahrhaftig nicht aufgeführt, aber die Partituren meinen Freunden vorgespielt. Kannst Du es noch thun?

Ferner: Johanna hat dem Prinz Georg die Wagner-schen „Nibelungen", die ich Helenen geliehen, versprochen. Hat Dir Helene das Buch zurückgegeben? Ist dies der Fall, so sei so gütig, mir dasselbe umgehend zu senden. Hat es Helene noch im Besitz, so wird sie der heute von Johanna empfangenen Ordre gleich nachkommen, es ihr umgehend zuzuschicken.

Von Isidoren erhielt ich neulich einen 20 Seiten langen Brief. Es freut mich, daß ich Deinem Wunsche Folge geleistet und ihr häufig geschrieben. Es ist jedenfalls von gutem Einfluß auf sie gewesen, hat sie animirt, angeregt.

---

[1] Kompositionslehrer am Stern'schen Konservatorium.

Widerwärtigkeiten, die mir begegnen, lerne ich allmälig auf macchiavellistische Weise mir zu Nutze zu machen. Doch es wäre bei bestem Willen unmöglich Dir die Einzelheiten meines hiesigen Lebens genauer zu schildern.

Ich werde heute zu Stern gehen, der mir vorgestern in einem wahren „Alberti" von Höflichkeitsbillet seine Hochachtung ausdrückte und sich entschuldigte, durch Bettlägrigkeit verhindert worden zu sein, seinen Dank für die ihm übersendeten Billets persönlich abzustatten.

Joachim bleibt ein herrlicher Kerl. Ich argwöhne ihn, von der Schumann nicht mehr Honorar zu nehmen, als Johanna von mir für ihre Mitwirkung. Letztere wird wahrhaftig von Tag zu Tage schöner, idealer. Sie sah gestern im Morgennegligé und papillottengefesselten Haar so reizend aus, daß ich Mühe hatte, nicht auf die Knie zu fallen. Die Schumann übrigens ist auch in ihrer Art eine wirklich schöne und sehr merkwürdige Frau.

Genug für heute, damit Du nicht warten mußt. Wie schwer wird es mir, wieder nach Posen zu gehen! Wie einer Vestalin ins offne Grab!

Ohne schwarzen Kaffee, ohne Aufregung — soll ich so klavierspielen können, wie ich klavierspielen muß? Unmöglich. Der Kritiker der Nationalzeitung, der mich Percy Heißsporn nennt, wird ebenfalls anderer Meinung sein als Du. — Neulich trank ich bei Dr. Dohm, Redacteur des Klabberabatsch, Kaffee. Das ist ein merkwürdiger, ernstgutmüthiger Mensch.

Du mußt Dich schon mit meinem jetzigen Briefstyl zufrieden geben. Anders zu schreiben ist mir jetzt unmöglich. Leb' wohl, ohne Migräne, liebe Mutter.

223.

An die Mutter.

Berlin, 17. December 1854.

Geliebte Mutter!

Schönen Dank für Deinen Brief! Ich habe Dir Neues zu melden.

Heute früh hat mir Professor Marx nun positiv den Vorschlag der Stellung eines ersten Klavierlehrers am hiesigen von ihm und Musikdirektor Stern geleiteten Conservatorium gemacht.

In diesen Tagen soll mir der Contract vorgelegt werden, den ich wahrscheinlich unterschreiben werde.

Die materiellen Vortheile sind sehr gering, aber das hat nichts zu sagen — denn der Privatunterricht, den ich in Berlin werde geben können, wird sich hoffentlich weit höher belaufen.

Ich habe am 1. April einzutreten, muß jedoch ein 8—14 Tage vorher hier eintreffen, um mir meine Aufgabe anzusehen. Ich bekomme 300 Thlr. für das erste Jahr, — habe täglich 1½ Stunde zu geben, also 9 Stunden die Woche. Das ist an und für sich schon acceptabler als Mycielski's Entschädigungen für meine Torturen.

Kullak konnte sich mit den Beiden nicht vertragen.

Marx ist für mich eine Autorität — ich werde mich ihm willig und gern unterwerfen, wo es nöthig ist — übrigens stimmen wir in den Hauptpunkten musikalischer Bildung überein.

Wenn die Sache zu Stande kömmt — denn man kann nie wissen, noch vorhersagen, was kommt — so habe ich doch nun endlich den einen Fuß in den Steigbügel hineingebracht, und der Anfang ist gemacht.

Ich halte mich für fähig, mit Mäßigung und bonapartistischer Zähigkeit der Willensenergie weiter fortzufahren. Freilich mußt Du mich wieder in meinem Anfang aufopfernd unterstützen — für später ist mir Gehaltserhöhung, und zwar bedeutende, zugesichert.

Habe nun aber gütigst die Freundlichkeit, endlich meine Cäsarpartitur nebst Stimmen von der Dresdner Theaterkapellenwirthschaft herausverlangen zu lassen und sie als Packet nach Weimar zu adressiren an Liszt, der sie spielen lassen will in einem Stadthausconcert.

Morgen erhalte ich endlich Antwort von Beerenmayer, ob ich jetzt bei Hofe spielen kann, oder erst im Januar bei dem großen Carnevalsconcert.

Jetzt muß ich einige Tage noch hier bleiben, um meine nächste Zukunft in Ordnung zu bringen. Es kostet mich Geld, aber das hilft nichts. Mycielski muß mir zur Rückreise Geld avanciren, sonst — er wird's schon thun.

Im Januar komme ich übrigens wieder hierher zum großen Hofconcert — dann nach Danzig, Königsberg, wo ich Geld verdienen kann, um dann wieder in Berlin concertirend zu verschwenden.

Joachim giebt seine Stellung in Hannover auf, weil ein Intriguant sie ihm daselbst verleidet hat! Schmachvolles Mitmenschenpack!

Um Dich vollends zu beruhigen, sage ich Dir, daß ich Bruno Bauer nur während fünf Minuten überhaupt gesehen habe in seiner ganz entlegenen Wohnung, wohin ich ihm zwei Concertbillete brachte, weil er für Bach und Beethoven schwärmt.

Heute Abend will ich ins Wilhelmstädtische Theater, um mich etwas zu calmiren, „die Bummler von Berlin" sehen.

Frank war mit seinem Sohne in meinem Concert. Ich habe ihn ein paar Mal auf der Straße gesprochen. War sehr freundlich.

Morgen gebe ich einem Verleger ein Manuscript und hoffe vielleicht dafür ein bedeutendes Honorar zu erhalten: »Impromptu à la Mazurka« dédié à Mlle. la Comtesse Elisa Mycielska.

Bei Madame Laussot entschuldige mich gütigst, daß ich ihr bis jetzt keine andre Antwort als mein Concertprogramm gegeben habe, das ich gerade definitiv feststellen mußte, als ich ihren Brief gelesen. Ich bin ihr Dank schuldig — denn mit Bach machte ich fast am meisten Furore, und ich hatte das eigentlich bis zum zweiten Concerte verschoben.

Adieu, liebe Mutter — der Arm thut mir weh. Gestern Abend habe ich der Schumann ein schönes Bouquet vor ihrem Concert zugeschickt. Ist das nicht galant?

Schicke mir die Nibelungen, aber gleich und ditto die Cäsarei an Liszt! Bitte, bitte!

Arnims sind ja nicht in Berlin!!!

Grüße die Dräseke! —

224.
An Alexander Ritter.

Chocieszewice b. Kröben, 25. December 1854.

Lieber Sascha!

Du bist zwar schon lange meine Freude, aber wenn Du ambitiös genug wärst, es in noch höherem Grade werden zu wollen, so kann ich Dir eine excellente Gelegenheit jetzt dazu geben.

Also — wenn Dich das Schicksal eines aus der Berliner Lebensfluth in den Häringskasten polnischer Landeinsiedlerei versetzten Willibald Alexis irgend zu rühren geeignet ist, ohne daß ich mit meiner verschnupften Beredtsamkeit nöthig habe, Dir meine Ukase zu anglo-französiren — so umgürte Dich mit der Galosche der Freundschaft und ziehe Dir den Cachenez der Gefälligkeit an und begieb Dich zuvörderst nach Kronstadt, nicht um dort zu frühstücken, wie es Napier aus Mangel an Appetit vergessen — sondern ich meine nach Meinhardt's Hotel und frage den Thürbummler, ob angekommene Briefe u. dergl. daselbst meiner harren. Wenn Du unterdeß nicht vom schlechten Wetter genöthigt bist, nochmals Toilette zu machen — so habe die Güte — bei einem benachbarten Papierhändler — beifolgendes Billet, falls die Postverwaltung es nicht . . . . gegen 12 Bogen Notenpapier Querformat — für Klavier fünf Systeme mit mäßigem Zwischenraum — ferner ein Buch Briefpapier — wovon Dir dieser »torchon« das Muster giebt — nebst etwas größeren weißen oder blauen Couverts — zu vertauschen.

Ist dann noch ein Rest von etwa 12 Sgr. vorhanden, so wärst Du ungemein freundlich, mir ein Päckchen Spiglasoffs — der einzige Soff, den ich mir hier verstatten kann — zu holen.

Die Erfüllung dieser Wünsche hätte nun aber keinen sonstigen Zweck, als mir Papier, Cigarren, in Meinhardt's Hotel abgegebene Briefe — zusammen zu schnüren und möglichst bald in meine Steppe durch die Post zuzu-oasen.

Für diesen Fall versichere ich Dich meines apostolischen Segens, meiner herzlichen Wünsche zum neuen Jahre, meiner unbegrenzten Hochachtung, Ergebenheit, Dienstwilligkeit und musikalischen Wohlaffectionirtheit. Namentlich das Notenpapier pressirt, da ich in meiner, hoffentlich nicht mehr als vierzehntägigen, Muße einige vierhändige Tannhäuserarrangements für Meser arbeiten will und muß.

Wenn Du Karl schreibst — thue es doch! — so grüß ihn vielmals — ich werde ihm bald antworten. Er soll mir aber auf's Schleunigste 2—3 — jedenfalls 1 Exemplar des »Alcibiades« schicken. Ich werde Propaganda dafür machen.

Meine devoteste Empfehlung an Deine Frau. Lege mich in einer passenden Form Deiner gottgebenedeiten Schwägerin zu Füßen. Frage sie, ob ich ihr das Meer von Halm componiren darf, wenn ich die Brandung nicht zu hoch rollen lasse.

Grüße Berlin und vertritt meine Stelle, indem Du Dich für zwei amüsirst. Nachrichten aus Weimar?

Schicke das Packet ja unfrankirt. Es ist mit der hiesigen Postverbindung eine eklige Sache. Schreibe mir sonst noch Mancherlei — stehe eine Viertelstunde früher auf — bis 10 Uhr hast Du ja doch Zeit, alles Mögliche zu thun und zu lassen. Adieu.

Schick mir auch den Klabberabatschkalender, falls Du ihn gelesen hast. Ich mache einem unglücklichen Collegen hier damit einen Spaß.

225.
An Frau Laussot.

Chocieszewice, 28. December 1854.

Sehr verehrte Frau!

Sie haben mir bereits mehrfache Wohlthaten erwiesen, für die ich getreu dem Naturell eines gebornen egoistischen Empfängers Ihnen noch nicht einmal meinen Dank gesagt habe. Doch darauf kommt es ja dem Wohlthäter nicht an. Und — wie meine Mutter mir zu meiner großen Freude schrieb — haben Sie die eine indirekte Antwort[1], die ich auf Ihren liebenswürdigen Brief in Berliner Zeitungen drucken ließ, wohl verstanden. Mehr »a tempo« konnte der Zufall gar nicht handeln, als daß er mir in der nämlichen Morgenstunde, wo ich über Feststellung meines Concertprogramms brütete, und, trotzdem ich diesmal Thee gefrühstückt hatte, im Widerspruch mit Moleschott, kein einziger Tropfen praktischen Theeesprit's durch das Sieb meiner Feder rollen wollte, Ihren trefflichen Rath, wie eine „Hostie ex machina" in die Hände spielte.

Vielleicht wird Ihnen durch meine Mutter irgend eine Berliner Concertrecension, mich betreffend, zu Augen ge-

---

[1] Die öffentliche Ankündigung des von Frau Laussot vorgeschlagenen Concertprogramms.

kommen sein. Nun, Sie werden gefunden haben, daß es
Bach gewesen ist, der die mäßigen Fluthen der Zeitungs-
lobeserhebungen hauptsächlich geschwellt hat und daß mir
der Contrast mit der Chopin'schen Ballade ebenfalls zu
Statten gekommen ist. Sie werden mir folglich auch wohl
gratulirt haben, daß ich Ihren Rath befolgt; ob Sie mir nun
aber auch schließlich gestatten werden, mich nach dieser Erfahrung einem gläubigen Aberglauben hinzugeben und bei
anderer Gelegenheit wieder Ihren freundlichen Rath und
Ihre glückwünschenden Gedanken in Anspruch zu nehmen,
ist freilich eine Frage, deren affirmative Beantwortung
nicht von mir selbst abhängt.

Wie sehr bin ich Ihnen verpflichtet, daß Sie meiner
lieben Mutter durch Ihre gewinnende Unterhaltung manche
Stunde aufgeklärt haben. Nicht blos meiner Mutter, auch
meiner selbst wegen bin ich Ihnen dafür verpflichtet. Es
schien mir in letzter Zeit aus meinem brieflichen Verkehr
mit ihr manche Spur zu erhellen, wo Ihre siegende Beredtsamkeit bereits einige annähernde Modificationen in
gewissen, den meinigen in unvermittelter Schroffheit gegen-
überstehenden künstlerischen und gesellschaftlichen Ansichten
insinuirt hatte. Nun kann Niemand weniger Anlage und
Beruf dazu haben, Contraste zu mildern, oppositionelle
Härten zu lösen, als ich. Gerade für das Zusammenleben
mit meiner Mutter habe ich diese mir mangelnde Fähigkeit
schon so oft herbeigewünscht. Da ich nun, vom 1. April
künftigen Jahres an, meine neue Stellung in Berlin an-
trete, und da sehr wahrscheinlich, und mir persönlich zu
großer Befriedigung, meine Mutter sich in Berlin von Ostern
ab gleichfalls niederlassen wird, so gebe ich mich gern dem

Glauben hin, daß Sie mir, verehrte Frau — deren Mission es ja nach eigner Wahl ist, Vorurtheile zu zerstören und in engeren Kreisen, den letzten und heimlichsten Zufluchtsorten aller Arten Vernunftwidrigkeiten, diesen Beruf am folgereichsten und radikalsten auszuüben — ein kleines Theil vorgearbeitet haben. Als ich Sie das erste Mal in Dresden wiedersah, sprachen Sie mit mir gerade über diesen Gegenstand. Ich war von Ihren Worten damals frappirt — denn ich glaubte nur an das Unternehmen einer noch unversuchten Beschäftigung und wußte nicht, daß auch die Kraft der Ausführung Ihnen gegeben war, daß das Bewußtsein des Könnens Sie zum Wollen geführt hatte.

Mit Ihrer Ansicht über „Publikum" stimme ich doch nicht ganz überein — ich erkenne aber, daß dieselbe normaler, gesünder, objektiv-vernünftiger ist als mein subjectives Empfinden und Dafürhalten.

Von jenem respectvollen Cultus des Allgemeingeistes, des Ganzen, des Gottes »l'humanité« einiger pantheistischer französischer Socialisten und des früheren Feuerbach bin ich, nicht auf Verstandes- sondern auf Gefühlswegen, allmälig zurückgekommen. Ja, ich gestehe es offen, ich hasse diesen idealen Polizeigott ebenso, wie — ohne Vergleich — Voltaire den nazarenischen verfolgt hat.

Meines jetzigen Glaubens bin ich Individualist, und wenn dies mein Handeln nicht überall bethätigt, so bin ich doch in meinen theoretischen Bewegungen um so schroffer und glaubenseifriger. Ich bin überhaupt der Ansicht, daß wir den idealistischen Momenten in uns in der Praxis viel eher Rechnung tragen dürfen als in der Theorie. Ein methodischer Idealismus wird brutal, schwerfällig, quantitativ und hebt sich selbst auf, wo er nicht blos absurd wird. Ich für meine Person bekenne also in der Theorie nur vor der Fraktion des „Allgemeingeistes" Respekt zu haben, zu der ich selbst gehöre, ohne mich ihr erst angeschlossen und untergeordnet zu haben. Was nun meine geringen künstlerischen Leistungen, deren Werth in einer unleugbaren Perfectibilität allein beruht, und meine Ansprüche auf Würdigung derselben von Seiten des Publikums, von einer Handvoll Allgemeingeist anlangt, so bin ich nur in den Augenblicken nervöser, physischer Aufregung für Beifallswirkung empfänglich. Bei kaltem Blute wird das Urtheil einer Masse nie Reiz oder Einfluß auf mich üben, so gewinnenswerth mir auch die Sympathie des aus ihr herauszusuchenden Einzelnen gilt. Jede ihrer Kundgebungen hat irgend eine Bestechung zum Mobil. Die wahre Kunst besticht aber nie und durch nichts. — Würde ich nicht durch meine individuelle Subjectivität abgehalten, meine Theorie in die Praxis zu übersetzen und hätte ich die Mittel dazu, — nicht einen Augenblick würde ich anstehen, meine Zuhörer (falls sie mir dieselben Dienste leisten könnten) auf die nämliche Art zu gewinnen, wie Louis Napoleon die französische Armee. Bei der Erringung derjenigen Vortheile, bei welcher das Individuum den „Allgemeingeist" auf einen Augenblick zu ignoriren aufhören darf, — entscheidet doch allein der Erfolg über die Vorzüglichkeit der Mittel. Sie sehen, ich bin auch Jesuit: und Sie fürchteten, Ihr Rath würde mir jesuitisch erscheinen! Wie heißt doch das italienische Sprichwort:

»Vincasi per fortuna o per inganno —
Il vincer fu sempre laudabil' cosa.«

Ich habe eine eigenthümliche Vorliebe für Louis Napoleon, d. h. nicht sowohl für seine Person als den dem 19ten Jahrhundert eingebornen Begriff, den er für mich repräsentirt. Als solcher ist er ein Kind, ein Resultat der letzten deutschen Philosophie, d. h. derjenigen, die durch Emancipation von sich selbst vernünftig geworden ist. Der Bonapartismus ist ein philosophisches System auf die Praxis angewandt, auf die Politik — d. h. der Bonapartismus von 1850 par excellence. — Aber auch persönlich habe ich eine gewisse verwandtschaftliche Neigung zu »Napoléon le Petit«. Ich komme mir in meinen Proportionen zu meinem Wahl-Onkel Franz Lißt ganz ähnlich vor, wie Napoléon III sich zum großen Kaiser verhält, und ich gefalle mir in dem Gedanken, daß der geistige Adoptiv-Neffe etwa einmal soviel Glück haben könnte, als er dem Oheim gegenüber Mangel an wirklichem Genie besitzt.

Für ein erstes Schreiben habe ich, so dünkt mir, mich für reichlich viel geschriebene Bêtisen nachträglich bei Ihnen zu entschuldigen. Übrigens habe ich das Vorhergehende lediglich in der Absicht mir vorphantasirt, um dadurch Ihrer freundlichen Aufforderung: über mein Concert und meine sonstigen Erlebnisse in Berlin Ihnen zu berichten, auf „gute" Manier zu entgehen. Erlassen Sie mir die Schilderung von Miseren, der Widerwärtigkeit, wie der Annehmlichkeit, denn das ist doch kurz der Kern alles dessen, was ich erzählen könnte.

Eine interessante persönliche Bekanntschaft habe ich in Berlin erneuert: mit dem Componisten Karl Lührß, einem

Schüler von Mendelssohn, der abendländische Musik macht.

Erlauben Sie mir, Ihnen von dessen Compositionen Folgendes zu empfehlen: Märchen, kleine Tonstücke. 3 Hefte. Op. 25. Berlin. Trautwein (Guttentag). — »Barcarole« (Ges-dur) und »Trois Danses brillantes« — Leipzig bei Senff. Bei dieser Gelegenheit möchte ich Ihnen noch zwei sehr bedeutende Klavierwerke nennen, von dem Componisten Julius Schaeffer: „Fantasiestücke" Op. 1. — Fantasie — „Variationen" (Emoll) Op. 2. Leipzig. Breitkopf und Härtel.

Von Wagner habe ich seit Monatsfrist nichts gehört. Zuletzt schrieb er mir, daß er den dritten Akt der „Walküre" begonnen habe, und schien aus den drückendsten Verlegenheiten erlöst zu sein. — Von Liszt werden Sie wohl direkte Nachricht haben. — À propos, Wagner ist neuerdings in flammende Begeisterung für Arthur Schopenhauer, den so lange von seiner Zunft ignorirten Philosophen, gerathen. Kennen Sie etwas von seinen Werken?

Für das Geschenk von Alfred de Musset danke ich Ihnen nochmals »en connaissance de cause«. Doch gerade über die von Ihnen bezeichneten Auswahlstücke wäre es mir interessant, Sie detaillirt urtheilen zu hören. In manchen schien mir der wesentliche Hauptgedanke in sehr losem Zusammenhang mit der sonst reizenden Form zu stehen.

Darf ich Sie bitten, Ritter's auf das Herzlichste zu grüßen? Karl hat mir unlängst geschrieben — über sich selbst kein Wort — und mit Sascha habe ich ein paar vergnügte Tage in Berlin verlebt. Ich sehne mich sehr nach meiner Übersiedlung dahin; das Landleben verstimmt mich ungemein und die Lehrerfunctionen auf dem Lande würden greisen- oder knabenhafte Launen zeitigen oder zurückführen, vor denen eine große Stadt bewahrt.

Haben Sie nochmals besten Dank, verehrte Frau, für das Interesse und die Liebenswürdigkeit, die Sie an mich wendeten, und genehmigen Sie die Erwiederung der Wünsche

Ihres mit außerordentlicher

Hochachtung ergebenen

Hans v. Bülow.

226.
An die Schwester.

Chocieszewice bei Kröben, 31. December 1854.

Geliebte Schwester!

Ich werde wohl den Sylvesterabend bis zur ersten Stunde des neuen Jahres nicht durchwachen; es ist nicht sehr heimlich, in gänzlicher Einsamkeit sich der Annäherung dieser und jener trüben, melancholischen Empfindung waffenlos auszusetzen. Aber bevor ich schlafen gehe, und das wird bald geschehen, da ich noch immer ziemlich erkältet bin und an Halsschmerzen leide, will ich noch das Versäumte nachholen und Dir mit einer Beantwortung Deiner letzten Briefe, meinen herzlichsten Neujahrsgruß senden.

Wir hatten in letzter Zeit die vorher vertauschten Rollen wieder umgewechselt. Du warst wieder die Mittheilsamkeit und ich die Schreibfaulheit in Person. Aber Du wirst durch Mama erfahren haben, daß ich nach Berlin gewandert war, und da war ich denn so über alle Maaßen auf das Verschiedenartigste in Anspruch genommen, daß ich, um als bezeichnendstes Beispiel anzuführen, Deine zwei letzten großen Briefe erst einige Tage nach deren Empfang mit Muße durchzulesen beginnen konnte. Die arme, gute Mama, der das Concert in Berlin enorme Kosten verursacht hat, wird Dir wohl des Näheren über diese Begebenheit gemeldet haben.

Das Hauptergebniß aber meiner Reise nach Berlin kann ich — Dir besonders — noch einmal erzählen. Die Direktoren des Berliner (Privat-) Conservatoriums, Professor Marx und Musikdirektor Stern haben mich als ersten Lehrer des Klavierspiels auf ein Jahr vom 1. April 1855 an engagirt. — — — — — — —

Eine solche feste Stellung an und für sich ist doch auch etwas werth, da dieselbe mir in den Augen der auswärtigen Musikwelt den bescheidenen Glanz einer gewissen Brauchbarkeit und einer damit verbundenen persönlichen „Würde" ertheilt. — Ich habe den Contrakt bereits unterschrieben und mich dadurch eigentlich fest gebunden, denn jede Lection, die ich versäume, muß ich durch einen Stellvertreter geben lassen, oder selbst nachgeben. Die 8 Wochen Ferien, über die ich zu disponiren habe, und deren Hälfte in den Sommermonaten Juli und August gegeben wird, vermag ich natürlich zu keiner Concertreise passend zu benutzen. Aber, wie gesagt, es ist doch ein Anfang und ich hoffe, in Berlin so manche Privatschüler zu erhalten. Beeile Dich aber noch nicht, mir zu gratuliren. Ich bin erstlich in dieser Hinsicht abergläubisch, und dann ist es immer noch Zeit, mir später, z. B. nach Ablauf des ersten Quartals, zu Johanni, Glück zu wünschen.

Ich denke nun doch, daß Mama sich nicht weiter besinnen wird, das platte, provinziale Dresden, das wir Alle drei, trotzdem es unser beider Geburtsstadt ist, gründlich und nicht mit Unrecht detestiren, gegen Berlin zu vertauschen, wo eine wirklich gesunde Lebensatmosphäre für mich vorhanden zu sein scheint, und wo auch Du, ebenso wie Mama, nicht in dieser bedrückenden Einsamkeit, die in Dresden auf uns lastete, zu leben haben werdet. — Arnims werden wohl auch wieder dahin zurückkehren; während meines fast vierwöchentlichen Aufenthaltes waren sie immer abwesend; ich konnte also bei bestem Willen Deine Aufträge nicht erfüllen. À propos — Fanny Lewald hatte von Dir als Übersetzerin gehört, und zwar in sehr rühmender Weise. Sie fragte mich, ob die Übersetzerin des kleinen englischen Buches, das bei Duncker erschienen sei, ein Fräulein v. Bülow, mit mir verwandt wäre. Ich — hatte den Titel wieder vergessen und konnte also nicht in der Buchhandlung darnach fragen. — — — — — Ich finde, Du thätest vernünftig, im Frühjahr zurück und mit Mama nach Berlin zu kommen.

Benutze nur Deinen Aufenthalt in Paris zur Aufnahme eines gewissen französischen Elementes, das die uns allen mangelnde Lebensleichtigkeit repräsentirt und das — in richtigem Maße — zu einem vollkommenen Menschen gehört. Du bist jetzt schon doppelt, also sehr genügend germanisch — einmal geborne Deutsche, hast Du Dich zur Engländerin erzogen. Gestatte Dir also den Zuwachs eines heterogenen neuen Elementes.

Wie steht es mit der vorgenommenen neuen Übersetzung aus dem Englischen? Ich, das kannst Du Dir wohl denken, stehe mit tausend Freuden zu Diensten. Ende Januar oder Anfang Februar hätte ich hier zur Durchsicht genügende Zeit. Berlioz möge mir doch ein Exemplar der Partitur von der Corsaire-Ouvertüre baldigst senden.

Du meldest mir eine von Mrs. Joy gestickte Geldbörse. Das hat mich ebenso frappirt als freudig überrascht. Bekomme ich sie aber auch? Und warum? Wofür?

Leb wohl und laß bald wieder von Dir hören!

Ich werde nicht verabsäumen, Dir bann und wann eine amüsante deutsche Zeitung zu schicken.

Von Deinen Zusendungen habe ich nur die eine Nummer der »Gazette musicale«, um die ich Dich bat, empfangen, und ein »Journal des Débats« — richtig, auch die »Illustration«; »Figaro« aber, und das Portrait von Berlioz, auf das ich mich ganz besonders freute, sind bis heute noch nicht in meine Hände gelangt. — Schönen Dank übrigens für die Nachricht über das Berlioz'sche Concert, die ich wirklich verschlungen habe.

Mrs. Joy will ich bei erster Gelegenheit etwas von Wagner'scher Musik schicken. — Die Schilderung Deiner Abende hat mich amüsirt, so weit mir Dein Mangel an jeder Zerstreuung nicht eben leid that. Wer ist denn der ohrenzerreißende Albert? Wenn Du in einem kleinen Zimmer frierst, so friere ich dagegen in einem Zimmer, das so groß ist, daß es kaum zu erheizen. Dann nehme ich meine Zuflucht zum Billard-, wie Du zum Schachspiel.

Wenn Du etwas Anderes lesen könntest als die »Nouvelle Héloïse«, so wäre das besser. Lies doch in den »Causeries du Lundi«¹ — sauge das Buch auf und schütze es dadurch vor zu großer Zerfleberung.

227.

An die Mutter.

Chocieszewice, 2. Januar 1855.

Geliebte Mutter!

Viel Neues habe ich Dir nicht zu melden — eigentlich Dir nur Vorwürfe zu machen, daß Du so lange zögerst, mir eine ersehnte Antwort zu geben.

Hast Du mir vielleicht noch einen Brief nach Berlin geschickt? Doch ich habe dort Ordre zurückgelassen, wegen Nachsendung.

Am Tage meiner Ankunft in Chocieszewice, Sonnabend vor acht Tagen, habe ich sofort an Dich geschrieben und der Brief muß nun schon längst in Deine Hände gelangt sein. Da ängstet mich's nun, daß ich keine Antwort von Dir erhalte, und ich bitte Dich sehr darum, mich doch nie über vierzehn Tage ohne Nachricht zu lassen, denn so lange ist Dein letzter Brief jetzt her.

Nächsten Sonnabend, 6. Januar, will ich doch nach Breslau reisen und in Truhn's Concert, der seine Cleopatra (aufführt) (ein Monodrama von Kugler — von etwa dreiviertel Stunde Dauer) zum ersten Male spielen. Gefalle ich sehr

---

¹ Kritische Aufsätze von Sainte-Beuve.

— so arrangirt sich die Sache dann mit dem Theater in der nämlichen Weise wie mit Clara Schumann.

Erhalte ich bis dahin keinen Brief von Dir, und ist es Dir nicht möglich mir Reisemittel zu geben, so leihe ich mir hier das Nöthigste aus. — Da ich aber von Ostern ab ein ganz sedentäres Leben in Berlin führen werde, so ist mir ein wenig Bewegung bis dahin noch sehr wünschenswerth.

Ob ich von Breslau dann sogleich nach Königsberg wandre, hängt von den Resultaten meiner Concerte in ersterer Stadt ab. — Vielleicht hebe ich es mir bis zum Februar auf, wo ich in Posen ein Concert veranstalten will, oder bis zu dem ungewissen Zeitpunkte, wo ich zum Hofconcerte in Berlin reisen werde.

Hoffentlich können wir uns am Sylvester 1855 zum vergangenen Jahre gratuliren.

Hier in Chocieszewice wird's mir unbehaglicher — namentlich für meine Gesundheit. Mein immenses Zimmer — und ein kleineres kann ich nicht erhalten, weil keins vorhanden ist — erweist sich als unheizbar. Dazu die durch schlecht schließende Thüren eindringende Zugluft, die unerträglich ist bei den unaufhörlich wüthenden Stürmen, die uns den ganzen Tag Piccolo-Musik vormachen!

Ich friere also stets an Händen und Füßen. Dazu die Krankheit der Gräfin, die ich noch gar nicht wiedergesehen habe — und die so reizbar ist, daß sie es häufig nicht gestatten kann, daß man im vierten Zimmer desselben Stockes Klavier spielt! So komme ich denn wenig zum Klavierüben und muß den Unterricht auf einem, in meiner Abwesenheit zum Theil wohl aus Muthwillen zerschlagenen, verstimmten Kasten ertheilen. Schöne Gegend das! Schreiben kann ich fast nicht in meinem Zimmer, außer am Ofen, wenn der Wind das Feuer nicht auslöscht — stelle ich nun aber die Lampe (eines der besten von den vielen Exemplaren, die wir hier haben, die sich aber alle invalid befinden), auf den dahin rückbaren Tisch, so fängt sie nach Kurzem an auf's Unerträglichste zu rauchen. Dabei stete Noth mit der Wäsche und andere domesticale Miseren. Die gute Küche und das Billard sind die einzigen Annehmlichkeiten. Zeitungen bekömmt man jetzt auch nur sehr selten, durch die allgemeine Nachlässigkeit und Unordnung. Der Graf übrigens ist ziemlich umgänglich, höflicher und artiger meistentheils als die Anderen. Ich freue mich auf meine Erlösung.

Mein Leidensgefährte Schreiber reist zum Besuche seiner Mutter nach Dresden — und kommt nicht wieder.

Hast Du meinen Brief, worin so Manches stand, nicht erhalten?

Wie geht es Dir — leidest Du wieder an Migräne? Was macht Frau v. Lüttichau? Gehst Du zuweilen aus?

Hierher kannst Du mir immer interessante Briefe schreiben und für die ganze letzte Zeit den Vorwurf der Schreibfaulheit nicht adressiren an

Deinen Dich liebenden Sohn

Hans.

Breslau — Posen — Berlin.
Winter — Frühjahr 1855.

Um so sorgenvoller sollten, durch Mangel an häufigem und ausführlichem Briefverkehr, die nächsten Monate für Bülow's Mutter sich gestalten. Die nachfolgenden Bruchstücke aus Briefen an ihre Tochter — damals noch in Paris — zeigen, wie schwer es dem jungen Virtuosen auf den ersten Wanderfahrten geworden ist, so weit zur Geltung zu kommen, um die lang ersehnte pecuniäre Selbstständigkeit endlich zu gewinnen. Mit wie großem Vergnügen man ihn auch überall aufgenommen zu haben scheint während der nun folgenden längeren Concertreise in Deutschland, so waren Kosten und Einnahmen noch nicht so ausgeglichen, um jede weitere mütterliche Opferwilligkeit überflüssig zu machen.

Franziska von Bülow an ihre Tochter.

17. Januar 1855: „Endlich ein Brief von Hans, der wieder in Breslau im Gasthof sitzt! aber vergnügt sich bewundern und dermaßen hin= und herziehen läßt, daß er nicht einmal dazu kommt, mir ein Wort zu schreiben. Er will noch nach Königsberg. Heute Abend spielt er in Breslau den Studenten vor. Sonntag ist ein Monstre=Concert, wo er spielt und Geld hofft. Gott gebe es, wenn man Gott um so etwas incommodiren darf."

Mitte Februar klagt die Mutter, nur aus Zeitungen die letzten Nachrichten über den Sohn erhalten zu haben, aus der „Schlesischen" vom 28. Januar die Ankündigung einer Abschiedsmatinée in Breslau, und eines Concertes an demselben Tage für die Nothleidenden in Neuth.

„Das ist aber auch Alles, was ich von ihm weiß — was weiter aus ihm geworden, ob er Geld hat oder keins? Ich fürchte das Letztere. So ein in der Welt herum abenteuerndes Kind, das, — wie unser Schuster neulich sagte „der Herr Sohn seien eine Genie geworden" — ist wahrlich keine Sinecure." Dann am 19. Febr.: „Endlich ein Brief von Hans. Er hat in Breslau neun Concerte gegeben und wenigstens seinen Aufenthalt fünf Wochen im Hotel erspielt. Er ist dort der „Armee", den Kürassieren, Husaren, ꝛc. verfallen und hat sich von ihnen herumabenteuern lassen. Nun ist er in Posen und friert schrecklich. . . . . Möchte er endlich vernünftig werden. Von mir nimmt er keinen Rath an. Es ist ein großes Unglück für ihn, den Vater verloren zu haben, der doch noch auf ihn zu wirken verstand . . . . Über die „hanebüchene Kälte" klagt er sehr, aber „Heidegeldchen" scheint nicht zu kommen, und wie es mit „Ohnesündchen" steht, mag Gott wissen! — . . . . Nur Zeitungen hat er geschickt; er wird sehr gelobt, aber man bedauert, daß es leer war."

228.

An die Mutter.

Posen, 17. Februar 1855.

Geliebte Mutter!

Es ist mir sehr leid, daß Du Dich meinetwegen so ängstigst. Hoffentlich hast Du meinen Brief, den ich an letztem Mittwoch in Breslau vor meiner Abreise nach Posen schrieb, unterdessen erhalten.

Hier bin ich glücklich angekommen, nach einer ganz abscheulichen Postschlittenfahrt von 22½ Stunden, bei welcher wir nahe daran waren, unterwegs im Schnee stecken zu bleiben. Wenn man nur nicht so sehr fröre! Die Zimmer sind hier beinahe unheizbar, und ich komme aus dem Erkältungszustande gar nicht heraus.

Heute ist hier mein erstes Concert in dem ersten polnischen Hotel, dem „Bazar", wo ich auch abgestiegen bin.

Truhn ist noch in Breslau und kömmt erst in nächster Woche her. Sein Geschäftsverständniß hat mich, wie bereits erzählt, in den Stand gesetzt, meine fünf Wochen Breslauer Hotel mit 74 ₰ zu bezahlen. Und das ist das Wesentliche.

An den commandirenden General, wie an den Polizeidirector von Hindenburg hatte ich gute Kürassier-Empfehlungen aus Breslau mitgebracht.

Letzterer war namentlich sehr artig und höflich.

Nächsten Montag giebt er mir eine Soirée.

Mit Königsberg mag es wohl nichts sein. Truhn räth ebenfalls sehr ab. Er hat dagegen noch Pläne nach Holland. Doch das ist noch in weitem Felde. Mittwoch wird jedenfalls ein zweites Concert sein, dann vielleicht eines zum Besten der Emigranten.

Nächstens mehr. Hier werde ich jedenfalls nicht so viel Abhaltungen haben, als in einer so großen Stadt wie Breslau. Auch ist es insofern gemüthlicher, als ich hier einen Flügel im Zimmer haben kann und also mehr Veranlassung habe zu Haus zu bleiben. Den Papa von Th. Tyszkiewicz, der in Paris ist, habe ich besucht, und das zwar auf Anrathen des Polizeidirectors, der bei den Polen nicht unbeliebt ist.

Der Instrumentenfabrikant Bretschneider, ein ganz netter Mensch, hat mich hierher begleitet von Breslau und kümmert sich um die Saalarrangements u. s. w. Doch ohne Truhn kann ich nichts Ordentliches zuwegebringen.

229.

An Robert Radecke.

Posen, 26. Februar 1855.

Lieber Herr Radecke!

In Breslau hatte ich das Vergnügen, Ihren Herrn Bruder — leider nur sehr flüchtig — einmal zu sehen und Ihre Zeilen in der bewußten Angelegenheit von ihm zu erhalten. Heute bin ich im Stande, seinen Wunsch definitiv zu erfüllen. — Graf Mycielski, dem ich hier in Posen im Hotel Bazar begegnete, hat mir heute die angenehme Zusicherung gegeben, daß er Ihren Herrn Bruder ohne Weiteres auf meine Empfehlung hin zu meinem Stellvertreter acceptire. Auch kann ich Ihnen die gute Nachricht mittheilen, daß er sich entschlossen hat, Ihren Herrn Bruder ganz unter den nämlichen Bedingungen als meine Person in die Stellung seines Hofmusikmeisters treten zu lassen.

Täglich sind an die drei Töchter des Grafen à Stück eine Musikstunde zu ertheilen und etwa vier Gesangsstunden in der Woche. Die unerläßliche Hauptbedingung ist dabei nur, daß Herr Rudolph Radecke sich sofort ohne allen Verzug nach Chocieszewice begebe.

Die Adresse Ihres Herrn Bruders habe ich nun vergebens in Breslau zu erfahren gesucht. So war es mir also bisher unmöglich, ihn direct in Kenntniß von dem Stande der Sache zu unterrichten, um so weniger, als Ihr Herr Bruder, dem ich die Präliminarien in Breslau durch den französischen Lehrer der Söhne des Grafen (der Truhn stört mich durch schlechte gute Witze dermaßen, daß ich lauter Unsinn schreibe) — erleichtern wollte, sich kurioser Weise in Breslau nicht mehr bei mir sehen ließ.

Darf ich Sie bitten, Ihrem Herrn Bruder nun unverzüglich diese Mittheilung zukommen zu lassen und mich selbst (Adr.: Posen, Bazar) alsbald davon zu unterrichten, ob er auf die besagte Stellung unter der Bedingung sofortigen Eintrittes noch reflectiren will. Andernfalls würde ich dem Grafen Mycielski gegenüber in eine peinliche Verlegenheit gerathen, da ich auf Grund Ihres Wunsches hin noch auf keinen anderen Bewerber Rücksicht genommen habe und jetzt genöthigt wäre, mich nach den mir meistentheils nicht näher bekannten und noch weniger garantirten Persönlichkeiten unter unsäglichen Mühen umzuschauen.

Also — lassen Sie mich für meine Bereitwilligkeit, gerade Ihnen dienstfertig zu sein, nicht büßen!

Truhn läßt Sie grüßen und nach dem Befinden der Liedertafel sich erkundigen. Er ist leider so stark erkältet, so kosakisch-rheumatisch, daß es sehr verzeihlich wäre, wenn er auf die Liedertafel hustete.

Wenn Sie einen Kolb oder Kroll sehen, so sagen Sie, ich laß' ihn grüßen.

Studieren Sie immer noch bei Mme. Zimmermann das Burgmüller'sche Ballet „Die Peri" ein?

Wenn Sie Schlesinger sehen, so erinnern Sie ihn doch gütigst in meinem Namen, daß er mir einen dringenden Brief zu beantworten habe.

Von uns kann ich Ihnen nicht viel melden — würde

Sie wohl auch nicht sehr interessiren. Die Breslauer habe ich mit Schumann'scher Musik stark behelligt und zum Theil erhellligt; hier in Posen ist morgen unser drittes Concert. Auch studieren wir jetzt fleißigst den Klavierauszug der Nibelungen von Heinrich Egmont Dorn und nehmen vielleicht mit Nächstem Gelegenheit, dieses herrliche Kleckswerk gründlich . . . .

Um freundliche baldige Antwort bittet

Ihr

ganz ergebener College.

230.

An die Mutter.

Posen, 28. Februar 1855.

Liebe Mama!

Dank für Deine Briefe! Ich wollte das gestrige dritte Concert abwarten, bevor ich Dir schrieb. Es war so schlecht, daß wir nicht auf die Kosten gekommen sind. Ich huste auf die gesammten Polen 99⁶/₉ mal! Übrigens eine curiose Stadt, Posen! Eine solche Theilung deutschen und polnischen Elementes ist mir noch nicht vorgekommen. Das zweite Concert, in welchem mir mein Sänger heiser wurde, und ich also ganz allein zwei Stunden lang Klavier spielen mußte, war fast nur von Polen besucht — Resultat 69 Thlr., die hinreichten, die Kosten für das erste und zweite zusammen zu decken. Gestern lauter Deutsche (mit Ausnahme des Bruders von Mycielski — der von seinem Gute herübergekommen war, um mich nochmals zu hören und der ein sehr netter, feiner und musikalischer

Mensch ist) an der Spitze der Oberpräsident v. Puttkammer, der mich sehr liebenswürdig ansprach, mir heute seine Karte schickte, und mich zu Freitag Abend einladen ließ. Natürlich wird weiter concertirt. Gegen 5—6 Concerte müssen gegeben werden.

Die Deutschen bezahlen meistens keine Concertbillette, sind aber sonst sehr aimabel mit Einladungen. Polizeidirector von Hindenburg, Oberpostdirector Buttendorf, Justizrath Dönniges, ꝛc. ganz charmante Häuser.

Bei Graf Działyński war ich einmal zu Tische. Jetzt gebe ich täglich der jüngsten Comtesse, einem nicht hübschen aber sehr reizenden und talentvollen Mädchen, Unterricht. Das Honorar nehme ich entweder nicht an oder schenke ihr schließlich dafür ein fabelhaft kostbares Album, weil sie mir so gut gefällt. Sie hat etwas wirklich Poetisches. Werde ihr eine Rêverie bediciren. Die Kamieńska bekommt einen Walzer.

Zur Erklärung von Beilage No. 1.[1]

Der darin unterzeichnete Pole hatte gehört, daß ich der Działyńska Unterricht ertheilen sollte. Sofort will er für seine Tochter aus dem — den Polen eigenthümlichen — Rivalisirungsgelüste ebenfalls meinen Unterricht haben. Ich schicke ihm nach seinem Besuche eine Karte, auf der geschrieben ist: »est disposé à donner des leçons pendant son séjour à Posen — à 1 ducat la leçon.« — Darauf antwortete er Beifolgendes — worauf ich natürlich ignorirend schwieg. — Auf Reisen — im Hotel — als Virtuose kann ich — nach Truhn — nicht weniger als einen Dukaten für die Stunde nehmen.

---

[1] Der hier erwähnte eingelegte Brief, den Bülow seiner Mutter schickte, ist nicht mehr vorhanden.

Mein Chopin-Repertoire habe ich jetzt bedeutend erweitert:

Ballade, zwei Scherzi, vier Nocturnes, zwei Impromptus, zwei Polonaisen, vier Mazurken, Barcarole, Berceuse, diverse Etuden.

So eben hat Truhn nach Bromberg geschrieben, das in jeder Beziehung vortheilhafter ist als Posen, wie er aus Erfahrung weiß. Nur muß man erst von hier loskommen. Schließlich wäre also im Theater zu spielen — wohin uns der bekannte Director Wallner mit steigend günstigen Bedingungen aufgefordert hat, wobei er jedoch immer abschlägige Antwort bekommen. Nun werden wir dieses Arrangement dem Justizrath Dönniges überlassen. Dieser letztere ist eine höchst anständige Person — nimmt Concertbillette, wenn er auch abgehalten ist, sie zu benutzen.

Hast Du keine indirecte Nachricht aus Weimar? Ich möchte gerne wissen, ob Liszt schon nach Wien abgereist ist.

So eben schreibt mir die Comtesse Działyńska, daß es ihr nicht möglich, vor Sonnabend eine Stunde zu nehmen, wegen zu großer Beschäftigung mit anderen Dingen. — Die Einladung zu heute Abend habe ich abgelehnt und werde überhaupt zu keinem Polen mehr gehen.

Wegen des Conservatoriums schreibe ich heute an Professor Marx und werde Dir dann seine Antwort mittheilen.

Wenn ich dazu verdammt sein soll, mein Leben ein Jahr lang in Berlin zu verlieren — so werde ich mich natürlich ohne Murren in mein Schicksal finden — nur muß ich Dich dann bitten, recht bald überzusiedeln.

Dieses Opfer mußt Du mir bringen. Für alle häuslichen
Sachen ꝛc. reicht mein theoretischer Verstand nicht aus. Ich
muß mich überhaupt sehr schonen — alle meine Kraft gehört der Kunst und Alles Andere gilt mir nichts.

Unser Leben hier ist ungemein solid. Vom Kneipen
habe ich mich vollkommen frei gemacht, sollte ich auch in
den Ruf unkollegialer Ungemüthlichkeit kommen. Und
Truhn ist ebenfalls zu fein und anständig dazu.

Behalte lieb Deinen Sohn

Hans von Bülow,

»le plus enguignonné des pianistes«.

231.

An die Mutter.

Posen, 6. März 1855.

Geliebte Mutter!

Ich habe wahrhaftig so sehr wenig Zeit, daß ich Dir
vielerlei Dinge schriftlich gar nicht genügend expliciren
kann. Ich muß und darf Dich daher auch herzlich bitten,
Allem dem, was ich zu thun nöthig erachte, nicht mit Miß-
trauen entgegenzukommen.

Ich hatte jetzt ganz gehörigen Grund den Herren Marx
und Stern einen energischen Brief zu schreiben. Im vorigen
December forderte Stern mich auf, in dem nächsten größeren
Concert seines Vereins, den ich neulich mit Glück „Men-
delssohns-Bewahrungsanstalt" getauft habe, die Fantasie
für Piano, Chor und Orchester von Beethoven vorzutra-
gen. Er wollte mir zur gehörigen Zeit schreiben, und
ich versprach dann in jedem Fall dazu nach Berlin zu

kommen, hätte es auch natürlich gethan, da ich es im Interesse meiner künftigen Stellung für vortheilhaft hielt, mich durch den Vortrag eines klassischen Werkes nochmals in Berlin zu introduciren. Vor etwa einer Woche las ich nun in Berliner Zeitungen das Concert in Rede angezeigt, und daß Frau Schumann die Pièce übertragen worden, für welche ich engagirt war. Ich schrieb an Marx betreffs dieser Sache und erhielt gestern von ihm eine sehr friedliche Antwort. Er müsse Stern's Art und Weise sehr mißbilligen, ihn aber zugleich entschuldigen, da der Gesangverein seinen Direktor dazu wahrscheinlich gezwungen, indem der bei dem Concerte noch mitwirkende Joachim nur eingewilligt hätte, mit Frau Schumann zusammen zu spielen.

Den 1. April muß ich in Berlin spätestens angelangt sein. Das steht fest, und ich bin nicht so veränderlich, daß ich dieses mir selbst gestellte Müssen in ein neues Wollen wieder umkehren würde.

Über das Concertreisen, das ich bis dahin, trotz meiner Mißerfolge in Posen, nicht aufgeben werde, bin ich allerdings ganz anderer Meinung wie Du. Ich glaube aber, daß meine Ansichten — abstrahirt von meinem außerordentlichen persönlichen Vergnügen, musikalische Leute zu entzücken — sehr viel Haltbares haben und verzweifle nicht, Dich mündlich zu meinem Dafürhalten zu bekehren.

Neulich war eine sehr hübsche Soirée bei dem Oberpräsidenten, der sich überhaupt im Verkehr mit mir sehr liebenswürdig gezeigt hat. Er ist unter allen Polen hier der anständigste Deutsche. Dort erfuhr ich auch zuerst die telegraphische Nachricht von dem Ableben des letzten männlichen Legitimitätssouverains[1].

Das gestrige letzte Concert war gut besucht, weil Truhn erniedrigte Preise genommen — aber wir hatten große Unkosten wegen des Orchesters. Hinwieder sind aber wegen Beethoven's »Es-dur« gewiß ein fünfzig Deutsche hineingegangen. — Ich habe mir wieder einmal das Vergnügen gemacht zu birigiren: das Violinconcert und die Truhn'sche Ouvertüre, und wurde darob von Manchem bewundert. — Fräulein Birch, die gestern im Concert beklamirte, ist eine Tochter der Birch-Pfeiffer, der großen Charlotte.

Das ganze Zimmer ist voll bezahlt sein wollender Leute: Tapezierer, Instrumententräger, Stimmer, Lohndiener, Stühlevermiether, — und wiewohl Truhn das angenehme Geschäft hat, mit diesen Leuten zu handeln und sie resp. zu befriedigen — so leidet meine Feder an der Umgebung. Nun vor Allem das Wichtigste. — Ich muß noch einige Zeit in Posen bleiben, ich denke bis Sonnabend früh. Truhn fährt morgen nach Bromberg, arrangirt Alles zum Concerte, verkauft Billette und wird mir Geld hierherschicken um mich auszulösen. Ich selbst componire bis dahin für 6—8 Friedrichsb'or. Zwei Verleger in Breslau reißen sich nämlich um meine »compositions en herbe« — allerdings zu ziemlich niedrigen Honoraren, was [ihnen] bei diesen schlechten Zeiten nicht zu verdenken ist. Das kann aber Alles nicht reichen. Ich brauche also nothwendig Geld. Ich hatte den Chociesewicer Seigneur hier im Hotel dringend gebeten, mit dem Wirthe — da er,

---

[1] Kaiser Nikolaus von Rußland.

der Graf selber, einer der Hauptaktionäre dieses polnischen Institutes ist — Rücksprache zu nehmen, daß er mir den Concertsaal zu einem mäßigen Preise etwas christlicher vermiethete. Er hat es nicht gethan.

Der Helene [Kamieńska] habe ich neulich mein Mazurka-Impromptu geschickt und werde ihr doch noch eine neue Pièce von mir widmen, die ganz Chopin'sch ist — verbülowter Chopin. Wird Dir nicht mißfallen!

Was mir das jedesmal Vergnügen macht, das Beethoven'sche Concert zu spielen! Das ist zu prachtvoll. Daß Du das noch nicht von mir gehört hast, darf Dir leid thun. Truhn versteht übrigens mein Spiel, wie sehr wenige. Wenn Du glaubst, daß der eigennützig ist, so irrst Du sehr. — Schreibe mir nun bald, ob Du mir helfen magst. Ich fände es ganz originell, wenn ich genöthigt wäre, mich aus dem Bazar herauszucomponiren. Das würde freilich lange dauern. Froh bin ich nur, daß mir der Humor bleibt. Truhn nöthigt mich, viel zu schlafen. Das ist mir ganz gut.

Nimm mir meinen Briefstyl nicht übel. So fest sonst mein Kopf, so abhängig sind meine augenblicklichen Äußerungen von der jedesmaligen Stimmung.

232.
An die Mutter.

Posen, [10. März 1855].

Geliebte Mutter!

Ich bin leidlich wohl und amüsire mich ganz gut, und dieses letztere ist eben doch das Wesentliche. Morgens

spiele ich Klavier und komponire. Mittags mache ich
einige Besuche — bei hübschen Offizierfrauen oder häßlichen
aber geistreichen Damen. Nachmittags komponire ich und
lese Macaulay (deutsch natürlich). Abends gehe ich entweder eine Stunde ins Theater oder in eines der hier
sehr zahlreichen Concerte, und dann noch in eine Soirée.
Geld habe ich einstweilen nicht, hoffe aber bald dessen zu
bekommen. Truhn arrangirt ein Concert in Bromberg
und hat natürlich versprochen, mich vor diesem Concerte
aus dem Posener Bazar zu befreien. In Danzig soll
man auch ganz gute Geschäfte machen können. Liszt rieth
mir speciell zu dieser Stadt; er selbst war niemals dort,
man findet also ein pianisten-jungfräuliches Publikum
— da das Übrige, außer Liszt, doch nicht so sehr gerechnet
werden kann.

Eben erhalte ich per express von Truhn die Nachricht,
daß Montag Abend in Bromberg Concert ist, daß ich
heute Abend abreisen muß. Ich werde Herrn Rabsilber
bitten, einstweilen bei Griesinger für mich zu caviren, damit der um seine vorgestern auf 60 Thlr. sich belaufenden
Rechnungen nicht besorgt sei und mich nicht abhält, weiter
zu ziehen.

233.
An die Mutter.

[Posen, 14. März 1855].

Geliebte Mutter!

Ich weiß nicht, ob Du den Brief, den ich neulich
(Sonnabend) an Dich schrieb, erhalten hast. Ich hoffte

sehnlichst eine Antwort bei meiner Rückkunft hier zu finden. Das Concert in Bromberg war sehr hübsch. Sehr gute Gesellschaft — der frühere Minister, Appellationspräsident Gierke — der commandirende General und dergl. waren darin, und verkehrten sehr liebenswürdig mit mir. Auch einen Namensvetter fand ich vor, Rittmeister v. Bülow (Mecklenburger). — Ein zweites Concert wird nach dem guten Erfolg des ersten nun doppelt brillant ausfallen. Viel Beethoven muß man da spielen. Ich muß Dir nun gestehen, daß es ein außerordentliches Vergnügen macht, welches man gegen kein andres vertauschen möchte, wenn man, nach einem anständigen Vortrage der F moll-Sonate, durch die Reihen der Damen geht und zwischen den elegantesten Toiletten sich die gezuckertsten Schmeicheleien zulispeln hört „wundervoll" — „ganz himmlisch" ꝛc. In so einem Concert haben diese Worte viel mehr Wahrheit als im Salon, wo die Hälfte der Anwesenden antimusikalisch ist.

Man findet in diesen kleinen Städten so viel charmante und gebildete Leute — und die sind dann so außerordentlich dankbar, daß man zu ihnen kommt.

Obgleich nun der pecuniäre Succeß nicht schlecht war, so ist er dennoch ganz und gar unfähig, mich vom Posener Bazar loszumetallen.

Freitag sollte das zweite Concert sein; ich werde nicht abreisen können, da ich hier nur einen einzigen Brief vorfand, wenige freundliche Worte von Liszt, dem ich sogleich ausführlich geantwortet habe.

Ich warte nun stündlich auf eine Nachricht von Dir, und bin in großer Unbehaglichkeit. In einer Stunde muß ich angekleidet sein und in das große Concert im Theater zu

Wohlthätigkeitszwecken gehen. Ich habe einen guten Flügel, und ich hoffe, man wird mich wenigstens höflich behandeln für das wirkliche Opfer, das ich der Sache bringe. Die Reise nach Bromberg und zurück kostet über 10 Thlr. Alles in Allem.

Truhn hat in seinem Namen an das hiesige Comité dieser Wohlthätigkeitssocietät geschrieben, sie sollten nun auch aus Dankbarkeit ein Concert für mich arrangiren. Ich habe das aber abgelehnt — mit der Äußerung, ich habe nicht auf Dankbarkeit speculirt und habe nur ein Versprechen erfüllen wollen.

In Bromberg und Danzig komme ich jedenfalls von dieser Posener schlechten Affaire heraus, so wie die Sachen stehen; allein das kann ja nicht retrospectiv wirken.

Hättest Du nur durch Frau v. S. an Herrn Rabsilber schreiben lassen, er möge meine Sache mit Herrn Griesinger einstweilen durch Gutsagen für mich abmachen!

Thue das doch um Gotteswillen bald! Ich verliere hier Zeit und Muth, und es wird mir sehr eklig.

Einige ganz gute neue Ideen gehen mir durch den Kopf.

Hierbei ein Programm von heute Abend[1].

Bitte alle solche Dinge aufzubewahren!

---

[1] Nicht auffindbar.

234.

An Franz Liszt.

Posen 14 Mars [1855] Bazar.

Mon très-cher et illustre maître!

Vous m'avez donné à plusieurs reprises le droit précieux de me rappeler à votre souvenir. Je n'en ai point voulu abuser en vous écrivant à des époques, où je n'avais qu'à vous faire le récit des mille et une misères de la carrière d'un pianiste Lilliputien, qui parfois vous eussent dû paraître incompréhensibles.

Cependant je n'ai pas été sans passer quelques semaines assez agréables à Breslau, où j'ai donné huit concerts environ en compagnie de Mr. Truhn, avec lequel je me suis associé à partir du nouvel an, et pour lequel je me suis pris d'une amitié, que ses aimables qualités de vrai artiste et d'homme pratique et utile, ainsi que nos sympathies mutuelles dans l'art, ont consolidé entre nous. Breslau est une ville, qui pourrait bien avoir un certain avenir musical dans le sens de l'avenir. Je ne dis pas ceci, parce que j'y ai trouvé des éditeurs, mais malgré ce fait.

Nous avons fait de très mauvaises affaires à Posen, où nous avons donné quatre concerts, dont les derniers n'ont pas même suffi à payer les frais de cette malheureuse entreprise. Malgré des lettres de recommandation, dont je me promettais quelque succès, les Polonais ont été beaucoup moins aimables pour moi que Mr. de Puttkamer et le peu d'Allemands qui habitent

Posen. J'ai eu de la part des premiers des impressions assez froissantes, lesquelles cependant m'ont engagé à y répondre d'une façon tout en harmonie avec les principes anti-Mortieristes [1], que j'ai continué à professer dans ma carrière et que je n'ai pas à me reprocher d'avoir violé une seule fois jusqu'ici. — Après avoir donné un premier concert assez passable à Bromberg lundi le 12 Mars, je suis retourné à Posen pour y jouer ce soir au théâtre, dans une représentation que les Polonais ont arrangée au bénéfice des pauvres.

Sous peu de jours je retournerai à Bromberg, pour y donner un deuxième concert qui sera beaucoup plus brillant que le premier. Puis nous irons encore à Danzig, et finalement à Königsberg. Je vous serais infiniment reconnaissant, si vous vouliez avoir la bonté de me recommander à Mr. Louis Köhler.

Le 1 Avril je serai obligé d'entrer en fonctions comme professeur au Conservatoire. Je donnerais tout au monde pour pouvoir me libérer de cet engagement qui me promet peu de satisfaction. J'ai cependant une mission à remplir à Berlin et je me servirai de tous les moyens pour arriver à mon but. Une guerre d'extermination contre le »Mendelssohnianisme« [2], voilà ce

---

[1] Mortier de Fontaine (1816—1883), ein durch große Technik und starke Reclame zu vorübergehendem Ansehen gelangter Pseudo-Beethovenspieler. Auf welche Grundsätze Mortier's hier Bezug genommen wird, ist nicht zu ermitteln.

[2] Es sei hervorgehoben, daß Bülow's Abneigung, die sich hier so stark ausspricht, nicht sowohl gegen Mendelssohn selbst, als vielmehr gegen die gerade damals sich geltend machende, ungemeine Überschätzung seiner Werte gerichtet war, die namentlich alle Anhänger der neuen Schule zu heftiger Gegnerschaft provocirte. Es ist

qui devrait être maintenant la tâche la plus pressée de la »coterie Brendel«. A cet égard, j'ai une demande très urgente à vous soumettre. J'ai lu l'autre jour l'article de Robert Schumann de l'année 1837 de la »*Neue Zeitschrift*«, où il établit une ignominieuse parallèle entre les »Huguenots« et »Paulus«. Je prépare depuis quelque temps un article où je me plairai un peu à venger la poésie quelquefois tâchée de bouc de Meyerbeer, du respect injuste qui a été accordé trop longtemps à la prose impertinemment bourgeoise de Mendelssohn. Pas même la crainte que Hoplit, ce corruptibilissime par amour-propre pourrait me proclamer son collègue, ne sera un obstacle à l'exécution de ce projet, qui cependant ne saurait être réalisé que dans le cas où vous seriez assez aimable pour octroyer impérativement mon article en embryon à »*Tante Brendel*«.

J'ai cru longtemps par erreur que vous aviez quitté Weimar vers la mi-janvier pour aller à Vienne ou je ne sais où. Je crois me rappeler que Ritter m'a parlé de cette intention de votre part, mais en l'entourant d'un certain mystère. Je ne saurais vous exprimer combien je suis presque torturé du désir de vous revoir et de vous baiser la main. J'espère que mes vacances au mois de Juillet et d'Août me mettront à même de me diriger vers l'endroit où vous serez alors, si vous le permettez.

bekannt, wie Bülow in späteren Jahren, als das Blatt sich gewendet hatte und die frühere Über= in eine Unterschätzung Mendelssohn's umgeschlagen war, für den in seiner ersten Jugend von ihm so hoch verehrten Meister einzutreten pflegte.

Je prendrai la liberté de vous soumettre bientôt quelques bagatelles pour piano, qui vont être publiées à Breslau et dans lesquelles votre indulgence remarquera peut-être un petit progrès, si elle tient compte des difficultés individuelles, que j'ai à vaincre en composant pour votre instrument. Le piano paraît alors se soustraire à mon action, et devient intraitable lorsque je tâche d'y exprimer mes idées. Il est vrai qu'il a souvent à se plaindre des mauvais traitements que ma main lui inflige. Mais il est vrai aussi que votre souvenir, lorsqu'il se maintient vivace et persistant comme c'est le cas chez moi, tend plus à décourager qu'à encourager ceux, qui se croient assez avancés dans l'art pour avoir le droit de vous admirer. —

Est-ce que le grand évènement politico-physique qui vient de s'accomplir à St. Pétersbourg pourrait faire supposer que les affaires qui vous tiennent le plus à cœur, entreront maintenant dans une phase plus favorable à vos desseins? La mort vous aurait-elle rendu service?

J'espère que Raff ne tardera pas à faire publier une »Ouverture solennelle« pour fêter l'avènement de l'empereur Alexandre, et je me réjouis beaucoup d'admirer par les yeux les admirables contrepoints dont il ornera l'hymne russe. —

Pardon pour ce qui suit. Un certain Mr. Greulich à qui nous devons tout spécialement d'avoir fait de si mauvaises affaires, m'oblige à vous éclairer un peu sur son compte, parce que vous l'avez vu à Weimar et qu'il se vante partout d'être en correspondance avec vous, en affirmant qu'il possède de brillants certificats de votre main sur ses misérables compositions. Il cherche depuis longtemps à faire concurrence à Posen à son frère aîné Mr. Oswald Greulich, qui n'est pas un grand talent, mais un bon professeur de piano et un personnage que l'on peut prendre au sérieux. Il n'y a pas réussi jusqu'à présent, et il m'avait fait l'honneur de me choisir comme victime ou comme marchepied de ses menées.

Il a pris l'initiative d'une correspondance, lorsque nous étions à Breslau, en me priant de lui confier l'arrangement de nos concerts, nous garantissant le plus brillant succès, parlant de son influence et de ses relations avec l'aristocratie polonaise, qu'il avait empruntées à son frère. Mr. Truhn étant retenu à Breslau par une indisposition, je pars seul pour Posen, Mr. Greulich m'ayant indiqué le jour le moins propice de la semaine, comme le jour le plus favorable pour un premier concert. J'ai eu à subir toute une longue série de désagréments par les fanfaronnades et les mensonges de ce monsieur, qui, sans exagération, nous a gâté le terrain à Posen, ainsi que me l'ont assuré les gens les plus compétents et que j'en ai fait moi-même la triste expérience. Figurez-vous le tour qu'il m'a joué à mon premier concert, qui avait lieu le lendemain de mon arrivée. Il prend le programme que je lui avais dicté pour le porter à l'imprimerie — et sans m'en prévenir le moins du monde, y ajoute de ses propres compositions. Il m'en avait porté un paquet la veille et j'avais eu la faiblesse d'en corriger quelques-unes en les lui jouant. —

J'ajoute ci-inclus, comme pendant, des fragments du journal allemand, où Mr. Greulich a essayé de me couvrir moi-même du ridicule dont il porte la mantille depuis qu'il est à Posen.

Est-ce que vous croyez encore pouvoir faire essayer une seule fois dans une répétition ma Fantaisie pour Orchestre? Je suis si curieux d'apprendre si cet essai produit un effet quelconque, desagréable ou flatteur; cette dernière supposition serait cependant par trop modeste.[1]

J'allie quelquefois dans mes concerts la Rhapsodie N° 12 avec la Friska de la Rhapsodie N° 2. Truhn me fait chaque fois des compliments sur le crescendo que j'y effectue et qui entraîne souvent la majorité du public. Les fugues de Bach, que vous avez transcrites si admirablement, m'ont été partout fort utiles — de même les Valses de Schubert, la Sonnambula et les Patineurs. Je joue aussi tous les nocturnes de Chopin dont les dames Clauss et Schumann ne nous ont pas trop rebattu les oreilles. Il me reste, Dieu merci, assez de chevaux de bataille dans cette branche.

Veuillez bien ne pas m'oublier de votre côté; je suis si sensible au reproche de faire l'oublieux que je cherche à m'en défaire dans la plus grande hâte.

À propos, j'ai rencontré ici à Posen un petit prodige, comme je n'en avais jamais imaginé, le fils d'un chantre à la synagogue, d'un monsieur Ketten né en

---

[1] Da die Komposition von ausgesprochen herbem Charakter ist.

Hongrie, un enfant d'à peine sept ans qui m'a stupéfié complètement par son éminent talent musical. Ce petit garçon lit tout ce qu'on lui soumet, à première vue, et joue correctement et scrupuleusement »*alle Mittelstimmen*« dans les compositions les plus compliquées. Il transpose même dans des tons différents des morceaux qu'il lit pour la première fois. Une étonnante agilité des doigts nés pour le piano et une ouïe fabuleusement fine rendent cette petite créature vraiment intéressante. Il déchiffre les accords les plus inusités sans jamais se tromper d'une seule note, même quand on les fait se succéder rapidement. Il sait même classer et désigner techniquement les harmonies qu'il entend. Je lui ai joué les premières mesures du »Prométhée« et j'ai été ébouriffé de l'exactitude de ses réponses. Le père, auquel je n'ai fait que prêcher de ne point exploiter son enfant, voudrait vous le présenter à Weimar et vous prier de faire faire l'éducation musicale de son enfant par un de vos élèves. Il est naturellement impossible de mettre cet être exceptionnel au Conservatoire de Leipzig ou de Berlin. Mr. Ketten voudrait bien savoir, combien de temps vous comptez encore rester à Weimar, — ayant l'intention d'aller d'abord à Berlin et de tâcher d'intéresser Mr. Paul Mendelssohn, ou peut-être même le gouvernement, pour son enfant, afin d'en obtenir des secours pécuniaires. [1]

[1] Die außergewöhnlichen Anlagen des Kindes scheinen sich nicht den Erwartungen gemäß entwickelt zu haben, da über seine weitere Carrière nichts bekannt ist.

235.

Un Franz Liszt.

Danzig, 27. März 1855.

Hochverehrter Freund und Meister!

Entschuldige, daß ich Dir heute deutsch schreibe — ich ahme hierin der Prinzessin von Hohenzollern nach, die Dir auf einen französischen Brief ebenfalls deutsch geantwortet hat. Ich kann heute gar nicht in französischer Sprache denken — es gehen zu viel Leute in unsrem Zimmer auf und ab — und dabei bekomme ich auf einmal Gewissensbisse, daß ich öfters Dein Auge mit meinem schlechten französischen Styl beleidigt habe.

Tausend Dank für Deinen Brief, der mich, wie immer, — auf mehrere Tage Nachwirkung — in die wohlthätigste Stimmung versetzt hat. Auch vielen Dank für die Zeilen an Louis Köhler, die ich ihm senden will, da ich selbst wahrscheinlich nicht in die Möglichkeit kommen werde, Königsberg für dieses Mal noch zu besuchen. Professor Marx schrieb mir gestern, daß er mich bäte, nicht später als am 7. April in Berlin zurückgekehrt zu sein. Laub ist als Violinlehrer engagirt; ich werde im Herbst mit ihm zusammen Beethoven-Soiréen geben und die Pianisten dritten Ranges von meinem zweiten Range aus dem Publikum etwas entfernter bringen. Nach meinen letzten Erfahrungen bin ich zur Überzeugung gekommen, daß das Beethoven-Spiel gerade als Specialität für mich geeignet ist. Außerdem werde ich künftig nur Dich und Chopin spielen. Nach dem, was Du mir geschrieben hast, will ich mich möglichst in Berlin zu consolibiren suchen. Sei nur so gut mich zuweilen mit Deinen Rathschlägen, die wie bisher, für mich als unverrückbare Satzungen gelten werden, zu unterstützen.

Nun wiederum einige Bitten. Das mußt Du Dir, als mein Fürst, schon wenigstens passiv gefallen lassen.

Herr Heinrich Behrend, ein Kaufmann-Aristokrat, wie ich seines Gleichen noch nicht kennen gelernt, Bruder der Frau von Below, die Du als Melitta Behrend in Berlin gesehen hast und die im Stern'schen Gesangverein früher die Soli vortrug — ein rasender Musikenthusiast und namentlich auch Wagnerianer mit Feuer und Flamme, wünscht sehr, im Frühling einmal Weimar b. h. Dich zu besuchen und Dir seine Verehrung zu bezeugen, zugleich auch sein feinfühlendes Ohr die Wagner'schen Opern unter Deiner Leitung im Geiste des Componisten genießen zu lassen. Er möchte durch mich ungefähr den Zeitpunkt wissen, in welchem Du vielleicht in einer Woche zwei Wagner'sche Opern, namentlich den Lohengrin, aufführen könntest.

Es ist der Mann, der in Danzig alles vermag und hat mich auch ersucht, unter der Hand bei Dir anzufragen, ob Du wohl geneigt wärest, im Herbste ein großes Musikfest zu dirigiren, das hier hoffentlich zu Stande gebracht werden soll.

Nun ein Zweites. Die Prinzeß, eine ungemein liebenswürdige Dame und große und berechtigte Verehrerin von Dir, die Dich herzlich grüßen läßt und Dir noch für das Album der »Soirées de Vienne« dankt, aus dem ich ihr habe vorspielen müssen, unterstützte nächst mir die Bitte der Sängerin Fräulein Pauline Zsiesche, Tochter des Berliner Bassisten (vom Mai an in Berlin engagirt), im Monat Mai einmal in Weimar die Elisabeth im Tannhäuser unter Deiner Leitung singen zu dürfen. Sie ist für die Parthie vortrefflich geeignet, wie ich aus Bruchstücken, die sie mir vorgesungen, behaupten darf, persönlich ein ganz charmantes Frauenzimmer, prachtvolle Gestalt, glänzende Stimme, musikalisches und dramatisches Verständniß. Ihre Hand glüht noch von dem ersten Handkuß, den sie von Dir in Berlin einmal erhalten, als sie noch „ein ganz dummes Balg" war. Ich würde nicht die Unbescheidenheit haben — Dich mit diesem oder einem ähnlichen Gesuche zu belästigen, wenn hier nicht wirklich etwas Ausnahmsweises vorhanden wäre. — Kann im Nothfall nicht Wolfram in Weimar die Güte haben — einer jungfräulichen Elisabeth noch einmalige Berechtigung zu verleihen?[1]

Der Instrumentenmacher Wiszniewski hat Dir vor 30 Jahren in Straßburg die Notenblätter umgewendet. Er hat gute Flügel und ist ein prächtiger Mensch.

Neulich spielte ich im Theater, vorgestern gab ich ein eigenes Concert — übermorgen ist das dritte und letzte.

Beifolgendes sende ich Dir zum Zeugnisse, daß Martull's[2] Bekehrung zu Dir tüchtig fortschreitet. Ich besorge das Nöthige dafür. Früher mäkelte er in der Berliner Musikzeitung.

Lebe wohl für heute, hoher Freund!

P. S. Truhn wird sich gestatten, Dir nächstens

---

[1] Wolfram und Elisabeth: Herr und Frau von Milde.
[2] Friedrich W. M. (1816—87), Komponist und Musikschriftsteller.

einmal zu schreiben, und wenn Du es erlaubst, seine Cleopatra Dir präsentiren. Es ist viel Schönes darin. Darf ich bitten, Pohl, Pruckner, Singer und Cornelius bestens zu grüßen?

Bis zum 4. April treffen mich Briefe in Elbing per Adresse Musikdirektor Kempe — dann per Adresse Marx in Berlin.

Wie Bülow vorausgesehen hatte, mußte der Besuch in Königsberg vorläufig unterbleiben; und zwar nicht nur aus Zeitmangel, sondern auch in Folge zu zahlreicher Concerte, die damals zum Besten der überschwemmten dort veranstaltet wurden. Den Liszt'schen Empfehlungsbrief an Louis Köhler, den bekannten Schriftsteller, Klavierpädagogen und Komponisten, sandte er erst von Berlin nach Königsberg, mit folgenden Begleitworten:

236.
An Louis Köhler.
Berlin, 3. Mai 1855, Behrenstr. 4, 2 Treppen.

Sehr verehrter Herr!

Als ich in Danzig mich noch der, wie Sie wissen, später überflutheten Hoffnung hingab, Königsberg besuchen zu können, und die Bekanntschaft eines mir aus seinen Schriften so werthgewordenen Kampfgenossen zu machen — empfing ich von Dr. Liszt eingeschlossenen Brief, der eine Empfehlung seines Schülers enthält, möglicher Weise aber auch specielle Mittheilungen an seinen Freund. Ich mache mir schon seit lange Vorwürfe, Ihnen diese Zeilen vorenthalten zu haben, und will es ferner nicht aufschieben.

Wie Sie vielleicht erfahren haben werden, functionire ich jetzt als Klavierlehrer an dem alten Conservatorium der Herren Marx und Stern, als Nachfolger von Kullak.

Eine große Anzahl neuer Anmeldungen hat das Fortbestehen des Instituts gesichert. Ungeachtet dieser Gebundenheit hoffe ich, im nächsten Winter dennoch jedenfalls eine Reise nach der Vaterstadt des Componisten der „letzten Tage von Pompeji"[1] unternehmen, womöglich die Concertsaison daselbst eröffnen zu können.

Es wäre mir ungemein wünschenswerth, wenn es Ihre Zeit erlauben sollte, in einen brieflichen Verkehr mit Ihnen zu treten. Bei der im November endlich stattfindenden Aufführung des „Tannhäuser" ist wohl Hoffnung vorhanden, Sie in Berlin zu bewillkommnen.

Franz Liszt an Louis Köhler.[2]

Lieber verehrter Freund!

Hans von Bülow bringt Ihnen diese Zeilen. Sie sollen Ihre Freude an dem Künstler haben, welcher mir von allen jetzt fungirenden oder erlöschenden Virtuosen am nächsten steht und sozusagen aus meinem musikalischen Herzen gewachsen ist. — Als mich vor 25 Jahren Hummel in Paris hörte, sagte er: „Der Bursch ist ein Eisenfresser". Diesen Titel, der mir sehr schmeichelte, kann Hans von Bülow mit vollem Recht beanspruchen, und ich bekenne, daß mir eine so außerordentlich begabte, vollständige und vollblütige musikalische Organisation, wie die seinige, nie vorgekommen.

Empfangen Sie ihn als einen bewährten und thatkräftigen Freund und thuen Sie für ihn, was möglich, um seinen

---

[1] Die bereits mehrfach erwähnte Oper von Pabst.
[2] La Mara, Liszt-Briefe Bd. I S. 192.

Königsberger Aufenthalt angenehm zu gestalten. Freundschaftlich ergeben

F. Liszt.

Weymar 16. März 1855.

Pünktlich trifft der junge Nachfolger Kullak's von den winterlichen Virtuosenfahrten ein und beginnt seine Lehrthätigkeit in Berlin. Nichts ist bezeichnender für die Schnelligkeit und den Glanz seiner künstlerischen Entfaltung während der drei letzten Monate mit ihren nichts weniger als Zuversicht erweckenden Peripetieen, als der Eindruck, den seine Mutter nun von seinem Spiele empfängt. Die ungewohnte Spärlichkeit der Briefe, die Thatsache, die sich in ihnen spiegelt, daß der Sohn nicht nur arbeitet, sondern mit Altersgenossen „herumabenteuert", die stets wiederkehrende Klage über den scheinbaren Verlust an Zeit und Geld — über die „unselige Carrière" — wie wurde dies Alles weggezaubert durch die nun erreichte Meisterschaft seines Spiels! — Sie schreibt:

„Sonnabend zog ich hier ein und wartete auf Hans, der Dienstag früh ankam, hustet, elend aussieht, aber noch eminenter spielt als je; man kann vor Staunen und Bewunderung fast nicht zu Athem kommen. Heute Abend spielt er in einem Konzert für den Gustav-Adolf-Verein, wo die Wagner zum letztenmal singt, da sie morgen ihren Urlaub antritt. Es ist mir lieb, Hans zum erstenmal öffentlich zu hören, wo er nicht für Geld spielt. Er hat sich sehr über Deinen Brief, Berlioz' Bild und die Börse, die er in Gebrauch genommen, gefreut — möchte sie ihm Fortunats Säckel werden. — — Gebe nun Gott, daß Hans sich hier einrichtet und gefällt; er ist rastlos thätig, componirt und schreibt und giebt Stunden. Einer seiner Adjutanten, Herr v. Kolb aus Augsburg, ist ein guter behaglicher Mensch, der viel bei uns ist. Abends nach dem Thee wird Whist gespielt, unsere précieuse ridicule, Fräulein X., macht dann den Vierten."

237.

An Franz Liszt.

Berlin le 11 Avril [1855] Behrenstrasse No. 4.

Mon très-cher et illustre maître!

Ce n'est que depuis hier que je suis de retour à Berlin, où, excepté le plaisir de revoir ma mère après une assez longue séparation, je n'ai pas trouvé beaucoup de matière à satisfaction.

Le cours au Conservatoire va commencer demain. Je prendrai particulièrement soin du jeune Scharffenberg que vous avez bien voulu me recommander. J'aurai pour ma part douze élèves, dont j'instruirai le tiers par jour pendant une heure et demie. Au commencement mes fonctions ne me pèseront donc pas trop. Tout bien considéré, les affaires du Conservatoire iront moins mal qu'on avait d'abord eu lieu de craindre; tandis que la »Neue Akademie der Tonkunst« sous la direction des M. M. Dehn et Kullak ne jouit pas jusqu'ici d'une perspective brillante. Tout au contraire.

Je suis assez curieux de l'avenir. En attendant je continue à composer des bagatelles que mes éditeurs de Breslau payent assez mal, il est vrai, mais enfin qu'ils me payent. Je viens d'envoyer une »Invitation à la Polka« dédiée à Pruckner. Auriez-vous la bonté de le prévenir de ce malheur?

Je crains fort de ne point recevoir des demandes de leçons à Berlin. Il y a si peu de personnes ici qui s'intéressent à moi. Un des plus affreux embarras pour un pianiste à Berlin, c'est le manque absolu d'un piano passable. Les instruments de Stöcker, qui sont fort en vogue et dont Kullak s'est fait l'agent, sont ce qu'il y a de plus détestable au monde. Perau fournit encore ce qu'il y a de mieux. Pour le concert du »Gustav-Adolph-Verein« cependant j'ai le choix entre un bon Perau et un excellent piano de Klemm à Düsseldorf, dont Mme Schumann fait la propagande.

Nous avons donné un concert-monstre à Danzig au profit des inondés. C'était fort brillant. Environ mille auditeurs. Truhn a dirigé l'orchestre, moi j'ai joué la Polonaise de Weber, la Valse de Schubert et vos Patineurs. Tichatschek a chanté supérieurement des romances de Schubert. La recette nette a été de 360 écus. — Notre profit à nous, c'était le plaisir de jouir une fois d'une nombreuse assemblée. — Truhn est assez gravement indisposé, et consigné pour trois semaines au moins à Danzig par son médecin.

Mlle Wagner part le seize pour ne revenir que vers la mi-septembre. Elle a un congé de cinq mois et demi. Jules Schaeffer quitte Berlin vers la fin de Juin; on l'a engagé à Schwerin pour y organiser un »Domchor« d'après le modèle de celui de Berlin — Laub n'arrive que dans deux mois. Voilà le peu de nouvelles musicales que j'ai à vous donner. Mr. Dehn, ainsi que je l'apprends de toutes parts, s'est pris à tâche de persécuter avec acharnement ma faible personne. Je n'ai pas le plaisir de le connaître personnellement et je vous serais très reconnaissant, si à l'occasion vous vouliez bien me protéger un peu par l'appui de votre nom auprès de lui.

On a fait à Wagner la concession inouïe (de la part du ministère) de lui avancer la moitié de ses honoraires pour la partition du Tannhäuser — c'est à dire — 100 Fredericsd'or.

Je serai très heureux d'avoir bientôt de vos nouvelles et d'apprendre si, et comment, je pourrais avoir le bonheur de vous être bon à quelque chose à Berlin. — La Princesse de H[ohenzollern] H[echingen] m'a chargé de vous dire mille choses aimables. C'est une charmante personne.

Adieu pour aujourd'hui, très-cher maitre.

P.S. Ne voulez-vous pas charger Truhn d'écrire quelques articles pour Brendel (des critiques sur vos compositions par exemple)? Il manie la plume bien mieux que Peltast et même Hoplit.

238.

An Richard Pohl.

Berlin, 16. April 1855.

Theurer Freund und Waffenbruder!

Deine beiden Briefe sind mir jeder zu seiner Zeit richtig zu Händen gekommen. Daß ich Dir bisher noch nicht geantwortet — (auf den ersten nämlich, den ich sorgfältig bewahrt habe und bewahren werde — für mich), — verdient Vorwürfe, aber auch Nachsicht. Ich hatte mannichfache Sorgen auf der Reise, und der trüben Erfahrungen waren, wie in meinem ganzen Leben, so auch im letzten Trimester, mehr, denn der rosigen resp. „lorbeer"grünen Annehmlichkeiten, obgleich es auch an denen nicht ganz gefehlt hat.

Verlange keine Reisememoiren oder Bekenntnisse von mir. Erstlich hasse ich gründlich alle Beschäftigung mit dem Vergangenen — dann wäre die Geschichte auch wirklich zu weitläufig — und schließlich kann ich Dir ja immer noch in »occasione« Auskunft über specielle musikalische Localzustände und Persönlichkeiten geben, deren Kenntnißnahme etwa Dein Interesse auf dieselben lenken könnte.

Die angenehmste Erfahrung der Reise war der — glückliche Fund edler Verlegerseelen in Breslau, die für den Bogen Manuscript 1½—2 Friedrichsd'or zahlen. So bin ich denn endlich auf dem schönen Punkte angelangt, für Geld schreiben zu können, mich durch den Mangel an Moos zu lyrischer Begeisterung aufschwingen zu können und in der Nothwendigkeit der raschen Aufeinanderfolge von so und so vielen 6 Thlr. 20 Sgr.-Stücken die routinenmäßige Aufeinanderfolge von so und so vielen Seiten rastrirten Papieres mit Füllung versehen zu lernen. — Ich glaube, ich habe höheren Blödsinn geschrieben.

Meine unterdessen entstandenen Opera im Verlage von C. Leuckart in Breslau, theils erschienen, theils im Stich befindlich, sind: Impromptu à la Mazurka Op. 4. — Invitation à la Polka (Pruckner gewidmet). — Rêverie fantastique Op. 6 (der Fürstin zu Hohenzollern in Danzig gewidmet). — Transcription des Spinnerliedes aus Wagner's Flieg. Holländer Op. 7. — Bei Sohn in Breslau werden wahrscheinlich »deux Nocturnes« u. a. publicirt werden.

In Berlin hoffe ich mich wieder an etwas Größeres machen zu können. Das wäre dann fürs erste eine heitere Ouvertüre (aber mit großer Trommel), etwa zu Ritter's „Alcibiades" gedacht — wobei mir die Lustspielouvertüre von Rietz als Sitzkissen dienen soll.

Im Conservatorium hat der Unterricht begonnen. Es geht viel besser als man dachte. Es erfolgen täglich noch Anmeldungen neuer Schüler. —

Kullak hat das Meiste von den alten Restern an sich gezogen. — — — —

Doch sind ein paar von den besseren Schülern zu mir übergegangen, und die fangen denn an zu merken, daß ich doch ein bischen mehr von der Sache verstehe als mein Vorgänger, was freilich noch nicht viel heißt. Ich hoffe zu der nächsten Prüfung erfreuliche Resultate stellen zu können, und dann wollen wir einmal weiter sehen. Ich bin entschlossen, den möglichsten Eifer an die Sache zu wenden und das Möglichste zu leisten. — Liszt's Rathschlägen danke [ich] im Grunde hauptsächlich die Befestigung dieser guten Grundsätze.

Gestern habe ich im Gustav-Adolph-Vereins-Concert einen ganz gehörigen Erfolg gehabt — übrigens auch zu meiner Zufriedenheit gespielt. Überfüllter Saal, König und Gattin — ersterer hat applaudirt wie besessen. Ich wollte, Du hörtest mich wieder einmal spielen. Ich habe wahrhaftig bedeutende Fortschritte gemacht. Dazu bin ich übrigens nur durch das viele öffentliche Spielen gekommen. Du glaubst nicht, wie unendlich viel man dadurch lernt —

namentlich für einen überzeugend klaren, sinnlich wirksamen Vortrag.

Von Deinen factis et gestis schreibst Du mir gar nichts. Hast Du Dich der Weimarer Presse ein wenig angenommen? Diese Frage geschieht ohne Ironie; ich für meine Person hielt es immer für überaus nöthig, die Cretins am Orte, wo man lebt, excretinisiren zu suchen. Es ist eine undankbare Aufgabe, freilich; aber hat sich ein Mensch wie unser einer dankbare Aufgaben zu suchen? Existiren überhaupt dergleichen für uns?

À propos

ich meine, was ist denn zwischen Dir und dem Sch....ade! vorgefallen?

Wenn der Bassist Roth aus Danzig zum Gastspiel nach Weimar kommt, so nimmst Du Dich wohl seiner ein wenig an. Ein phlegmatischer Kerl außerhalb der Bühne, aber z. B. als thüringischer Landgraf weit vorzüglicher, als so mancher — wohl in den Windeln vertauschter — Schneidersprößling — von Nachfolger.

Erzähle mir doch ein bischen von Weimarer Skandälern und Rampeleien. Das würde mir vielen Spaß machen.

Sage mir doch auch ein Wörtchen über Singer. Ich lege hier ein paar Zeilen an ihn ein, die ich Dich bitte, ihm zustellen zu lassen. Ich schlage Dir vor, von nun an

einen geregelteren, häufigeren Briefverkehr zwischen uns zu
konstituiren, nicht blos unserer gemeinschaftlichen Sache
wegen, sondern um — intime Freunde zu bleiben.

Was ist mein College H. v. B.[1] denn für ein Geistes-
kind? Schildere ihn mir doch einmal. Ich bin sehr neugierig auf ihn. Wie stehst Du mit Cornelius? Ist er
beim Übersetzermetier stehen geblieben? Eigenes hat er
noch nicht einmal musikliterarisch geleistet.

Was macht Deine achthändige Verklavierung Berlioz'?
Kommt die Geschichte bei Kahnt heraus? oder bei Klemm?
— Du kannst und mußt mir einen großen Gefallen thun.
Bitte doch Liszt, mir die beiden Partituren der Cäsar-
ouvertüre und namentlich der Orchesterphantasie sobald als möglich zu senden. Ich möchte und muß sie
hier einigen Leuten zeigen und komme vielleicht auch dazu,
sie einmal probiren zu lassen. Stern hat Concurrenzcon-
certe, worin neue Instrumentalwerke aufgeführt werden
sollen, gegenüber dem stumpfen Treiben der Taubert'schen
Kapelle im Sinne. Erinnere aber giltigst Liszt wiederholt
daran. Am Tage nach meiner Ankunft habe ich ihm übrigens
ein paar Zeilen geschrieben. Wie geht es ihm eigentlich,
ist er traurig oder heiter, menschlich sorgenvoll oder olym-
pisch? Das kann man aus seinen lieben Briefen nicht
errathen.

Empfehle mich vielmals Deiner Frau Gemahlin. Gutzkow ist auf acht Tage hier, um seine Söhne in Erziehungs-
institute zu bringen und seinen „Königslieutenant" in der
Friedrich-Wilhelm-Stadt zu genießen. Habe ihn in der

---

[1] Hans von Bronsart 1830, Klaviervirtuose, Komponist, Theater-
intendant in Hannover und Weimar.

Kneipe gesprochen. Tausend Grüße an Ritter! Was treibt er denn? Soll einmal schreiben.

Lebewohl!

239.
An die Schwester.

Berlin, 16. Mai 1855.

Liebe, gute Schwester!

Du hast Dich auf eine sehr edle Weise an meinem unbrüderlichen Schweigen gerächt. Ich danke Dir herzlichst für Deine Zeilen und für die Uhrkette, die ich recht originell finde und seit gestern auch schon trage, seitdem Deine Freundin, Frau v. Bequelin, das Geheimniß entdeckt hat, sie anzuheften, was unseren Bestrebungen nicht gelingen wollte.

Ich habe Dir sehr lange nicht geschrieben; auf der Reise aber fehlte es wirklich an Zeit, und seitdem ich in Berlin bin, leide ich an solch bärenhafter Stimmung, daß ich Diejenigen nur glücklich schätzen kann, die keine Briefe von mir bis jetzt erhalten haben. Es genügt mir hier nichts, aber gar nichts. Enge Wohnung, schlechtes Piano — keine Privatschüler außerhalb des Conservatoriums, in welchem ich übrigens ganz gern jeden Nachmittag von 4—6 unterrichte u. s. w. Sociale Annehmlichkeiten haben wir eigentlich auch noch nicht gefunden. Doch verirre ich mich noch eher in einen Salon als in eine Tabagie, wo ich Freunde aus früherer Zeit zur Gesellschaft finden könnte. Kroll sieht man selten. Er ist ein herzensguter Mensch, der sich aber immer mehr verweichlicht hat. Als Klavierlehrer geht es ihm eigentlich recht gut. Er verdient sich so viel, daß er nicht mehr in Verlegenheit kommt, wenn ihm im Sommer eine Reise nach Helgoland verordnet wird. Herman Grimm ist ein sehr gescheuter und für mich ganz liebenswürdiger Mensch, mit dem ich mich nach und nach mehr zu intimiren hoffe.

Seit meinem Hiersein (es sind jetzt gerade fünf Wochen) geht es mir eigentlich körperlich recht schlecht. Ich muß Brunnen trinken, Bäder nehmen und entschieden längere Zeit der Pflege meiner Gesundheit widmen. Im August oder September werde ich vier Wochen Ferien genießen können; doch wenn ich bis dahin nicht weiß, wo ich dieselben auf eine angenehme Weise verlebe, so werde ich Berlin auch in der für hier traurigsten Jahreszeit nicht verlassen.

Ich habe mich sehr gefreut, neulich den J. Walburg'schen „standhaften Gabriel"[1], wenn auch noch nicht inwendig, doch auswendig kennen zu lernen. Es liegt, glaube ich, ein halbes Dutzend Exemplare bei uns. Übereile Dich aber nicht bei der Vertheilung. Ich habe kürzlich bei einer Composition von mir mich selbst ganz übersehen. Wenn ich nicht immer im Arbeiten gestört würde, so daß ich täglich um so und so viel Stunden, die recht gut vielleicht zu Thalerscheinen hätten umgeprägt werden können, geprellt werde, so könnte ich mir schon Einiges verdienen und dann auch ein bischen ungenirter und angenehmer leben, als es jetzt geht.

[1] Erzählung aus dem Englischen, übersetzt von Isidore von Bülow.

Ich habe Mrs. Joy noch nicht für die reizende Börse gedankt. Ein noch neues Portemonnaie wurde sofort hinter den Ofen geworfen, und ich hoffe, daß der besagte Geldbeutel sich nicht so vergänglich bewähren werde, als sein stets auswandernder Inhalt.

Ich bin natürlich des Öfteren beim Schreiben unterbrochen worden — doch war eine der Unterbrechungen so unerwartet und willkommen, daß ich sie Dir gleich mittheilen will. Durch die Malerin Fräulein Frommann (ich weiß nicht, ob Du sie dem Namen nach überhaupt kennst) erhalte ich eine Einladung zur Herzogin von Sagan für die drei letzten Tage dieses Monats nach Schloß Sagan. Man erwartet auch die Prinzeß von Preußen zum Besuch, und der Vorschlag kann mir daher nur höchst angenehm sein. Ich hoffe, die Direktoren des Conservatoriums verweigern mir den Urlaub nicht.

Den 20. willst Du also abreisen? An Deiner Stelle würde ich noch in Paris bleiben und den Winter nach Berlin kommen. Da wird's wohl mit mir, also mit uns, etwas besser aussehen als jetzt.

Deine Freundin, Frau v. Bequelin, von der ich Dir doch schließlich auch noch berichten muß, spielt bei mir die Rolle des Besänftigers, wenn mich die X. mit ihrem Wesen und Gerede wild und matt gemacht hat. Sie gefällt mir ganz vortrefflich; ich wüßte nicht, wer von den Leuten, die uns in letzter Zeit vorgekommen, mir sympathischer gewesen wäre. Mit etwas gutem Willen könnte ich mich in sie verlieben, glaube ich.

Mama schreibt Dir selbst — sie war hocherfreut über

Deinen Brief. Leb recht wohl und laß bald wieder von Dir hören.

Die Partitur zur Corsar-Ouvertüre von Berlioz möchte ich gerne haben. Seine Photographie ist ganz süperb. Frage doch, falls Du ihn zufällig siehst, ob das Arrangement der Cellini-Ouvertüre herauskommt?

Heute Abend spiele ich hier in einem Concert, das den wohlthätigen Zweck hat, zweien singenden Franzosen die Reise nach Paris zu ermöglichen, wo der eine, Herr Bentéjoul, ein Orchester (im Freien) dirigiren soll. Es sind übrigens ganz nette Leute.

Diese, offenbar in einem Augenblick besonderer Niedergeschlagenheit geschriebene Schilderung der „steilen" Berliner Anfänge — um ein oft von Bülow selbst gebrauchtes Wort hier anzuwenden — darf wohl durch einige Stellen aus den mütterlichen Berichten an Isidore ergänzt werden, wo es u. A. in Bezug auf die ersten Versuche sich einzuleben und die gesellschaftlichen Kreise, in welchen Mutter und Sohn sich bewegen, heißt:

„Ich denke, in der nächsten Zeit die Kunst hier zu studieren. Die Natur ist noch bitterkalt, und das zarte junge Grün scheint nur zaghaft seine schimmernden Arme in die rauhe Luft hinaus zu strecken. Noch habe ich wenig Gescheutes gelesen, mehr französische Unterhaltungslektüre oder politisch-historische. — — Hans hat eben 4 Louis'dor für seine neueste Composition »Rêverie fantastique«, der Prinzeß v. Hohenzollern gewidmet, bekommen, was seine Laune ein wenig bessert. — — — Möchte er sich doch hier einleben können! Ich habe das Gefühl, Berlin könnte uns eine Heimath werden, mir gefällt es so gut, und Hans braucht durchaus eine große Stadt. — — — Gott gebe mir gute Nachrichten von Dir und Hans Zufriedenheit und viel Stunden." — — —

„Donnerstag Abend war eine Gesellschaft bei Bülow's. Hans, Madame Decker, einst berühmte Sängerin, und Karl Bronikowski spielten und sangen Duetts aus Fidelio und Figaro; Hans accompagnirte und spielte auch allein, zu großer Bewunderung. — — — — — — — — —
Sonnabend wollte Hans fleißig arbeiten, Herman Grimm kam aber den Abend und war sehr liebenswürdig. Auch am Tage kommt immer viel Besuch, meist junge Leute, Künstler, Referendarien, Durchreisende, da Hans so viele Bekannte hat."

„Heute mit Gräfin Bohlen in die Ausstellung, wo wundervolle Bilder zum Besten der Überschwemmten zu sehen sind. Höre ein wenig in welcher Gesellschaft dort: Prinz von Preußen, Savignys, Herr von Olfers, der alte Wrangel, ꝛc. je vous fais grâce des autres! Olfers erklärte uns Alles so hübsch, ich riß mich aus Pflichtgefühl von den schönen Bildern und der guten Gesellschaft los, stürzte in eine Droschke, [da] Hans mit dem Essen wartete, dann Ernst, Fräulein Genast aus Weimar ꝛc. Jetzt an dem Schreibtisch, Abends in ein Concert, das ein paar Franzosen, Sänger, gaben, wo Hans spielt. So lebt man in Berlin. Hans hetzt sich wieder auf seine Weise."

Berlin 25. Mai 1855.

„Hier ist es unterdeß auch ganz gut gegangen. Ich weiß nicht, ob ich Dir schon schrieb, daß Hans von der Herzogin von Sagan eine Einladung erhielt, sie den 29. auf 3 Tage während der Anwesenheit der Prinzeß von Preußen in Sagan zu besuchen. Er sagte zu; inzwischen erhält er Sonntag einen Brief von Amalie Sternberg, Gouvernante der Tochter der Prinzeß von Preußen, die eben hier eingesegnet worden ist, ihr während der kurzen Anwesenheit hier täglich Stunde zu geben. Da geht er nun täglich von 11—12 hin, und es gefällt ihm sehr gut in dem allerhöchsten Familienkreise. Es rührt ihn nicht sonderlich, macht ihn aber doch guter Laune. Sonst ist er fleißig mit componiren und arrangiren, hat wenig Zeit. Er wird jetzt hier überall mit Auszeichnung behandelt und fängt an, als eine erste Größe zu gelten. Dabei kann er liebenswürdig sein, wenn er will, und ist doch, wie es scheint, viel vernünftiger geworden."

240.

An die Schwester.

Sagan, 30. Mai 1855.

Meine liebe Schwester!

Ich habe Dir neulich nach Paris geschrieben, und Du wirst meinen Brief auch wohl erhalten haben. Es ist ganz in der Ordnung, daß ich Dir aufs Neue schreibe, bevor ich eine Antwort erhalte — da Du es oft mit mir so gemacht hast. Und ich habe Dir denn auch heute — unberufen — einiges Neue, Gute mitzutheilen.

Seit gestern bin ich bei der Herzogin von Sagan — die mich zu einem Besuche hatte einladen lassen — um bei dieser Gelegenheit auch dem Prinzen und der Prinzessin von Preußen vorgestellt zu werden und mich denselben vorzuspielen. Unterdeß ist diese Vorstellung schon vorher in Berlin zu Stande gekommen. Im Anfang voriger Woche erhielt ich plötzlich ein Schreiben von Frl. Amélie v. Sternberg, worin ich aufgefordert wurde, der jungen Prinzessin Louise — deren Gouvernante sie ist — auf den Wunsch der Mutter ein paar Klavierstunden zu geben. Dies geschah denn auch. Leider kehrt meine hoheitliche Schülerin — die nach Berlin zur Confirmation gekommen war — gegenwärtig nach Coblenz zurück, und das Vergnügen — ein solches war es, weil die junge Prinzeß wirklich schönes musikalisches Talent besitzt und überhaupt

eine höchst liebenswürdige, anmuthige Erscheinung ist —
und das Vergnügen also, war von sehr kurzer Dauer.
Doch ist in Aussicht gestellt, daß im nächsten Winter die
Prinzessin auf längere Zeit nach Berlin kommt, und da
soll denn kein Anderer als ich wieder zum Klaviermeister
genommen werden. Die Prinzessin-Mutter, die beiläufig
gesagt, mit Frau v. Lüttichau sehr viel äußerliche Ähnlichkeit hat, nur daß sie jünger und ätherischer ist — hat mich
mit Liebenswürdigkeit überhäuft — mir zu Ehren noch am
letzten Sonnabend eine Matinée bei sich veranstaltet, weil
sie gefunden, „daß ich noch zu wenig bekannt in Berlin
sei und daher bekannter zu machen" — und zu dieser
Matinée eine große Anzahl anderer Hoheiten mit deren
Gefolge gebeten, auch künstlerische Größen wie Meyerbeer,
den Hofmaler Hensel u. s. w. Da spielte ich denn viel
Klavier und im Ganzen eine recht große und angenehme
Rolle.

Gestern Morgen fuhr ich nun mit demselben Zuge wie
der Prinz v. Preußen 2c. von Berlin hierher, und kehre
morgen mit einem (theilweisen) Extrazuge wahrscheinlich
dahin zurück. Seit den letzten acht Tagen lebe ich so
quasi am Hofe, mache natürlich alle Déjeuners, Diners
u. s. w. mit. — Die Herzogin ist ungemein artig — der
Aufenthalt ganz prächtig. Ein selten schönes und groß-
artiges Schloß, ein wundervoller, immenser Park, eine
charmante Gastwohnung für mich, in der für den größten
Comfort gesorgt ist. Spazierfahrten in Hofequipage —
heute Abend Theater im Schlosse — Illumination, das
sind ausnahmsweise Vergnügungen, die man sich sehr gern
zur Abwechslung einmal gefallen lassen kann. Von der

Tafel schweige ich — davon könnte man nur in knieender Anbetung sprechen. So möchte ich bis zum jüngsten Tage täglich speisen! Leider habe ich des Abends eine schlimme Tortur auszuhalten — nämlich einem sehr bösartigen — alten, leider von der Besitzerin für sehr werthvoll gehaltenen Flügel, möglichst wenig katzenmusikalische Klänge zu entlocken. Wenn ich nur dreister wäre und nicht der Illusion fröhnte, die Zuhörer seien ebenso musikalisch wie ich, und würden durch stockende und verstimmte Tasten ebenso unangenehm berührt, wie ich! Doch nach der gemachten gestrigen Erfahrung werde ich heute, falls ich wieder zum Spielen aufgefordert werde, ganz kühn und unbarmherzig gegen mich selbst, mit Aplomb dergestalt auf den Kasten pauken, daß bei den »fortissimi« kein Mensch sein eigen Wort verstehen, bei den »piani« Niemand überhaupt nur einen Ton wirklich hören soll!

In einer halben Stunde beginnt die Theatervorstellung; die Herzogin hat nichts anderes thun können, als eine Schauspielertruppe aus Glogau kommen lassen. Ich fürchte, es wird herzlich schlecht sein und doch nicht schlecht genug, um amüsant zu werden.

Ich habe in Berlin so häufigen und zahlreichen Besuch von Leuten — meist natürlich Musikern von Gewerbe — gehabt, die ich auf meinen Reisen kennen gelernt, daß ich sehr faul gewesen bin und wenig von den vielen Arbeiten, die ich mir vorgenommen, ausgeführt habe. Doch das soll sich ändern bei meiner Rückkehr, und wenn das Wetter auch noch so beständig schön bleiben sollte.

Mama freuen diese letzten Ereignisse eigentlich noch mehr als mich! Bis jetzt kosten sie mehr als man hoffen kann, durch dieselben einzunehmen! Ich wünsche nur, daß sich eine Rück- und Nachwirkung davon in Berlin spüren läßt — daß ich nämlich in der Consideration des besseren Publikums steige und nun einige Leute Unterricht von mir begehren.

Nicht besser wird das Bild der Jugend Hans von Bülow's, das diese Blätter zu geben bestimmt sind, abgeschlossen werden können, als durch seiner Mutter eigene Worte. Keine der bisherigen Errungenschaften ist dem jungen Künstler so schwer geworden, keine war so wichtig für seine innere Harmonie wie für die fernere Entwicklung seiner Gaben und seines Charakters, als der vollständige Sieg über das bisherige, in tiefster Besorgniß wurzelnde mütterliche Vorurtheil gegen die erwählte künstlerische Laufbahn. Während Frau v. Bülow noch vor einem Jahre aus Dresden an ihre Tochter geschrieben: „ich begreife immer weniger, wie ihm dies Künstlerleben genügen kann und wird" — faßt sie jetzt ihre Eindrücke in folgenden Bericht zusammen:

„Hans hat vollendet gespielt, ganz unirdisch schwebt der Ton in der Luft und seine Auffassung und Ausführung giebt ein Drama. Mit Blick und Ton weiß er das Publikum zu bannen, daß es nicht zu athmen wagt, bis es am Ende in einen Beifallssturm ausbricht. In dieser Herrschaft, die er über die Hörer ausübt, liegt für ihn der Reiz des öffentlichen Spielens. Der leiseste sterbende Hauch im Chopin'schen Notturno war bis im entferntesten Winkel des überfüllten Saales gleich vernehmbar. Mit ruhigem vornehmen Anstand, der entschiedensten Gleichgültigkeit verbeugt er sich langsam, legt dann nachlässig erst eine, dann die andere Hand auf die Tasten und beginnt. Ob die Töne nun im wildesten Sturme dahin brausen, daß man ein ganzes Orchester zu vernehmen glaubt, ob in den perlendsten Läufen, oder im transparentesten Licht den schönsten Menschenstimmen verklingend gleichen, immer die gleiche Ruhe, die vollendetste Schönheit, die Herrschaft des Gedankens manifestirend — da lernt man verstehen, was **Klangfarben** bedeuten. Es ist in der That ein eminentes Talent! Etwas Dämonisches! Möge ihm endlich Anerkennung und die Stellung werden, die ihm gebührt." —

Franziska Bülow.

Namenregister.

A.

Adler, Frl. I, 29. 149. 152.
Agthe-Milde, siehe Frau von Milde.
Ahrenberg, Herzog v. I, 66.
Ahrens I, 460; II, 142.
Alba, Herzog v. I, 62.
Albrecht I, 130. 144. 159.
Aldridge I, 480.
Alexis, Willibald, siehe Häring.
Ammann II, 245.
Ander, Sängerin I, 208.
Anderson, Miß I, 473.
Aristophanes I, 390.
Arnim, Graf I, 201; II, 20.
Arnim, Gräfin I, 201; II, 20.
Arnim, v., Mundschenk II, 129. 175.
Arnim, v., Bettina I, 475. 476. 477. 478. 479. 481. 482. 484. 486. 487. 488. 490. 491. 492. 493. 495. 497. 499. 503. 506. II, 123. 124. 130. 133. 141. 175. 287. 313. 324.
Arnim, Gisel v. I, 475. 476. 477. 478. 479. 481. 482. 484. 486. 487. 488. 490. 491. 492. 493. 497. 499; II, 123. 130. 133. 141. 287. 313. 324.
Arnim, Armgart v. I, 475. 476. 477. 478. 479. 481. 482. 484. 486. 487. 489. 490. 491. 492. 493. 497. 498. 499; II, 68. 123. 133. 141. 287. 313. 324.
Ary-Scheffer I, 478.
Ascher I, 98. 199.
Äschylos I, 322.
Auber I, 44. 75. 271. 333.
Auerbach, Dr I, 43.
Augusz, Baron v. II, 41. 55. 66. 67. 75.

B.

Bach I, 30. 33. 35. 40. 41. 42. 73. 85. 149. 221. 230. 430. 435. II, 8. 17. 88. 212. 242. 258. 280. 285. 302. 313. 317. 351.
Baden, Prinz-Regent von II, 70.
Bader I, 27.
Baird, Frau v. I, 157.
Balzac, de II, 17. 23.
Bamberger, Frl. I, 33.
Band, Alexander I, 137; II, 50. 83. 84. 118. 172. 201.
Baranowski II, 249. 252. 271.
Barbieri II, 147.
Bardeleben, Frau von I, 7. 47. 75.
Bargiel I, 113. 117. 159; II, 132. 299.
Basse, Frl. I, 80.
Baudissin, Graf I, 7; II, 240.

Baudissin, Gräfin I, 7. 142. 364.
Bauer, Bruno II, 302. 312.
Bauer II, 253.
Bauernfeld, v. II, 15.
Bayer-Bürck, Frau I, 115. 220.
II, 10. 18. 22. 24. 25. 29. 50.
153. 218. 266.
Bayer, Frau I, 115.
Bayern, König von I, 28.
Beaulieu I, 413.
Beck, I, 421; II, 68.
Becker, Frau I, 29.
Becker, Julius I, 147.
Beerenmayer II, 312.
Beethoven I, 27. 30. 33. 42. 43.
52. 54. 55. 74. 98. 108. 117.
119. 120. 127. 132. 136. 138.
150. 153. 156. 167. 172. 190.
198. 221. 235. 248. 270. 293.
321. 387. 394. 404. 409. 417.
430. 438. 439. 446. 459. 465.
474. 501; II, 17. 54. 61. 112.
118. 136. 146. 148. 169. 170.
181. 189. 212. 234. 262. 280.
285. 298. 306. 313. 339. 341.
342. 344. 353.
Behr I, 117.
Behrend II, 354.
Behrend, Melitta II, 354.
Belgien, König von II, 50.
Bellinghausen (Münch-), siehe Halm.
Bellini I, 16.
Beloni I, 338.
Below, Frau v. II, 354.
Below, Fräul. v. II, 129.
Benedict I, 51. 54. 55.
Bennett II, 214.
Bequelin, Frau v. II, 126. 366.
368.
Bériot I, 156.
Berlancourt I, 501.
Berlioz I, 110. 377. 391. 412.

429. 430. 431. 434. 437. 439.
455. 479. 484. 499; II, 48. 88.
99. 110. 111. 117. 118. 130.
136. 137. 138. 144. 150. 154.
172. 200. 201. 202. 204. 206.
207. 208. 209. 210. 211. 216.
221. 223. 225. 231. 251. 259.
273. 276. 285. 287. 292. 297.
325. 358. 365. 369.
Berlioz, Mme II, 203.
Bernstorff, Gräfin II, 154.
Bertini I, 41.
Bessalié II, 242.
Bielczicki I, 21.
Birch-Pfeiffer, Charlotte I, 44;
II, 29, 341.
Birch-Pfeiffer, Fräul. II, 341.
Bismarck II, 129.
Blaßmann II, 204.
Bloß I, 403.
Blücher I, 62.
Blum I, 101.
Blume I, 463.
Bluntschli I, 249.
Bocis I, 23.
Bock I, 198.
Bock, Frau v., siehe Devrient-
Schröder.
Bock, siehe Bote u. Bock.
Bohlen, Gräfin II, 370.
Bohrer I, 54. 74. 75.
Bohrer, jun. I, 74. 75.
Böie II, 176. 183. 184.
Bösendorfer II, 145.
Bote u. Bock I, 199; II, 297.
304.
Brabant, Herzog von II, 50.
Brahms II, 114. 115. 160. 166.
183. 187.
Brandus II, 223. 225. 275. 283.
Braune, Frau I, 210. 215.
Breiting I, 27.

Breitkopf u. Härtel I, 97. 343.
378. 431. 467; II, 71. 141.
225. 321.
Brendel I, 160. 161. 187. 188.
355. 356. 361. 375. 389. 391.
392. 395. 405. 417. 420. 436.
459. 491; II, 75. 108. 109.
114. 140. 143. 148. 161. 161.
222. 235. 256. 348. 361.
Brentano I, 477.
Bretschneider I, 132.
Brenning, v. I, 74.
Brockhaus I, 149. 366.
Brockhaus, Heinrich I, 15. 113.
147.
Brockhaus, jun. I, 113.
Bronikowski I, 218; II, 370.
Bronikowska, Charlotte v. I, 195.
Bronsart, Hans v. II, 365.
Buddeus I, 27.
Bujan, v. II, 5. 38.
Bülow, von, Linie Gartow:
  Ernst Heinrich Adolph I, 3.
  320.
  Concordia Dorothea I, 3.
  Carl Eduard I, 4. 5. 286. 292;
  II, 85.
  Franziska Elisabeth I, 6. 258.
  II, 85.
  Hans Guido I, 8.
  Isidora I, 8.
  Heinrich I, 506.
  Louise I, 11. 303. 395; II, 92.
  93. 94. 123. 130. 133. 264.
  Ernst (Vetter) I, 196. 201. 291.
  299. 320.
  Paul (Bruder d. v.) I, 196.
  206. 213. 215.
Bülow, Charlotte v. II, 309.
Bülow-Dennewitz, Graf I, 195;
II, 242.
Bülow-Dennewitz, Gräfin I, 7. 32.
Bülow-Dennewitz, Louise I, 7.
195.
Bülow, v., Rittmeister II, 344.
Bulwer I, 355.
Burgmüller II, 335.
Bürkner I, 141.
Burmeister I, 367.
Buttendorf II, 337.
Byron I, 180, 448.

C.

Calame I, 477.
Calderon II, 309.
Cambridge, Herzog v. I, 221.
Caravaggio II, 276.
Carl, Geh. Commerzienrath, siehe
Karl.
Carus I, 7. 227; II, 63. 111.
117. 118.
Caspari I, 421.
Cervantes I, 367.
Chambon, Frau I, 155. 166. 352.
Chambon, Karl I, 166.
Chancelet I, 31.
Chapeaurouge II, 183.
Chateaubriand I, 360.
Chélard I, 348.
Cherubini I, 138. 413. 456.
China, Erbprinz v. I, 26.
Chodkiewicz, Frau v. II, 218. 260.
Chopin I, 30. 40. 41. 52. 77. 79.
95. 97. 100. 105. 108. 119.
132. 133. 134. 142. 153. 230.
387. 398. 426. 430. 433. 437.
441; II, 62. 113. 246. 262.
280. 281. 285. 317. 338. 342.
351. 353. 374.
Chorus I, 65.
Chungatai II, 56.
Clapisson II, 227.
Clauß, Frl. II, 184. 186. 351.

Clementi I, 41.
Coniar, Mme de II, 135.
Conradi I, 190; II, 139.
Cornelius I, 475; II, 98. 114. 130. 134. 210. 216. 309. 356. 365.
Correr II, 48.
Cossmann I, 233. 330. 366. 385. 406. 417. 439. 440; II, 45.
Cramer I, 41.
Cranach I, 21. 452.
Crelinger, Frau I, 17.
Custine I, 130.
Czartoryska, Fürstin II, 272.
Czerny I, 41. 42. 73. 366; II, 112. 250. 259.
Czertaheli I, 359.

D.

Dachs II, 6. 17.
Daly, Gebrüder I, 15.
Dambock, Frl. I, 334.
Darbenne, Frl. I, 303. 305.
David, Ferdinand I, 98. 111. 146. 149. 235. 408. 439. 491. 492. 494. 499; II, 108. 142. 147. 148. 151. 158. 165. 167. 169. 171. 205.
Davids, die I, 140.
Dawison II, 15. 202. 218. 266.
Deckel, Sängerin II, 370.
Dehn II, 116. 309. 359. 360.
Dessau, Herzog von, siehe Baron Stolzenberg.
Dessauer I, 76; II, 43. 48. 49.
Dessoir, Frau I, 38. 220.
Devrient, Eduard I, 38. 142. 150.
Devrient, Emil I, 115.
Devrient-Schröder, Wilhelmine I, 139—141. 147; II, 125.
Diethelm I, 303.

Dietrich I, 118.
Dietrichstein, Graf v. I, 509; II, 5. 53.
Dillen, v. I, 74. 124.
Dingelstedt, v. I, 169. 234. 237. 238. 340. 334.
Döhler I, 76. 105; II. 250. 291.
Dohm, Dr. II, 310.
Dönhoff, Gräfin II, 264. 296.
Donizetti I, 25. 27. 117.
Dönniges II, 337. 338.
Doppler, Gebr. II, 54. 71. 74.
Dorn II, 125. 132. 134. 137. 138. 336.
Dräsete, Componist II, 247.
Dräsete, Fräul. II, 247. 253. 272. 313.
Dreyschock I, 76; II, 13. 14. 16. 20. 21. 25. 26. 30. 33. 45. 49. 53. 55. 191.
Dreyschock, Raimund I, 76.
Duncker, Alex. I, 37. 99; II, 324.
Duncker, Max II, 182.
Dunkl II, 74.
Dürer, I, 482.
Düringer I, 119.
Durutte, Graf II, 233.
Działyński, Graf II, 337.
Działyńska, Comtesse II, 337. 338.

E.

Eberwein I, 11. 40. 123. 133. 169. 379. 404.
Eberwein, Frau I, 11. 12. 13. 112.
Eck I, 60; II, 297.
Eckermann I, 425.
Ehrenbaum, Fräul. II, 33. 44.
Ehrlich II, 136. 140.
Eiswald, Mlle II, 141.
England, Königin von I, 62.
Erard I, 59; II, 153.

Erdödy, Graf II. 20.
Erkel II. 54. 55. 74.
Ernst I. 120. 156. 157. 159.

F.

Fallersleben siehe Hoffmann v. Fallersleben.
Falstaff I. 306.
Fargeau, St.- II. 277.
Fastlinger, Sängerin I. 436.
Fay, Graf II. 41. 42.
Fechner I. 96. 107. 130. 160. 494.
Fehringer siehe Knopp-Fehringer.
Feldegg, General von I. 29.
Ferrières v. I. 426.
Festetics, Graf II. 20. 41. 50. 52. 55. 61. 75.
Feuerbach I. 145. 309; II. 318.
Field I. 42.
Fischer, Carl Ludwig II. 152. 202.
Fischer, Wilhelm II. 210.
Fischhoff II. 8. 15. 17. 43.
Flathe I. 108. 415.
Fleck I. 141.
Flotow I. 44. 308. 435.
Florian I. 33.
Flügel I. 115.
Foyatier II. 276.
Franchomme I. 366.
Frank, César I. 183. 494.
Frank, Dr. I. 7. 209. 216. 217. 220. 229.
Frank I. 158; II. 49. 313.
Frankl, Dr. I. 348. 352.
Frankl I. 417.
Franz, Robert I. 115. 135. 138. 148. 378. 390. 433. 443. 455. 469; II. 109. 140. 164.
Frege, Kammerrath I. 6. 92. 95.
Frege, Frau I. 92. 95.
Frege, Livia I. 19. 33. 34. 43. 96. 98. 100. 101. 102. 104. 105. 109. 111. 112. 117. 118. 126. 127. 129. 130. 132. 134. 142. 150. 167. 177. 181. 185.
Frege, Woldemar I. 6. 13. 30. 92. 98. 129. 134. 135. 136. 140. 141. 152. 167. 177.
Frege, Gottlob I. 15. 28.
Frege, Arnold I. 92. 94. 99. 102. 105. 135. 151. 157. 177.
Frege, Louise I. 99.
Freytag I. 342.
Friedel II. 126.
Frommann, Alwine I. 232; II. 134. 135. 368.
Fürst, Dr. II. 306.
Fürstenau II. 222.

G.

Gaal, v. II. 75. 81. 145.
Gade I. 98. 110. 118. 140. 491. 492.
Gagern I. 101.
Gall, v. I. 48. 79. 228. 243. 251; II. 105.
Gall, Frau v. I. 79.
Gall, Mimi von I. 49. 68.
Gall, Gerhardine von I. 49. 68.
Gänsbacher II. 49.
Geibel I. 79.
Genlis, Mme de I. 51.
Genast I. 237. 360. 388.
Genast, Frl. II. 370.
Gerhard, Legationsrath I. 19.
Gerhardt, Livia I. 13. 92. 192.
Géricault II. 276.
Gerstenbergk, Frau v. I. 182. 205.
Gervinus I. 371. 415; II. 251.
Geyer I. 198. 199. 214. 226. 227; II. 137.
Gierke II. 344.

Glaßbrenner II, 178. 180. 162. 183.
Glogau I, 115. 121. 146.
Gluck I, 191. 413. 467; II, 68. 202.
Glühmann, Concordia Dorothea, verehl. v. Bülow I, 3.
Goethe I, 86. 425; II, 232.
Goethe, Walther v. I, 152. 481.
Goldschmidt I, 41. 42; II, 118. 119. 301.
Goldschmidt, Mme siehe Jenny Lind.
Goldoni I, 286.
Goltermann I, 336.
Gontard I, 96. 151.
Börne, v. I, 31.
Gottwald II, 216.
Göze I, 421.
Gräbener II, 224. 225.
Grahn, Lucile I, 426.
Greith I, 282. 285. 307.
Greith, (Vater) I, 285. 290.
Greulich II, 349. 350. 351.
Greulich, Oswald II, 350.
Griepenkerl I, 276; II, 160. 162. 164.
Griesinger II, 343. 345.
Grillparzer II, 24. 29.
Grimm, Auguste I, 476.
Grimm, Hermann I, 471. 476. 478; II, 17. 109. 124. 125. 133. 163. 367. 370.
Grimmelshausen, von I, 5.
Gröben, Graf I, 205. 207. 212.
Gros II, 276.
Grote, von I, 153.
Grüneisen I, 73.
Gruner, v. I, 220.
Gruner, Frau v. I, 201.
Grünler I, 32.
Grünler, Prof. II, 188.
Guerlain II, 276.
Gulomy I, 309. 310. 312.
Gurlitt II, 163.

Guttentag II, 321.
Gutzkow I, 368; II, 94. 143. 243. 365.

H.

Hagen I, 145.
Hahn-Hahn, Gräfin I, 9. 93.
Hähnel II, 109. 112. 204.
Halevy I, 33. 34. 37.
Halm II, 21. 315.
Händel I, 129. 133.
Harder, Frl. v. II, 113. 221.
Häring II, 85. 314.
Harleß I, 100. 111. 163.
Härtel, Dr. I, 96. 108. 408. 491; II, 205.
Härtel, siehe Breitkopf und Härtel.
Hartmann I, 466.
Hartung I, 189.
Hasselt, Frl. I, 38.
Haslinger I, 435. 498; II, 5. 12. 13. 25. 30. 36. 39. 41. 44. 73. 75. 129.
Hauenschild, v. I, 379.
Hauff I, 48. 68. 76.
Haugk, Baron I, 156.
Haupt I, 107. 122. 130. 160.
Hauptmann I, 40. 42. 98. 109. 113. 120. 128. 133. 136. 138. 139. 142. 145. 158. 166. 171.
Haydn I, 157. 394.
Hebbel I, 334. 342; II, 219.
Heckstädt, Gustchen I, 14. 21.
Hedenus I, 167. 177.
Hegel I, 130; II, 138.
Hegner, Ulrich I, 86.
Heine I, 116. 390. 466; II, 173.
Heinefetter, Frau II, 88.
Heinrich, Frau I, 54. 74. 78. 80. 143. 148. 238. 251. 252; II, 262.

Heinrich II., Pfalzgraf I, 63.
Heinze I, 147.
Heller I, 108. 119.
Henselt I, 7. 11. 30. 40. 42. 142.
  153. 365. 387; II, 139. 242.
Hensel II, 372.
Herbort I, 277. 280. 302. 304.
  305. 306. 307. 308. 311. 312.
Herder, Joh. Gottfried von I, 21.
  225. 239.
Herder, Alexander v. I, 452. 456.
  457. 504.
Herder, Frau v. I, 452. 456. 457.
  504. 508.
Hermann, Prof. I, 107. 345. 346;
  II, 150.
Hermann, Prinz I, 345. 348.
Hertel I, 95.
Herwegh I, 443.
Herzfeld II, 17.
Hesse I, 16. 18; II, 242.
Hettner I, 352; II, 171.
Hildegard, Erzherzogin II, 44.
Hiller I, 28. 41. 44. 158. 377.
  406; II, 148. 149.
Hillebrand, Karl I, 12.
Hillebrand Karl, Wittwe I, 12;
  II, 240. 272. 313. 316.
Hillebrand, Josef I, 5.
Hindenburg, v. II 333.
Hinrichs II, 105. 109.
Heinze I, 147.
Hinze I, 436; II, 109.
Höfer, Frau I, 21.
Hoffmann von Fallersleben I, 85.
Hoffmann I 374.
Hohenzollern, Prinzessin von II,
  353. 361. 362. 369.
Höllerer I, 78.
Holstein, Herzogin v. I, 453.
Holstein, Prinzessin v. I, 453.

Hombold, Frl. I, 347.
Houdon I, 192.
Hoven I, 435; II, 41.
Howard I, 111.
Hugo, Victor I, 354.
Hülsen, II, 137. 232. 296.
Humboldt, v. I, 237.
Hummel I, 30. 33. 40. 42. 70. 73.
  74. 79. 126; II, 272. 357.
Hünerfürst II, 219. 244. 309.
Hunyadi II, 30. 56. 62. 65. 129.

J.

Jachmann I, 430.
Jäger I, 80.
Jahn I, 134.
Jenisch II, 183. 186. 190.
Joachim I, 42. 234. 235. 330.
  332. 335. 342. 343. 348. 351.
  352. 354. 359. 364. 368. 372.
  379. 385. 406. 417. 422. 424.
  432. 438. 439. 468. 471. 474.
  475. 478. 479. 481. 482. 486.
  487. 488. 490. 491. 492. 493.
  494. 495; II, 49. 53. 88. 95.
  98. 99. 102. 103. 111. 128. 130.
  134. 135. 144. 147. 148. 149.
  151. 152. 153. 154. 155. 159.
  160. 163. 165. 166. 168. 175.
  178. 180. 187. 189. 190. 191.
  194. 210. 213. 221. 239. 270.
  281. 296. 302. 305. 307. 308.
  309. 312. 340.
Joy, Frau II, 238. 267. 275. 286.
  325. 368.
Jouvin II, 276.
Julien II, 276.
Immermann II, 188.
Irmler I, 43.

K.

Kahnt II, 173. 365.
Kalkbrenner I, 133.
Kalliwoda II, 87. 88. 164. 114.
Kamieńska, Gräfin II, 216. 247. 264. 270. 286.
Kamieńska, Helene, Tochter II, 216. 217. 241. 247. 252. 264. 268. 270. 282. 286. 288. 297. 300. 305. 309. 337. 342.
Kant, Immanuel I, 130.
Karátsonyi, v. II, 55, 75.
Karl, Commerzienrath I, 201; II, 133. 136.
Keller I, 75. 249.
Kempe I, 459. 472; II, 356.
Kern, Banquier II, 76. 77.
Kern, Prof. I, 83.
Kertbény II, 74.
Keſſinger, verw. ſiehe Concordia Dorothea v. Bülow-Gartow I, 3.
Ketten II, 351.
Keudell, Frl. v. I, 218.
Kindermann I, 18.
Kinkel I, 197.
Kirchner I, 311.
Kiſting I, 211. 221. 222; II, 129. 162. 293. 297.
Kiſtner I, 97. 114. 115. 129. 135. 178. 408. 491. 494.
Klein II, 305.
Klemm I, 42. 43. 95. 97. 131; II, 360. 365.
Klengel I, 42. 494.
Klindworth II, 45. 98. 130. 189.
Knigge I, 130.
Konpp-Fehringer, Frau I, 389.
Knepp I, 406; II, 71.
Köhler II, 142. 347. 353. 356.
Kohne ſiehe Ridley-Kohne.

Kolb, v. II, 133. 138. 190. 297. 335. 358.
Könneritz II, 5.
Kontski, de I, 120; II, 282.
Köpke II, 182.
Korniloff II, 272.
Kossak II, 116. 125. 162. 301. 306.
Köster, Hans I, 201.
Köster, Luise I, 201; II, 125.
Kramer I, 270. 275.
Kranzler I, 220.
Kräuter I, 192.
Krebs I, 357. 360. 404; II, 83. 111. 118. 190. 202. 207. 259.
Kreutzer I, 18.
Kreutzer, Frl. I, 16. 18.
Kroll, Franz I, 200. 205. 209. 212. 223. 229. 232. 234. 235. 236. 238. 239. 456. 457. 463. 472; II, 116. 125. 126. 132. 139. 150. 297. 335. 366.
Krüger, W. I, 54. 74. 75. 76. 77. 379.
Krüger I, 74. 76. 77. 429. 462. 463.
Kueſſtein, Graf v. I, 508. 509.
Kugler II, 326.
Kühmſtedt I, 239. 438.
Kuhn I, 55.
Kullak I, 108. 211. 229. 270. 276. 429; II, 116. 125. 129. 138. 302. 303. 306. 311. 357. 358. 359. 360. 363.
Kummer I, 357; II, 113.
Kurz II, 104.

L.

Lachner, Franz I, 335. 337.
Lachner, Ignaz II, 177.
Lacombe II, 184. 186.

Latenberg I, 261.
La Mara II, 357.
Lamartine I, 100. 113. 122. 126. 155.
Lampadius I, 132.
Lange, Dr. I, 199.
Lange, Otto II, 104.
Langer I, 455.
Langkans I, 418. 419.
Lappenberg II, 188.
Laub I, 433; II, 45. 130. 360.
Laube I, 37. 368; II, 15. 50.
Lauffot, Frau siehe Hillebrand, Karl, Wittwe.
Lavergne I, 231.
Ledru-Rollin I, 155.
Lehr I, 80.
Leiningen, Graf II, 99. 104.
Lejars, Jules I, 31.
Lejars, Madame II, 36.
Lemaitre II, 134.
Lemaistre II, 271.
Lenz, v. II, 34.
Lepel, v. I, 72. 76. 77. 145.
Leuckart II, 362.
Levi I, 426.
Levy, C. II, 225.
Lewald, Fanny I, 330. 332. 342. 352. 503; II, 125. 324.
Liebig II, 298. 302. 309.
Linanges, Comte de II, 112.
Lind, Jenny I, 202. 203. 425. 427; II, 113. 118. 153. 171.
Lindpainter I, 55. 79. 80. 116.
Lipinski, von I, 33. 154. 156. 157. 309. 353. 367. 404; II, 54. 58. 117. 118. 119. 136. 172. 200. 202. 220. 272. 282.
Lipinska, Frau von I, 25. 156.
Liszt I, 11. 41. 73. 76. 77. 129. 130. 136. 154. 167. 170—176. 178. 179. 180. 182. 189—191.
200. 207. 208. 209. 212. 221. 222. 225. 230. 232. 233. 234. 240. 249. 250. 256. 268. 270. 278. 279. 292. 299. 305. 307. 317. 318. 319. 322. 329. 330. 331. 335. 337. 338. 342. 343. 344. 345. 348. 349. 350. 352. 354. 355. 356. 358. 359. 361. 362. 363. 365. 366. 367. 368. 369. 372. 373. 374. 375. 376. 377. 378. 379. 381. 382. 385. 386. 389. 390. 392. 393. 394. 395. 397. 401. 405. 406. 407. 408. 409. 410. 411. 412. 413. 414. 415. 416. 417. 418. 419. 420. 421. 422. 423. 424. 425. 426. 428. 429. 430. 431. 432. 433. 434. 435. 436. 437. 438. 439. 440. 441. 443. 444. 446. 447. 448. 449. 452. 453. 454. 455. 457. 460. 462. 463. 464. 466. 467. 469. 471. 472. 475. 478. 479. 480. 481. 482. 483. 484. 488. 490. 491. 492. 494. 495. 497. 498. 499. 501. 502. 504. 505. 507. 508. 509; II, 5. 6. 8. 12. 14. 17. 18. 20. 21. 22. 23. 27. 28. 31. 33. 34. 36. 48. 49. 50. 51. 52. 54. 55. 57. 58. 60. 61. 62. 63. 66. 67. 69. 70. 81. 82. 83. 84. 87. 88. 89. 90. 92. 95. 98. 99. 100. 101. 125. 128. 129. 130. 134. 143. 144. 146. 147. 153. 154. 165. 169. 170. 175. 183. 188. 194. 217. 220. 221. 222. 224. 227. 235. 258. 265. 268. 280. 281. 282. 285. 295. 297. 298. 303. 306. 312. 313. 320. 321. 338. 343. 344. 356. 363. 365.
Liszt's Mutter I, 457. 474; II, 83. 286.

Liszt's Töchter II, 255. 256.
Liszt, Dr. Eduard II, 5. 11. 14.
Litolff I, 29. 43. 44. 60. 70. 74. 77. 99. 135. 142. 185. 186—188. 216. 218. 226—228. 234. 358. 383. 458. 472; II, 18. 141. 144. 149. 191. 194. 204.
Livia, siehe Livia Frege.
Lobe I, 435.
Logau I, 238.
Longo II, 142.
Lortzing I, 34. 37. 38. 279.
Louis-Philippe I, 231.
Louis-Napoleon, siehe Napoleon.
Löwe II, 126.
Löwy I, 5. 7. 12.
Ludwig I, 70.
Lühr II, 132. 140. 320.
Luther I, 431.
Lüttichau, v. I, 6. 21. 357. 359. 400. 404; II, 110. 111. 117. 136. 152. 164. 201. 202. 207. 211. 328.
Lüttichau, Frau v. I, 7. 47. 93. 140. 195. 210. 220. 364. 365. 503. 509; II, 8. 15. 54. 82. 85. 118. 372.

M.

Macaulay II, 343.
Machiavel II, 291.
Malzen II, 129.
Malzen, Caroline II, 129.
Mand I, 59—62.
Mangold I, 440.
Mangolt, Dr. v. I, 414.
Manteuffel II, 133.
Manzoni I, 5. 504.
Marastoni II, 65.
Maréchal II, 233.
Marezoll I, 160.

Markull II, 355.
Marr I, 38.
Marschner I, 413; II, 154.
Marx II, 116. 125. 139. 162. 297. 303. 306. 311. 323. 338. 339. 340. 353. 356. 357.
Marzen II, 176.
Mayer, Charles I, 30. 33. 35. 70. 73. 232. 252. 426; II, 49.
Mayer, Frl. I, 38.
Mayer-Wordmüller I, 274.
Mechetti II, 223.
Mehlgarten I, 20.
Méhul I, 80. 272.
Meinhardt II, 294. 296. 314. 315.
Meißner I, 70. 118.
Mendelssohn I, 13. 18. 19. 20. 30. 42. 49. 70. 73. 74. 75. 77. 80. 96. 98. 100. 102. 111. 134. 147. 149. 182. 203. 208. 230. 234. 293. 335. 408. 430. 439. 479; II, 16. 17. 25. 32. 49. 88. 118. 140. 181. 196. 215. 217. 321. 339. 348.
Mendelssohn, Paul II, 352.
Menzel I, 48. 72. 243. 251. 371.
Meser I, 75. 167. 366. 400. 432; II, 71. 100. 224. 315.
Meyer, Frau I, 102. 187.
Meyer, Musikdirector I, 288.
Meyer, Frau I, 287.
Meyer, Verleger I, 458.
Meyerbeer I, 20. 206. 207. 219. 222. 224. 316. 456; II, 103. 296. 304. 305. 308. 348. 372.
Michelangelo I, 86.
Milanollo, Therese II, 16. 22. 30. 45. 51.
Milde, Feodor v. I, 378. 438. 449. 457. 463. 482; II, 83. 355.
Milde, Frau v. I, 347. 378. 406.

415. 449. 457. 463. 482; II, 45. 173. 355.
Mirabeau II, 276.
Mitterwurzer I, 19.
Moleschott II, 316.
Molière I, 33.
Molique I, 48. 53. 54. 71. 74. 80.
Molique, Clara I, 48. 52. 53.
Molique, Caroline I, 49. 52. 74.
Molique, Luise I, 49.
Molique, Anna I, 49.
Möller II, 148.
Montenuovo, Graf II, 20.
Moritz I, 333. 389.
Moritz, Frau I, 333. 389.
Mörner, v. I, 72.
Mörus II, 136.
Mortier de Fontaine II, 347.
Moscheles I, 20. 41. 97. 98. 100. 109. 111. 115. 11. 7119. 120. 126. 133. 136. 141. 142. 147. 149. 355. 377. 408.
Moscheles, Frau I, 408.
Mosen I, 342. 353.
Mosevius II, 242.
Mozart I, 22. 55. 79. 117. 138. 157. 166. 273. 293. 394. 403.
Mozart-Brahms II, 114.
Müller, Friedrich v. I, 43.
Müller I, 458; II, 142. 215. 232.
Münch-Bellinghausen, Freiherr v., siehe Halm.
Murat I, 62.
Murillo II, 276.
Musset, A. de II, 273. 321.
Mützelburg I, 347.
Mycielski, Theodor Graf II, 211. 216. 218. 243. 245. 252. 255. 265. 270. 311. 312. 334. 335. 341.
Mycielska, Gräfin II, 261. 270.
Mycielski, Graf (Bruder) II, 336.

Mycielska, Elisa Comtesse II, 217. 250. 261. 265. 273. 313.
Mycielska, siehe Fürstin Sultowska.

N.

Nabich I, 236. 237. 460. 472.
Napier II, 314.
Napoleon I, 62. 66; II, 7.
Napoleon, Louis I, 507; II, 319. 320.
Naumann I, 166. 213. 214; II, 302.
Nehse I, 448. 457.
Nerval, de I, 237. 238.
Neßer I, 37. 38.
Nicolai I, 184.
Nicolaus I., Kaiser von Rußland II, 341.
Nischke I, 364.
Noël I, 503. 509; II, 25.
Noël, Frau v. II, 38.
Notter I, 69.
Novalis II, 94. 181.

O.

Oesz I, 83.
Olfers, v. II, 370.
Oppolzer I, 151.
Orleans, Herzogin von I, 439.
Oulibicheff I, 76.

P.

Pabst, August I, 360. 364.
Pabst, Julius I, 360. 364. 405; II, 357.
Paësiello I, 74.
Paer II, 45.
Paganini II, 212.
Paläſtrina I, 86.
Pallavicini, Markgraf II, 20.

Panse II, 150.
Paoli, Betty II, 15. 23. 25.
Patersi, Frau II, 285.
Pelopidas I, 382. 395.
Perau I, 205. 211. 217; II, 129. 360.
Percy II, 310.
Pergolese I, 27.
Peroni, Adele II, 178.
Peters II, 224.
Petersen, Frau II, 186.
Petöfi I, 466.
Petschke I, 20. 118.
Pfizer, Gebr. I, 48. 251.
Pfizer, Prof. I, 71. 83. 86. 364.
Pfordten, von der I, 154.
Philipp II, 245. 276.
Piccini I, 74.
Pixis II, 287.
Plaidy I, 40. 41. 42.
Platen, Graf II, 279.
Platen, Graf II, 152. 153. 164. 178.
Pogwisch, Frau v. I, 174. 181. 336.
Pohl, Richard II, 87. 109. 112. 116. 127. 149. 150. 172. 211. 226. 232. 234. 356.
Polenz I, 19.
Potocka, Gräfin II, 252.
Potworowska, Léonie Gräfin, II, 260.
Potworowski, Graf II, 260. 292.
Prechtler II, 29.
Preller I, 364. 398. 483.
Preußen, König von I, 207. 210. 214. 219. 221. 225. 229; II, 50. 363.
Preußen, Königin von I, 221; II, 363.
Preußen, Prinz von II, 307. 370. 372.
Preußen, Prinzessin von I, 237; II, 368. 370. 371.

Preußen, Georg Prinz von II, 307. 309.
Prutz I, 360.
Puttkammer, v. II, 337. 346.
Privé I, 21. 23.
Proudhon I, 241. 290. 502.
Pruckner I, 356. 359. 456. 462. 471; II, 45. 84. 95. 98. 103. 130.
Prume I, 44.

R.

Rabsilber II, 343. 345.
Rachel I, 228. 235. 238.
Racine I, 33.
Radecke, Robert I, 491. 492. 494; II, 138. 334.
Radecke, Rudolf II, 334.
Räder I, 214.
Rasael II, 276.
Raff, Joachim I, 48. 52. 97. 108. 113. 116. 121. 125. 135. 142. 168. 172. 187. 191. 212. 225. 234—239. 251. 252. 283. 329. 330. 331. 333. 337. 338. 339. 342. 343. 344. 347. 350. 352. 355. 356. 359. 360. 361. 367. 369. 371. 379. 397. 399. 417. 430. 432. 448. 454. 456. 461. 462. 469. 473; II, 44. 74. 83. 108. 125. 127. 130. 141. 154. 168. 212. 289. 349.
Raff, Kaspar I, 300.
Rambach, de II, 44.
Ranke I, 243.
Rathgeber I, 108. 113.
Raupach I, 304.
Recke, Elise v. d. I, 5.
Reden, Graf I, 207. 208. 219. 222. 224; II, 116. 123. 127. 129. 136. 140. 181. 251. 296. 306. 308.

Redslob II, 158.
Reinecke I, 134.
Reisinger I, 419.
Reißiger I, 78. 100. 168. 360. 436;
II, 111. 118. 138. 200. 202.
207.
Reißmann II, 117.
Rellstab I, 199. 396. 416; II, 129.
132. 433. 135. 154. 283. 293.
297. 298. 301. 308.
Reményi II, 115. 134. 150.
Reubke II, 130.
Reuß, Graf I, 20. 43. 99. 112.
Ricci II, 43.
Riccius I, 355. 391.
Ridley-Kohne II, 56.
Rietschel II, 224.
Rieß I, 98. 105. 111. 113. 118.
121. 147. 167; II, 363.
Ritter, Karl I, 12. 28. 68. 71. 75.
77. 78. 100. 105. 109. 110. 140.
153. 157. 159. 160. 163. 167.
169. 177. 183. 185. 188. 203.
234. 245. 250. 253. 255. 260.
263. 264. 268. 272. 277. 285.
304. 305. 309. 352. 357. 375.
377. 402. 417. 419. 420. 435;
II, 77. 101. 104. 109. 113. 115.
171. 192. 204. 213. 214. 256.
321. 348. 363. 366.
Ritter, Alexander I, 12. 97. 357;
II, 101. 142. 222. 230. 258.
321.
Ritter, Frau I, 167; II, 101.
Ritter, Franziska, Frau II, 221.
222.
Rittmüller II, 153. 160. 189. 193.
Robespierre II, 278.
Röckel, siehe Frau Moritz.
Roger I, 392; II, 305.
Rohland I, 491.
Romanėsi I, 217.

Rönisch II, 251.
Rosellen II, 37.
Rosenberg, Baron v. I, 364. 365.
Rosenberg jun., Baron v. II, 70.
Rossini II, 234.
Rost I, 33.
Roth II, 364.
Rothe I, 71.
Rötscher I, 341.
Rozsavölgvi II, 223. 230.
Rubinstein II, 212. 215.
Ruge I, 125. 145.
Ruhig I, 61.
Rüdiger I, 40.
Rühlmann II, 222.

S.

Sabinin, Frl. II, 81.
Sacha siehe Winterberger.
Sachsen, König von I, 37. 126;
II, 219.
Sagan, Herzogin von II, 369. 370.
371. 373.
Sahr, v. I, 35. 75. 100. 129.
136. 142. 149. 183. 188. 405.
Sainte-Beuve II, 326.
Sakuntala I, 481.
Sand, George I, 367.
Saphir II, 24.
Sascha siehe Winterberger oder
Alexander Ritter.
Savigny II, 370.
Schaeffer I, 464; II, 116. 132.
140. 164. 321. 360.
Scharffenberg II, 359.
Scheffer siehe Ary-Scheffer.
Scheibe II, 116.
Schenck, Frau I, 18.
Scherzer I, 78.
Scheuten, Frl. I, 53. 75.
Schiedmayer I, 55. 59. 80.

Schiller I, 21.
Schindelmeißer II, 103.
Schlegel I, 370. 388.
Schleiden I, 478.
Schleinitz, v, II, 165. 171.
Schlesinger I, 200. 211. 223; II, 116. 126. 135. 147. 281. 290. 293. 294. 335.
Schletter II, 494.
Schlick II, 122.
Schloß I, 459.
Schlottman I, 202.
Schloenbach II, 108. 109. 143. 170. 171.
Schmidt, Adam I, 223.
Schmidt, Julian I, 342. 353.
Schmidt II, 42.
Schmiedel, Cäcilie, siehe Frau Eberwein.
Schmitdgen, Frau I, 16.
Schnabel II, 242.
Schneider II, 253. 263. 454.
Scholl I, 364. 371.
Schönemann I, 211.
Schopenhauer II, 321.
Schott II, 74. 82. 104. 224. 229. 273.
Schrader I, 34. 35. 37.
Schreck, Frl. I, 457.
Schreck I, 474.
Schreiber II, 244. 263. 266. 268. 279. 284. 328.
Schröder-Devrient siehe Devrient.
Schubert, Franz I, 29. 75. 119. 127. 133. 134. 147. 451; II, 74. 113. 117. 118. 147. 149. 216. 234. 351. 360.
Schuberth, Fritz II, 186. 191. 192.
Schuberth, Musikalienhändler II, 183.
Schulhoff I, 77.
Schumann, Robert I, 105. 118.
133. 138—141. 147. 149. 153. 159. 160. 161. 172. 189. 190. 210. 316. 335. 385. 387. 389. 392. 394. 398. 413. 435. 448; II, 149. 166. 167. 171. 187. 214. 241. 270. 281. 305. 336. 348.
Schumann-Brahms II, 114.
Schumann, Clara I, 17. 18. 30. 32. 129. 139—41. 147. 148; II, 296. 298. 299. 302. 305. 306. 307. 308. 310. 313. 327. 340. 351. 360.
Schunke I, 75. 201.
Schurig I, 119; II, 286.
Schwab I, 48. 82—85. 251.
Schwabhäuser, Friederike II, 296.
Schwanefeld, Frau v. I, 205.
Schwarzbach, Sängerin I, 110.
Schwarze I, 101.
Schweitzer I, 406.
Schwendler, v. I, 174. 181. 239. 338.
Schwendler, Frau v. I, 181. 480.
Schwerdtgeburth I, 487.
Seelmann II, 127.
Seidler, Louise I, 398. 472. 473. 483; II, 83.
Senff I, 114. 116. 132. 461. 462. 491—92; II, 108. 321.
Shakespeare I, 304. 355. 388.
Siegsfeld, v. I, 448. 452. 453.
Siegsfeld, Frau v. I, 452. 453.
Singer I, 404; II, 53. 73. 76. 77. 78. 81. 82. 113. 128. 145. 204. 215. 220. 223. 229. 240. 259. 265. 356. 364. 433.
Soest, Frl. I, 415. 474.
Sohn II, 362.
Solger, Frl. I, 205.
Solmar, Frl. I, 196. 208. 218. 231.

Sontag, Henriette I, 414. 420. 425. 427. 443; II, 41. 45.
Sorge I, 469.
Soupper, v. II, 268.
Spartacus II, 276.
Speidel I, 309. 333. 335. 337. 433; II, 175. 177.
Spener II, 137. 303.
Spiglasoff II, 245. 265. 315.
Spina II, 9. 112. 117. 223.
Spohr I, 133. 146. 237. 413. 457. 472; II, 145. 153. 160. 163. 208. 242.
Spohr, Ida I, 456. 457; II, 145. 149. 163. 190. 242.
Spohr, Ida I, 457; II, 145. 149. 163. 190. 242.
Spontini I, 367. 413; II, 297.
Stablewski, v. II, 273. 280. 291.
Stahr I, 330. 332. 341. 342. 352. 353. 355. 390. 410. 458. 468; II, 125. 141.
Steibelt I, 41.
Stern I, 203. 448. 454; II, 125. 126. 139. 140. 306. 310. 311. 323. 339. 340. 354.
Sternau I, 466; II, 173.
Sternberg, Frl. II, 370. 371.
Sterndale, W. II, 114.
Steveniers I, 61.
Stiffe I, 70. 71. 78.
Stigelli I, 272.
Stichling I, 508.
Stirnbrand I, 49. 252; II, 56.
Stirnband, Frau I, 69. 71. 252.
Stockhausen II, 5.
Stoll, Franziska, Elisabeth, vereh. v. Bülow I, 6.
Stöcker I, 211; II, 360.
Stolz, Mad. II, 228.

Stolzenberg, Baron II, 15.
Stör I, 172. 174. 379. 394. 397. 463.
Storch, Geheimräthin II, 309.
Strauß, David Friedrich I, 131.
Strauß, Oberhofprediger I, 228.
Strauß, Johann II, 17. 30. 44. 49. 291.
Streicher II, 57.
Sulkowski, Fürst II, 270. 279. 292. 293.
Sulkowska, Fürstin II, 279.
Sulkowska, geb., siehe Wodzicka.
Szarvady I, 466; II, 184.

T.

Tacitus I, 107.
Talleyrand, Fürst I, 176.
Talleyrand I, 463; II, 172.
Tarido II, 277.
Taubert II, 137.
Tauchnitz I, 355.
Taylor, Miß (Mᵐᵉ Lausset), siehe Hillebrand, Karl, Wittwe.
Temme I, 196.
Teufel I, 53.
Thalberg I, 30. 96. 108. 216; II, 49. 50. 52.
Thieme II, 192. 224.
Thiers I, 68.
Thode I, 58. 96. 100. 105; II, 188.
Thode, Henry I, 58.
Thomas, Frau I, 220.
Thun, Graf v. I, 48. 83. 503. 509; II, 5. 23. 123. 133.
Thun, Frau v. I, 83; II, 133.
Thun, Frl. v. I, 49; II, 133.
Tichatschek I, 127. 128. 129. 422. 430; II, 211. 360.
Tieck, Ludwig I, 5. 6. 11. 86. 95.

205. 210. 215. 218. 322. 345.
395. 406; II, 85. 160. 282. 294.
Tieck, Agnes I, 205.
Tieck, Dorothea I, 15.
Tizian I, 482.
Tomaschek II, 57.
Török, János II, 57.
Trautwein II, 321.
Trepp II, 142. 263. 269.
Truhn II, 129. 134. 136. 153.
297. 301. 305. 326. 333. 335.
337. 338. 339. 341. 342. 343.
345. 346. 350. 351. 355. 360.
361.
Tyszkiewicz, Graf II, 168. 293.
333.

U.

Uhde I, 398.
Uhlig I, 197. 214. 220. 233. 375.
404. 435. 496.
Uhlig, Elsa I, 391.
Ulrich II, 309.
Ungar, Dr. II, 56.

V.

Balon, de I, 367.
Baltier, Frau v. I, 205.
Baltier, Frl. v. I, 205.
Varnhagen, von Ense I, 196. 208.
209.
Bentéjoul II, 369.
Verdi II, 25. 39. 44.
Vernet II, 275.
Veronese II, 217.
Vesque, v., siehe Hoven.
Vetsera, v. II, 34.
Viardot-Garcia, Sängerin I, 208.
Vierling II, 162.
Billers, de II, 44. 46. 47.

Vischer I, 353. 371. 404.
Vieuxtemps II, 125. 300,
Vivier II, 302.
Vogel I, 197. 200. 365. 371. 397.
398.
Vogt I, 234.
Volkmann II, 63. 67. 74. 75. 154.
168. 220, 222. 224.
Voltaire I, 33; II, 13. 276. 318.
Vörös, Jóżsi II, 34, 44.

W.

Waagen I, 218.
Wachsmuth I, 107. 160.
Wagner, Richard I, 12. 32. 75.
78. 79. 85. 95. 110. 118. 119. 121.
123. 136. 140. 150. 164. 167.
172. 178. 179. 190. 197. 199.
200. 209. 232—236. 244. 248.
256. 262—264. 267. 273—275.
278. 280. 286. 291. 293. 294.
295. 297—299. 300. 303. 305—
307. 310. 317. 318. 340. 345.
349. 352. 356—357. 361. 370.
375—378. 382. 389. 392. 406.
408. 413. 416—422. 431. 434.
436. 439. 443. 467. 478. 509.
II, 43. 46. 77. 98. 99. 100.
117. 130. 137. 141. 143. 171.
177. 200. 203. 213. 214. 220.
223. 224. 232. 235. 239. 289.
321. 325. 354. 362.
Wagner, Frau I, 264.
Wagner, Johanna I, 208. 212. 430;
II, 214. 220. 252. 290. 293.
296. 298. 301. 302. 305. 309.
355. 360.
Wagner, Franziska, siehe Frau
Alex. Ritter.
Walburg II, 367.
Waldau, Max, siehe v. Hauenschild.

Waldeck I, 197.
Wallbach I, 69. 74. 124. 183. 283.
Wallbach, Frau (Mutter) I, 72.
Wallbach (Vater) I, 182.
Wallner II, 338.
Watzdorf I, 508.
Weber, v. I, 38. 55. 74. 105. 119. 293. 413. 438. 501; II, 16. 74. 163. 360.
Weber, Frau v. I, 142.
Weber (Verleger) I, 376.
Weiß, Mme I, 460.
Weiße I, 107. 117. 122. 130. 136. 160. 494.
Weimar, Erbgroßherzog von I, 175. 179. 237. 345. 399. 435. 477.
Weimar, Erbgroßherzogin von I, 377. 398. 406.
Weimar, Erbprinz von I, 387. 398.
Wenzel I, 132; II, 109.
Werner I, 485.
Westermann I, 98.
Westmoreland, Lord I, 219; II, 233.
Wieck, Friedrich I, 12. 53. 130. 132. 153. 155. 358; II, 113.
Wieck, Marie I, 132; II, 113.
Wieniawski I, 149; II, 108. 282.
Wieprecht I, 199; II, 136. 137.
Whistling I, 132.
Wigand I, 468; II, 211.
Wilhelm III. I, 231.
Will II, 104.
Willibald Alexis, siehe Häring.
Willkomm I, 351.
Willmers I, 95. 115. 182; II, 250. 291.
Windwart I, 304.
Winterberger, Alexander (Sascha) I, 172. 348; II, 138.
Wiszniewski II, 355.

Witt, de I, 212. 229.
Wittekind I, 117.
Wittgenstein, Fürstin I, 172. 175. 225. 235. 236. 239. 329. 424. 473. 474. 478. 481. 483. 484. 504; II, 98. 99. 115. 204. 206. 216. 240. 263. 285.
Wittgenstein, Marie, Prinzeß I. I, 473. 474. 480. 481. 504; II, 98. 90.
Wittgenstein, Eugen, Fürst II, 98. 99.
Wodzicki, Graf II, 279. 292.
Wöhler I, 115.
Woldemar siehe Frege.
Wölfel II, 240.
Wolff II, 188.
Wolfram I, 179.
Wordmüller siehe Mayer-Wordmüller.
Würtemberg, König von I, 55. 238.
Würtemberg, Auguste von I, 343. 348.

3.

Zahn II, 148. 163.
Zaremba II, 125.
Zedlitz II, 29. 48. 52.
Zenker I, 100.
Zeppelin, Gräfin I, 71. 76.
Zeschau, v. II, 202.
Ziegesar, v. I, 209. 387. 413. 414; II, 170.
Ziegler I, 83.
Zischek, Fräulein I, 17.
Zimmermann, Frau I, 203. 219; II, 125. 126. 129. 141. 297. 335.
Zsiesche, Pauline II, 307.
Zsocher I, 426.

www.ingramcontent.com/pod-product-compliance
Lightning Source LLC
Chambersburg PA
CBHW031411230426
43668CB00007B/280